Sartorius aktuell

„Sartorius aktuell" ist ein Service der Sartorius-Redaktion, der zum einen den Inhalt der jeweiligen Ergänzungslieferung beschreibt und zum anderen in einer Vorschau wichtige gesetzgeberische Vorhaben darstellt, um bereits sehr frühzeitig eine Orientierungshilfe für die Praxis zu geben.

Inhalt der Ergänzungslieferung

Die vorliegende 133. Ergänzungslieferung bringt die Textsammlung auf den aktuellen Stand vom 8. Februar 2022. Sie beinhaltet alle seit der letzten Lieferung mit Stand vom 2. November 2021 bis einschließlich 8. Februar 2022 verkündeten Änderungen sowie bereits früher verkündete Änderungen, die bis einschließlich **1. April 2022** in Kraft treten.

Umfangreich **geändert** wurde das Bundesnaturschutzgesetz (Nr. **880**) durch das **Gesetz zum Schutz der Insektenvielfalt in Deutschland und zur Änderung weiterer Vorschriften** v. 18.8.2021 (BGBl. I S. 3908).
Insekten sind integraler Bestandteil der biologischen Vielfalt und spielen in Ökosystemen eine wichtige Rolle. Doch sowohl die Gesamtmasse der Insekten als auch die Artenvielfalt bei Insekten ist in Deutschland in den letzten Jahrzehnten stark zurückgegangen.
Um den Ursachen des Insektensterbens entgegenzuwirken und die Lebensbedingungen für Insekten in Deutschland wieder zu verbessern, soll in der Landschaftsplanung der Insektenschutz stärker berücksichtigt werden. Das neue Gesetz verbietet künftig den Einsatz gewisser Schädlingsbekämpfungsmittel, so genannter Biozide, in ökologisch besonders sensiblen Bereichen wie Naturschutzgebieten, Nationalparken oder gesetzlich geschützten Biotopen. Auch die schädlichen Auswirkungen von Lichtverschmutzung auf Insekten werden eingedämmt: In Naturschutzgebieten gilt künftig ein grundsätzliches Verbot für neue Straßenbeleuchtungen und für leuchtende Werbeanlagen. Außerdem können der Betrieb von Himmelsstrahlern – so genannter Skybeamer– beschränkt und Insektenfallen durch künstliche Lichtquellen verboten werden.

Kleinere Änderungen gab es u. a.
- in der Geschäftsordnung des Deutschen Bundestages (Nr. **35**) durch die **Bekanntmachung zur Änderung der Geschäftsordnung des Deutschen Bundestages** v. 26.10.2021 (BGBl. I S. 4830) und v. 10.12.2021 (BGBl. I S. 5203);
- im Beamtenversorgungsgesetz (Nr. **155**) durch das **Gesetz zur Anpassung der Bundesbesoldung und -versorgung für 2021/2022 und zur Änderung weiterer dienstrechtlicher Vorschriften (BBVAnpÄndG 2021/2022)** v. 9.7.2021 (BGBl. I S. 2444) und durch das **Gesetz zur Änderung des Infektionsschutzgesetzes und weiterer Gesetze anlässlich der Aufhebung der Feststellung der epidemischen Lage von nationaler Tragweite** v. 22.11.2021 (BGBl. I S. 4906);
- in der Sonderurlaubsverordnung (Nr. **173**) durch die **Zweite Verordnung zur Änderung der Sonderurlaubsverordnung** v. 22.12.2021 (BGBl. I S. 5257);
- im Bundesbesoldungsgesetz (Nr. **230**) durch das **Gesetz zur Anpassung der Bundesbesoldung und -versorgung für 2021/2022 und zur Änderung weiterer dienstrechtlicher Vorschriften (BBVAnpÄndG 2021/2022)** v. 9.7.2021 (BGBl. I S. 2444);

Sartorius aktuell   133. EL

- im Betäubungsmittelgesetz (Nr. **275**) durch das **Gesetz zum Erlass eines Tierarzneimittelgesetzes und zur Anpassung arzneimittelrechtlicher und anderer Vorschriften** v. 27.9.2021 (BGBl. I S. 4530) und **durch Zweiundzwanzigste Verordnung zur Änderung von Anlagen des Betäubungsmittelgesetzes** v. 8.11.2021 (BGBl. I S. 4791);
- im Bundesausbildungsförderungsgesetz (Nr. **420**) durch das **Gesetz zur Änderung des Infektionsschutzgesetzes und weiterer Gesetze anlässlich der Aufhebung der Feststellung der epidemischen Lage von nationaler Tragweite** v. 22.11.2021 (BGBl. I S. 4906);
- im Personenbeförderungsgesetz (Nr. **950**) durch das **Gesetz zur Aktualisierung der Strukturreform des Gebührenrechts des Bundes G** v. 18.7.2016 (BGBl. I S. 1666), durch das **Gesetz zur Pflanzengesundheit** v. 5.7.2021 (BGBl. I S. 2354) und durch das **Gesetz zur Anpassung des Produktsicherheitsgesetzes und zur Neuordnung des Rechts der überwachungsbedürftigen Anlagen** v. 27.7.2021 (BGBl. I S. 3146).

Kleine Änderungen gab es in der Handwerksordnung (Nr. **815**), im Waffengesetz (Nr. **820**) und im Personenbeförderungsgesetz (Nr. **950**).

An EU-Recht angepasst wurde das Bundesdatenschutzgesetz (BDSG) (Nr. **245**) durch das Gesetz zur Umsetzung der Richtlinie (EU) 2018/1972 des Europäischen Parlaments und des Rates vom 11. Dezember 2018 über den europäischen Kodex für die elektronische Kommunikation (Neufassung) und zur Modernisierung des Telekommunikationsrechts (**Telekommunikationsmodernisierungsgesetz**) v. 23.6.2021 (BGBl. I S. 1858); dieses Gesetz dient der Umsetzung der Richtlinie (EU) 2018/1972 des Europäischen Parlaments und des Rates vom 11. Dezember 2018 über den europäischen Kodex für die elektronische Kommunikation.

Vorschau

Die kommende 134. Ergänzungslieferung wird sämtliche Änderungen enthalten, die nach dem 8. Februar 2022 verkündet und bis zum Erscheinungstermin der 134. EL in Kraft treten werden.

Bei dieser Gelegenheit wollen wir uns für die Anregungen und Fehlerhinweise durch unsere Bezieher bedanken, die uns auf diese Weise eine wertvolle Hilfestellung bei der Gestaltung der Textsammlung leisten. Zudem möchten wir darauf aufmerksam machen, dass wir unter der eigens für diese Textsammlung eingerichteten E-Mail-Adresse sartorius.redaktion@beck.de erreichbar sind; die Adresse ist auch auf der Rückseite des Titelblattes vermerkt.

München, im Februar 2022   **Verlag C. H. Beck**

Sartorius

Verfassungs- und Verwaltungsgesetze

Einordnungsanweisung für die
133. Ergänzungslieferung Februar 2022

Herauszunehmen:		Zahl der Blätter:	Einzufügen:		Zahl der Blätter:
Titelblatt.................		1	Titelblatt..................		1
Geleitwort zur 132. EL „Sartorius aktuell"		2	Geleitwort zur 133. EL „Sartorius aktuell"*		1
35	1–6	4	**35**	1–6a	4
	32–37a	4		32–37	2
155	1/2	1	**155**	1/2	1
	73/74	1		73–74a	2
	81/82	1		81/82	1
173	1/2	1	**173**	1/2	1
	7/8	1		7–8a	2
230	1/2	1	**230**	1/2	1
	11–13a	2		11–13a	2
	57–59a	2		57–59a	2
	87–96	5		87–96	5
245	1/2	1	**245**	1/2	1
	9/10	1		9/10	1
275	1–8	6	**275**	1–8	4
	21/22	1		21/22	1
420	1/2	1	**420**	1/2	1
	45–48	2		45–48	2
815	77–82	3	**815**	77–82	3
820	1/2	1	**820**	1–2a	2
880	1–71	38	**880**	1–74	37
950	47/48	1	**950**	47/48	1
Insgesamt herauszunehmen:		81	Insgesamt einzufügen:		78

---

* Aus technischen Gründen liegt das Geleitwort zur 133. EL „Sartorius aktuell" am Anfang der Lieferung, bitte ordnen Sie es wie gewohnt anstelle des Geleitworts zur 132. EL hinter dem Vorwort in die Textsammlung ein.

SARTORIUS

Verfassungs- und Verwaltungsgesetze

Textausgabe

Begründet von Dr. Carl Sartorius

Stand: 8. Februar 2022
(133. Ergänzungslieferung)

C.H.BECK

Dieses Titelblatt entstammt der 133. Ergänzungslieferung Februar 2022
(Anschluss an die 132. Ergänzungslieferung November 2021)
ISBN 978 3 406 76359 5

Redaktioneller Hinweis:

Paragraphenüberschriften in eckigen Klammern sind nicht amtlich.
Sie sind ebenso wie die Fußnoten urheber- und wettbewerbsgeschützt.
Die Angaben zum Stand der Sammlung auf dem Titelblatt beziehen sich
auf das Verkündungsdatum der maßgebenden Gesetzes-, Verordnungs- und
Amtsblätter.
Anregungen und Hinweise zur Gestaltung der Textsammlung
bitte an den Verlag oder an

sartorius.redaktion@beck.de

www.beck.de

ISBN 978 3 406 45645 9 (Grundwerk zur Fortsetzung für 12 Monate)
ISBN 978 3 406 63600 4 (Grundwerk ohne Fortsetzung)

© 2022 Verlag C. H. Beck oHG
Wilhelmstraße 9, 80801 München
Satz, Druck und Bindung: Druckerei C. H. Beck Nördlingen
(Adresse wie Verlag)

CO_2 neutral
chbeck.de/nachhaltig

Gedruckt auf säurefreiem, alterungsbeständigem Papier
(hergestellt aus chlorfrei gebleichtem Zellstoff)

35. Geschäftsordnung des Deutschen Bundestages

In der Fassung der Bekanntmachung vom 2. Juli 1980[1]

(BGBl. I S. 1237)

FNA 1101-1

geänd. durch Bek. v. 17.3.1982 (BGBl. I S. 400), Bek. v. 18.12.1986 (BGBl. 1987 I S. 147), Bek. v. 9.12. 1987 (BGBl. I S. 2677), Bek. v. 28.6.1988 (BGBl. I S. 1009), Bek. v. 18.12.1989 (BGBl. I S. 2442), Bek. v. 12.11.1990 (BGBl. I S. 2555), Bek. v. 16.12.1994 (BGBl. 1995 I S. 11), Bek. v. 30.9.1995 (BGBl. I S. 1246), Bek. v. 17.3.1997 (BGBl. I S. 747), Bek. v. 12.2.1998 (BGBl. I S. 428), Bek. v. 30.5.2001 (BGBl. I S. 1203), Bek. v. 15.7.2002 (BGBl. I S. 3012), Bek. v. 17.9.2002 (BGBl. I S. 3759), Bek. v. 28.2.2005 (BGBl. I S. 668), Bek. v. 21.4.2005 (BGBl. I S. 1230), Bek. v. 12.7.2005 (BGBl. I S. 2512), Bek. v. 21.10.2005 (BGBl. I S. 3094), Bek. v. 26.9.2006 (BGBl. I S. 2210), Bek. v. 29.7.2008 (BGBl. I S. 1712), Bek. v. 6.7.2009 (BGBl. I S. 2128), Bek. v. 16.7.2010 (BGBl. I S. 1041), Bek. v. 17.12.2010 (BGBl. I S. 2199), Bek. v. 24.11.2011 (BGBl. I S. 2454), Bek. v. 7.5.2012 (BGBl. I S. 1119), Bek. v. 12.3.2013 (BGBl. I S. 548), Bek. v. 18.6.2013 (BGBl. I S. 1644), Beschl. v. 6.6.2013 (BGBl. I S. 2167), Beschl. v. 3.4.2014 (BGBl. I S. 534), Beschl. v. 1.6.2017 (BGBl. I S. 1877), Beschl. v. 1.3.2019 (BGBl. I S. 197), Beschl. v. 25.3.2020 (BGBl. I S. 764), Beschl. v. 17.9.2020 (BGBl. I S. 2067), Beschl. v. 7.10. 2020 (BGBl. I S. 2563 iVm Bek. v. 1.12.2020, BGBl. I S. 2988), Beschl. v. 17.12.2020 (BGBl. 2021 I S. 97), Beschl. v. 25.3.2021 (BGBl. I S. 734), Beschl. v. 24.6.2021 (BGBl. I S. 2868), Beschl. v. 26.10. 2021 (BGBl. I S. 4830) und Beschl. v. 10.12.2021 (BGBl. I S. 5203)

Nichtamtliche Gliederungsübersicht

	§§
I. Wahl des Präsidenten, der Stellvertreter und Schriftführer	1–3
II. Wahl des Bundeskanzlers	4
III. Präsident, Präsidium und Ältestenrat	5–9
IV. Fraktionen	10–12
V. Die Mitglieder des Bundestages	13–18
VI. Tagesordnung, Einberufung, Leitung der Sitzung und Ordnungsmaßnahmen	19–53
VII. Ausschüsse	54–74
VIII. Vorlagen und ihre Behandlung	75–107
IX. Behandlung von Petitionen	108–112
X. Der Wehrbeauftragte des Bundestages	113–115
XI. Beurkundung und Vollzug der Beschlüsse des Bundestages	116–125
XII. Abweichungen und Auslegung dieser Geschäftsordnung	126–128

Anlage 1 *(aufgehoben)*
Anlage 2a Verhaltenskodex für Interessenvertreterinnen und Interessenvertreter im Rahmen des Lobbyregistergesetzes
Anlage 3 Geheimschutzordnung des Deutschen Bundestages
Anlage 4 Richtlinien für die Fragestunde und für die schriftlichen Einzelfragen
Anlage 5 Richtlinien für Aussprachen zu Themen von allgemeinem aktuellen Interesse
Anlage 6 Grundsätze in Immunitätsangelegenheiten und in Fällen der Genehmigung gemäß § 50 Abs. 3 StPO und § 382 Abs. 3 ZPO sowie bei Ermächtigungen gemäß § 90b Abs. 2, § 194 Abs. 4 StGB
Anlage 7 Richtlinien für die Befragung der Bundesregierung
Anlage 8 *(aufgehoben)*

I. Wahl des Präsidenten, der Stellvertreter und Schriftführer

§ 1[2] **Konstituierung** (1) Der neugewählte Bundestag wird zu seiner ersten Sitzung vom bisherigen Präsidenten spätestens zum dreißigsten Tage nach der Wahl (Artikel 39 des Grundgesetzes[3]) einberufen.

---

[1] Neubekanntmachung der GeschäftsO des Deutschen Bundestages idF der Bek. v. 22.5.1970 (BGBl. I S. 628) in der ab 1.10.1980 geltenden Fassung.
[2] § 1 Abs. 2 neu gef. mWv 1.6.2017 durch Beschl. v. 1.6.2017 (BGBl. I S. 1877).
[3] Nr. 1.

(2) Bis der neugewählte Präsident oder einer seiner Stellvertreter das Amt übernimmt, führt das am längsten dem Bundestag angehörende Mitglied, das hierzu bereit ist, den Vorsitz (Alterspräsident); bei gleicher Dauer der Zugehörigkeit zum Bundestag entscheidet das höhere Lebensalter.

(3) [1] Der Alterspräsident ernennt Mitglieder des Bundestages zu vorläufigen Schriftführern. [2] Hierauf erfolgt der Namensaufruf der Mitglieder des Bundestages.

(4) Nach Feststellung der Beschlußfähigkeit wird die Wahl des Präsidenten, der Stellvertreter und der Schriftführer vorgenommen.

§ 2[1)] **Wahl des Präsidenten und der Stellvertreter.** (1) [1] Der Bundestag wählt mit verdeckten Stimmzetteln (§ 49) in besonderen Wahlhandlungen den Präsidenten und seine Stellvertreter für die Dauer der Wahlperiode. [2] Jede Fraktion des Deutschen Bundestages ist durch mindestens einen Vizepräsidenten oder eine Vizepräsidentin im Präsidium vertreten.

(2) [1] Gewählt ist, wer die Stimmen der Mehrheit der Mitglieder des Bundestages erhält. [2] Ergibt sich im ersten Wahlgang keine Mehrheit, so können für einen zweiten Wahlgang neue Bewerber vorgeschlagen werden. [3] Ergibt sich auch dann keine Mehrheit der Stimmen der Mitglieder des Bundestages, findet ein dritter Wahlgang statt. [4] Bei nur einem Bewerber ist dieser gewählt, wenn er die Mehrheit der abgegebenen Stimmen auf sich vereinigt. [5] Bei mehreren Bewerbern kommen die beiden Bewerber mit den höchsten Stimmenzahlen in die engere Wahl; gewählt ist, wer die meisten Stimmen auf sich vereinigt. [6] Bei Stimmengleichheit entscheidet das Los durch die Hand des amtierenden Präsidenten.

(3) [1] Weitere Wahlgänge mit einem im dritten Wahlgang erfolglosen Bewerber sind nur nach Vereinbarung im Ältestenrat zulässig. [2] Werden nach erfolglosem Ablauf des Verfahrens nach Absatz 2 neue Bewerber vorgeschlagen, ist neu in das Wahlverfahren gemäß Absatz 2 einzutreten.

§ 3 Wahl der Schriftführer. [1] Der Bundestag beschließt die Zahl der Schriftführer. [2] Sie können gemeinsam auf Grund eines Vorschlages der Fraktionen gewählt werden. [3] Bei der Festlegung der Zahl der Schriftführer und ihrer Verteilung auf die Fraktionen ist § 12 zu beachten.

II. Wahl des Bundeskanzlers

§ 4 Wahl des Bundeskanzlers. [1] Die Wahl des Bundeskanzlers (Artikel 63 des Grundgesetzes[2)]) erfolgt mit verdeckten Stimmzetteln (§ 49). [2] Wahlvorschläge zu den Wahlgängen gemäß Artikel 63 Abs. 3 und 4 des Grundgesetzes sind von einem Viertel der Mitglieder des Bundestages oder einer Fraktion, die mindestens ein Viertel der Mitglieder des Bundestages umfaßt, zu unterzeichnen.

III. Präsident, Präsidium und Ältestenrat

§ 5 Präsidium. Der Präsident und die stellvertretenden Präsidenten bilden das Präsidium.

[1)] § 2 Abs. 1 Satz 2 angef. durch Bek. v. 16.12.1994 (BGBl. 1995 I S. 11); Abs. 2 neu gef. und Abs. 3 angef. mWv 26.9.2006 durch Bek. v. 26.9.2006 (BGBl. I S. 2210).
[2)] Nr. **1**.

§ 6[1] **Ältestenrat.** (1) ¹Der Ältestenrat besteht aus dem Präsidenten, seinen Stellvertretern und dreiundzwanzig weiteren von den Fraktionen gemäß § 12 zu benennenden Mitgliedern. ²Die Einberufung obliegt dem Präsidenten. ³Er muß ihn einberufen, wenn eine Fraktion oder fünf vom Hundert der Mitglieder des Bundestages es verlangen.

(2) ¹Der Ältestenrat unterstützt den Präsidenten bei der Führung der Geschäfte. ²Er führt eine Verständigung zwischen den Fraktionen über die Besetzung der Stellen der Ausschußvorsitzenden und ihrer Stellvertreter sowie über den Arbeitsplan des Bundestages herbei. ³Bei der Wahrnehmung dieser Aufgaben ist der Ältestenrat kein Beschlußorgan.

(3) ¹Der Ältestenrat beschließt über die inneren Angelegenheiten des Bundestages, soweit sie nicht dem Präsidenten oder dem Präsidium vorbehalten sind. ²Er verfügt über die Verwendung der dem Bundestag vorbehaltenen Räume. ³Er stellt den Voranschlag für den Haushaltseinzelplan des Bundestages auf, von dem der Haushaltsausschuß nur im Benehmen mit dem Ältestenrat abweichen kann.

(4) Für die Angelegenheiten der Bibliothek, des Archivs und anderer Dokumentationen setzt der Ältestenrat einen ständigen Unterausschuß ein, dem auch Mitglieder des Bundestages, die nicht Mitglied des Ältestenrates sind, angehören können.

§ 7[2] **Aufgaben des Präsidenten.** (1) ¹Der Präsident vertritt den Bundestag und regelt seine Geschäfte. ²Er wahrt die Würde und die Rechte des Bundestages, fördert seine Arbeiten, leitet die Verhandlungen gerecht und unparteiisch und wahrt die Ordnung im Hause. ³Er hat beratende Stimme in allen Ausschüssen.

(2) ¹Dem Präsidenten steht das Hausrecht und die Polizeigewalt in allen der Verwaltung des Bundestages unterstehenden Gebäuden, Gebäudeteilen und Grundstücken zu. ²Der Präsident erläßt im Einvernehmen mit dem Ausschuß für Wahlprüfung, Immunität und Geschäftsordnung eine Hausordnung[3].

(3) ¹Der Präsident schließt die Verträge, die für die Bundestagsverwaltung von erheblicher Bedeutung sind, im Benehmen mit seinen Stellvertretern ab. ²Ausgaben im Rahmen des Haushaltsplanes weist der Präsident an.

(4) ¹Der Präsident ist die oberste Dienstbehörde der Bundestagsbeamten.[4] ²Er ernennt und stellt die Bundestagsbeamten nach den gesetzlichen und allgemeinen Verwaltungsvorschriften ein und versetzt sie in den Ruhestand. ³Auch die nicht beamteten Bediensteten des Bundestages werden vom Präsidenten eingestellt und entlassen. ⁴Maßnahmen nach Satz 2 und 3 trifft der Präsident, soweit Beamte des höheren Dienstes oder entsprechend eingestufte Angestellte betroffen sind, im Benehmen mit den stellvertretenden Präsidenten, soweit leitende Beamte (A 16 und höher) oder entsprechend eingestufte Angestellte eingestellt, befördert werden bzw. höhergestuft werden, mit Zustimmung des Präsidiums.

(5) ¹Absatz 4 gilt auch für die dem Wehrbeauftragten beigegebenen Beschäftigten. ²Maßnahmen nach Absatz 4 Satz 4 erfolgen im Benehmen mit dem Wehrbeauftragten. ³Für die Bestellung, Ernennung, Umsetzung, Versetzung und Zurruhesetzung des Leitenden Beamten ist das Einvernehmen mit dem Wehrbeauf-

---

[1]) § 6 Abs. 1 Sätze 2 und 3 neu gef. durch Bek. v. 18.12.1989 (BGBl. I S. 2442).
[2]) § 7 Abs. 5 eingef., bish. Abs. 5 wird Abs. 6 durch Bek. v. 17.3.1982 (BGBl. I S. 400).
[3]) Siehe die HausO des Deutschen Bundestages idF der Bek. v. 29.6.2020 (BGBl. I S. 1949).
[4]) Siehe hierzu auch § 129 BBG (Nr. **160**).

tragten erforderlich. [4] Der Wehrbeauftragte hat das Recht, für alle Entscheidungen nach Absatz 4 Vorschläge zu unterbreiten.

(6) Ist der Präsident verhindert, vertritt ihn einer seiner Stellvertreter aus der zweitstärksten Fraktion.

§ 8 Sitzungsvorstand. (1) In den Sitzungen des Bundestages bilden der amtierende Präsident und zwei Schriftführer den Sitzungsvorstand.

(2) [1] Der Präsident bestimmt im Einvernehmen mit seinen Stellvertretern die Reihenfolge der Vertretung. [2] Sind Präsident und Stellvertreter gleichzeitig verhindert, so übernimmt der Alterspräsident die Leitung.

(3) Stehen die gewählten Schriftführer für eine Sitzung des Bundestages nicht in ausreichender Zahl zur Verfügung, so bestellt der amtierende Präsident andere Mitglieder des Bundestages als Stellvertreter.

§ 9 Aufgaben der Schriftführer. [1] Die Schriftführer unterstützen den Präsidenten. [2] Sie haben die Schriftstücke vorzulesen, die Verhandlungen zu beurkunden, die Rednerlisten zu führen, die Namen aufzurufen, die Stimmzettel zu sammeln und zu zählen, die Korrektur der Plenarprotokolle zu überwachen und andere Angelegenheiten des Bundestages nach den Weisungen des Präsidenten zu besorgen. [3] Der Präsident verteilt die Geschäfte.

IV. Fraktionen

§ 10 Bildung der Fraktionen. (1) [1] Die Fraktionen sind Vereinigungen von mindestens fünf vom Hundert der Mitglieder des Bundestages, die derselben Partei oder solchen Parteien angehören, die auf Grund gleichgerichteter politischer Ziele in keinem Land miteinander im Wettbewerb stehen. [2] Schließen sich Mitglieder des Bundestages abweichend von Satz 1 zusammen, bedarf die Anerkennung als Fraktion der Zustimmung des Bundestages.

(2) Die Bildung einer Fraktion, ihre Bezeichnung, die Namen der Vorsitzenden, Mitglieder und Gäste sind dem Präsidenten schriftlich mitzuteilen.

(3) Fraktionen können Gäste aufnehmen, die bei der Feststellung der Fraktionsstärke nicht mitzählen, jedoch bei der Bemessung der Stellenanteile (§ 12) zu berücksichtigen sind.

(4) [1] Mitglieder des Bundestages, die sich zusammenschließen wollen, ohne Fraktionsmindeststärke zu erreichen, können als Gruppe anerkannt werden. [2] Für sie gelten die Absätze 2 und 3 entsprechend.

(5) Technische Arbeitsgemeinschaften zwischen Fraktionen können nicht zu einer Änderung der Stellenanteile führen, die den einzelnen Fraktionen nach ihrer Stärke zustehen.

§ 11 Reihenfolge der Fraktionen. [1] Nach der Stärke der Fraktionen bestimmt sich ihre Reihenfolge. [2] Bei gleicher Fraktionsstärke entscheidet das Los, das vom Präsidenten in einer Sitzung des Bundestages gezogen wird. [3] Erledigte Mitgliedersitze werden bis zur Neubesetzung bei der Fraktion mitgezählt, die sie bisher innehatte.

§ 12 Stellenanteile der Fraktionen. [1] Die Zusammensetzung des Ältestenrates und der Ausschüsse sowie die Regelung des Vorsitzes in den Ausschüssen ist im Verhältnis der Stärke der einzelnen Fraktionen vorzunehmen. [2] Derselbe Grundsatz wird bei Wahlen, die der Bundestag vorzunehmen hat, angewandt.

V. Die Mitglieder des Bundestages[1]

§ 13[2] **Rechte und Pflichten der Mitglieder des Bundestages.** (1) Jedes Mitglied des Bundestages folgt bei Reden, Handlungen, Abstimmungen und Wahlen seiner Überzeugung und seinem Gewissen.

(2) ¹Die Mitglieder des Bundestages sind verpflichtet, an den Arbeiten des Bundestages teilzunehmen. ²An jedem Sitzungstag wird eine Anwesenheitsliste ausgelegt, in die sich die Mitglieder des Bundestages einzutragen haben. ³Die Folgen der Nichteintragung und der Nichtbeteiligung an einer namentlichen Abstimmung ergeben sich aus dem Gesetz über die Rechtsverhältnisse der Mitglieder des Deutschen Bundestages (Abgeordnetengesetz)[3].

§ 14 Urlaub. ¹Urlaub erteilt der Präsident. ²Urlaub auf unbestimmte Zeit wird nicht erteilt.

§ 15 Anfechtung und Verlust der Mitgliedschaft. ¹Die Rechte eines Mitgliedes des Bundestages, dessen Mitgliedschaft angefochten ist, regeln sich nach den Bestimmungen des Wahlprüfungsgesetzes[4]. ²Nach diesem Gesetz richtet sich auch der Verlust der Mitgliedschaft.

§ 16 Akteneinsicht und -abgabe. (1) ¹Die Mitglieder des Bundestages sind berechtigt alle Akten einzusehen, die sich in der Verwahrung des Bundestages oder eines Ausschusses befinden; die Arbeiten des Bundestages oder seiner Ausschüsse, ihrer Vorsitzenden oder Berichterstatter dürfen dadurch nicht behindert werden. ²Die Einsichtnahme in persönliche Akten und Abrechnungen, die beim Bundestag über seine Mitglieder geführt werden, ist nur dem betreffenden Mitglied des Bundestages möglich. ³Wünschen andere Mitglieder des Bundestages etwa als Berichterstatter oder Ausschußvorsitzende oder Persönlichkeiten außerhalb des Hauses Einsicht in diese Akten, dann kann dies nur mit Genehmigung des Präsidenten und des betreffenden Mitgliedes des Bundestages geschehen. ⁴Akten des Bundestages, die ein Mitglied des Bundestages persönlich betreffen, kann es jederzeit einsehen.

(2) Zum Gebrauch außerhalb des Bundeshauses werden Akten nur an die Vorsitzenden oder Berichterstatter der Ausschüsse für ihre Arbeiten abgegeben.

(3) Ausnahmen kann der Präsident genehmigen.

(4) Für Verschlußsachen gelten die Bestimmungen der Geheimschutzordnung des Deutschen Bundestages (§ 17).

§ 17 Geheimschutzordnung. ¹Der Bundestag beschließt eine Geheimschutzordnung, die Bestandteil dieser Geschäftsordnung ist (Anlage 3). ²Sie regelt die Behandlung aller Angelegenheiten, die durch besondere Sicherungsmaßnahmen gegen die Kenntnisnahme durch Unbefugte geschützt werden müssen.

§ 18[5] *(aufgehoben)*

---

[1] Fünfter Abschnitt Überschrift neu gef. durch Bek. v. 18.12.1986 (BGBl. 1987 I S. 147).
[2] § 13 Überschrift neu gef. durch Bek. v. 18.12.1986 (BGBl. 1987 I S. 147); Abs. 1 und 2 neu gef. durch Bek. v. 18.12.1989 (BGBl. I S. 2442).
[3] Nr. **48**.
[4] Nr. **32**.
[5] § 18 aufgeh. mWv 26.10.2021 durch Beschl. v. 26.10.2021 (BGBl. I S. 4830).

VI. Tagesordnung, Einberufung, Leitung der Sitzung und Ordnungsmaßnahmen

§ 19 Sitzungen. [1] Die Sitzungen des Bundestages sind öffentlich. [2] Die Öffentlichkeit kann nach Artikel 42 Abs. 1 des Grundgesetzes[1]) ausgeschlossen werden.

§ 20[2]) Tagesordnung. (1) Termin und Tagesordnung jeder Sitzung des Bundestages werden im Ältestenrat vereinbart, es sei denn, daß der Bundestag vorher darüber beschließt oder der Präsident sie nach § 21 Abs. 1 selbständig festsetzt.

(2) [1] Die Tagesordnung wird den Mitgliedern des Bundestages, dem Bundesrat und der Bundesregierung mitgeteilt. [2] Sie gilt, wenn kein Widerspruch erfolgt, mit Aufruf des Punktes 1 als festgestellt. [3] Nach Eröffnung jeder Plenarsitzung kann vor Eintritt in die jeweilige Tagesordnung jedes Mitglied des Bundestages eine Änderung der Tagesordnung beantragen, wenn es diesen Antrag bis spätestens 18 Uhr des Vortages dem Präsidenten vorgelegt hat.

(3) [1] Nach Feststellung der Tagesordnung dürfen andere Verhandlungsgegenstände nur beraten werden, wenn nicht von einer Fraktion oder von anwesenden fünf vom Hundert der Mitglieder des Bundestages widersprochen wird oder diese Geschäftsordnung die Beratung außerhalb der Tagesordnung zuläßt. [2] Der Bundestag kann jederzeit einen Verhandlungsgegenstand von der Tagesordnung absetzen, soweit diese Geschäftsordnung nichts anderes bestimmt.

(4) Vorlagen von Mitgliedern des Bundestages müssen auf Verlangen der Antragsteller auf die Tagesordnung der nächsten Sitzung gesetzt und beraten werden, wenn seit der Verteilung der Drucksache (§ 123) mindestens drei Wochen vergangen sind.

(5) [1] Ist eine Sitzung wegen Beschlußunfähigkeit aufgehoben worden, kann der Präsident für denselben Tag einmal eine weitere Sitzung mit derselben Tagesordnung einberufen. [2] Innerhalb dieser Tagesordnung kann er den Zeitpunkt für die Wiederholung der erfolglosen Abstimmung oder Wahl festlegen oder sie von der Tagesordnung absetzen, es sei denn, daß von einer Fraktion oder von anwesenden fünf vom Hundert der Mitglieder des Bundestages widersprochen wird.

§ 21 Einberufung durch den Präsidenten. (1) Selbständig setzt der Präsident Termin und Tagesordnung fest, wenn der Bundestag ihn dazu ermächtigt oder aus einem anderen Grunde als dem der Beschlußunfähigkeit nicht entscheiden kann.

(2) Der Präsident ist zur Einberufung des Bundestages verpflichtet, wenn ein Drittel der Mitglieder des Bundestages, der Bundespräsident oder der Bundeskanzler es verlangen (Artikel 39 Abs. 3 des Grundgesetzes[1])).

(3) Hat der Präsident in anderen Fällen selbständig eine Sitzung anberaumt oder Nachträge zur Tagesordnung festgesetzt, so muß er bei Beginn der Sitzung die Genehmigung des Bundestages einholen.

§ 22 Leitung der Sitzungen. [1] Der Präsident eröffnet, leitet und schließt die Sitzungen. [2] Vor Schluß der Sitzung gibt der Präsident nach den Vereinbarungen im Ältestenrat oder nach Beschluß des Bundestages den Termin der nächsten Sitzung bekannt.

---

[1]) Nr. **1**.
[2]) § 20 Abs. 4 geänd. durch Bek. v. 30.9.1995 (BGBl. I S. 1246).

§ 23 Eröffnung der Aussprache. Der Präsident hat über jeden Verhandlungsgegenstand, der auf der Tagesordnung steht, die Aussprache zu eröffnen, wenn sie nicht unzulässig oder an besondere Bedingungen geknüpft ist.

§ 24 Verbindung der Beratung. Die gemeinsame Beratung gleichartiger oder im Sachzusammenhang stehender Verhandlungsgegenstände kann jederzeit beschlossen werden.

(Fortsetzung nächstes Blatt)

Geschäftsordnung des Bundestages §§ 122–124 GO BT 35

§ 122 Übersendung beschlossener Gesetze. (1) Der Präsident des Bundestages übersendet das beschlossene Gesetz unverzüglich dem Bundesrat (Artikel 77 Abs. 1 Satz 2 des Grundgesetzes[1]).

(2) Je einen Abdruck des Gesetzesbeschlusses übersendet der Präsident an den Bundeskanzler und an den federführenden Minister und teilt dabei mit, wann die Zuleitung des beschlossenen Gesetzes an den Bundesrat nach Artikel 77 Abs. 1 Satz 2 des Grundgesetzes erfolgt ist.

(3) [1] Werden vor Übersendung nach Absatz 1 in der vom Bundestag in der Schlußabstimmung angenommenen Fassung des Gesetzes Druckfehler oder andere offenbare Unrichtigkeiten festgestellt, kann der Präsident im Einvernehmen mit dem federführenden Ausschuß eine Berichtigung veranlassen. [2] Ist das Gesetz gemäß Absatz 1 bereits übersandt, macht der Präsident nach Einwilligung des federführenden Ausschusses den Präsidenten des Bundesrates auf die Druckfehler oder andere offenbare Unrichtigkeiten mit der Bitte aufmerksam, sie im weiteren Gesetzgebungsverfahren zu berichtigen. [3] Von dieser Bitte ist dem Bundeskanzler und dem federführenden Minister Mitteilung zu machen.

§ 122a[2] Elektronische Dokumente. (1) Soweit für die Einbringung von Vorlagen Schriftform vorgesehen ist, genügt dieser Form die Aufzeichnung als elektronisches Dokument, wenn dieses für die weitere Bearbeitung geeignet ist.

(2) [1] Das Dokument muss mit einer elektronischen Signatur nach der Verordnung (EU) Nr. 910/2014[3] des Europäischen Parlaments und des Rates vom 23. Juli 2014 über elektronische Identifizierung und Vertrauensdienste für elektronische Transaktionen im Binnenmarkt und zur Aufhebung der Richtlinie 1999/93/EG (ABl. L 257 vom 28.8.2014, S. 73; L 23 vom 29.1.2015, S. 19; L 155 vom 14.6.2016, S. 44) versehen sein. [2] Das Nähere regeln Ausführungsbestimmungen, die vom Ältestenrat zu erlassen sind.

§ 123[4] Fristberechnung. (1) Bei Fristen wird der Tag der Verteilung der Drucksache nicht eingerechnet; sie gilt als verteilt, wenn sie für die Mitglieder des Bundestages elektronisch abrufbar oder in ihre Fächer verteilt worden ist.

(2) Die Fristen gelten auch dann als gewahrt, wenn infolge technischer Schwierigkeiten oder aus zufälligen Gründen für einzelne Mitglieder des Bundestages eine Drucksache erst nach der allgemeinen Verteilung elektronisch abrufbar oder in ihre Fächer verteilt worden ist.

§ 124 Wahrung der Frist. [1] Bei Berechnung einer Frist, innerhalb der eine Erklärung gegenüber dem Bundestag abzugeben oder eine Leistung zu bewirken ist, wird der Tag, an dem die Erklärung oder Leistung erfolgt, nicht mitgerechnet. [2] Ist danach die Erklärung oder Leistung an einem Sonnabend, Sonntag oder einem am Sitz des Bundestages gesetzlich anerkannten Feiertag zu bewirken, so tritt an dessen Stelle der nächstfolgende Werktag. [3] Die Erklärung oder Leistung ist während der üblichen Dienststunden, spätestens aber um 18 Uhr, zu bewirken.

---

[1] Nr. **1**.
[2] § 122a eingef. mWv 28.2.2005 durch Bek. v. 28.2.2005 (BGBl. I S. 668); Abs. 2 Satz 1 geänd. mWv 24.6.2021 durch Beschl. v. 24.6.2021 (BGBl. I S. 2868).
[3] VO v. 23.7.2014 (ABl. L 257 S. 73, ber. ABl. 2015 L 23 S. 19, ABl. 2016 L 155 S. 44), **Sartorius III Nr. 741**.
[4] § 123 neu gef. mWv 22.10.2013 durch Beschl. v. 6.6.2013 (BGBl. I S. 2167).

§ 125 Unerledigte Gegenstände. ¹ Am Ende der Wahlperiode des Bundestages gelten alle Vorlagen als erledigt. ² Dies gilt nicht für Petitionen und für Vorlagen, die keiner Beschlußfassung bedürfen.

XII. Abweichungen und Auslegung dieser Geschäftsordnung

§ 126 Abweichungen von dieser Geschäftsordnung. Abweichungen von den Vorschriften dieser Geschäftsordnung können im einzelnen Fall mit Zweidrittelmehrheit der anwesenden Mitglieder des Bundestages beschlossen werden, wenn die Bestimmungen des Grundgesetzes[1] dem nicht entgegenstehen.

§ 126a[2] Besondere Anwendung der Geschäftsordnung aufgrund der allgemeinen Beeinträchtigung durch COVID-19. (1) Der Bundestag ist abweichend von § 45 Absatz 1 beschlussfähig, wenn mehr als ein Viertel der Mitglieder im Sitzungssaal anwesend ist.

(2) Anwesend im Sinne des § 67 Satz 1 sind auch diejenigen Mitglieder, die über elektronische Kommunikationsmittel an der Sitzung teilnehmen.

(3) Die Ausschüsse, einschließlich des Ausschusses für Wahlprüfung, Immunität und Geschäftsordnung, können ihren Vorsitzenden auch in Sitzungswochen entsprechend § 72 zu Abstimmungen außerhalb einer Sitzung ermächtigen, für Abstimmungen und Beschlussfassungen können in Abweichung von § 48 Absatz 1 Satz 1 auch elektronische Kommunikationsmittel genutzt werden.

(4) Öffentliche Ausschussberatungen und öffentliche Anhörungssitzungen können auch so durchgeführt werden, dass der Öffentlichkeit Zugang ausschließlich durch elektronische Übermittlungswege gewährt wird.

(5) ¹ § 126a findet ab 19. März 2022 keine Anwendung mehr. ² Vor diesem Datum kann die Regelung jederzeit durch Beschluss des Bundestages aufgehoben werden.

§ 127 Auslegung dieser Geschäftsordnung. (1) ¹ Während einer Sitzung des Bundestages auftretende Zweifel über die Auslegung dieser Geschäftsordnung entscheidet der Präsident für den Einzelfall. ² Im übrigen obliegt die Auslegung dieser Geschäftsordnung dem Ausschuß für Wahlprüfung, Immunität und Geschäftsordnung; der Präsident, ein Ausschuß, eine Fraktion, ein Viertel der Mitglieder des Ausschusses für Wahlprüfung, Immunität und Geschäftsordnung oder fünf vom Hundert der Mitglieder des Bundestages können verlangen, daß die Auslegung dem Bundestag zur Entscheidung vorgelegt wird.

(2) Wird ein entsprechendes Verlangen gemäß Absatz 1 Satz 2 nicht vorgebracht, entscheidet der Ausschuß für Wahlprüfung, Immunität und Geschäftsordnung, in welcher Form seine Auslegung bekanntzumachen ist.

§ 128 Rechte des Ausschusses für Wahlprüfung, Immunität und Geschäftsordnung. Der Ausschuß für Wahlprüfung, Immunität und Geschäftsordnung kann Fragen aus seinem Geschäftsbereich beraten und dem Bundestag Empfehlungen unterbreiten (§ 75 Abs. 1 Buchstabe h).

---

[1] Nr. **1**.
[2] § 126a neu gef. mWv 10.12.2021 durch Beschl. v. 10.12.2021 (BGBl. I S. 5203).

Geschäftsordnung des Bundestages   Anl. 1, 2a   **GO BT 35**

Anlage 1[1])
(aufgehoben)

Anlage 2a

Verhaltenskodex für Interessenvertreterinnen und Interessenvertreter im Rahmen des Lobbyregistergesetzes[2])

Wer Interessenvertretung im Sinne des Lobbyregistergesetzes (LobbyRG) betreibt und nach diesem Gesetz der Registrierungspflicht unterliegt oder sich freiwillig hat registrieren lassen, wird tätig auf der Basis von Offenheit, Transparenz, Ehrlichkeit und Integrität und akzeptiert mit der Eintragung in das Register für sich und seine Beschäftigten folgende Grundsätze und Verhaltensregeln:

(1) [1]Interessenvertretung erfolgt bei jedem Kontakt im Anwendungsbereich des Lobbyregistergesetzes transparent. [2]Dazu legen Interessenvertreterinnen und Interessenvertreter ihre Identität und ihr Anliegen sowie gegebenenfalls die Identität und das Anliegen ihrer Auftraggeberin oder ihres Auftraggebers offen und machen über sich und ihren Auftrag bei der Interessenvertretung zutreffende Angaben.

(2) [1]Darüber hinaus wird beim erstmaligen zweckgerichteten Kontakt auf die Eintragung in das Lobbyregister hingewiesen unter Angabe der Verhaltenskodizes, auf deren Grundlage Interessenvertretung betrieben wird. [2]Dabei ist zum Beispiel bei einem Amts- oder Funktionswechsel auf die Person und nicht auf das Amt oder die Funktion der Adressatinnen oder Adressaten der Interessenvertretung abzustellen. [3]Wurde die Eintragung einzelner finanzieller Angaben nach § 3 Absatz 1 Nummer 6 bis 8 LobbyRG verweigert, so wird auch darauf hingewiesen.

(3) Es werden keine Vereinbarungen geschlossen, durch die eine Vergütung oder ihre Höhe vom Erfolg der Interessenvertretung abhängig gemacht wird (Erfolgshonorar).

(4) [1]Informationen werden niemals auf unlautere Art und Weise beschafft. [2]Dazu zählt insbesondere das Gewähren oder In-Aussicht-Stellen direkter oder indirekter finanzieller Anreize gegenüber Adressatinnen und Adressaten der Interessenvertretung, wenn diese dadurch ihre Pflichten verletzen würden.

(5) Vertrauliche Informationen, die Interessenvertreterinnen oder Interessenvertreter oder ihre Beschäftigten im Rahmen der Interessenvertretung gegenüber dem Deutschen Bundestag oder gegenüber der Bundesregierung erhalten, werden nur in zulässiger und jeweils vereinbarter Weise verwendet oder weitergegeben.

(6) Die Bezeichnung „registrierte Interessenvertreterin" oder „registrierter Interessenvertreter" wird nur verwendet, wenn die Eintragung in das Lobbyregister einschließlich der finanziellen Angaben nach § 3 Absatz 1 Nummer 6 bis 8 LobbyRG ordnungsgemäß erfolgt ist, die Eintragung keine Kennzeichnung „nicht

(Fortsetzung nächstes Blatt)

---

[1]) Anl. 1 aufgeh. mWv 26.10.2021 durch Beschl. v. 26.10.2021 (BGBl. I S. 4830).
[2]) Anl. 2a eingef. mWv 24.6.2021 durch Beschl. v. 24.6.2021 (BGBl. I S. 2868); sie tritt gem. Abs. 10 **am 1.1.2022 in Kraft.**

155. Gesetz über die Versorgung der Beamten und Richter des Bundes (Beamtenversorgungsgesetz – BeamtVG)[1) 2) 3)]

In der Fassung der Bekanntmachung vom 24. Februar 2010[4)]

(BGBl. I S. 150)

FNA 2030-25

geänd. durch Art. 4, 4a DienstrechtsneuordnungsG v. 5.2.2009 (BGBl. I S. 160, Art. 4a geänd. durch G v. 19.11.2010, BGBl. I S. 1552, aufgeh. durch G v. 20.12.2011, BGBl. I S. 2842), Art. 2 G zum Versorgungslastenteilungs-Staatsvertrag v. 5.9.2010 (BGBl. I S. 1288 iVm Bek. v. 8.10.2010, BGBl. I S. 1404), Art. 8–10 Bundesbesoldungs- und -versorgungsanpassungsG 2010/2011 v. 19.11.2010 (BGBl. I S. 1552), Art. 14 G zur Einführung eines Bundesfreiwilligendienstes v. 28.4.2011 (BGBl. I S. 687), Art. 2 G zur Übertragung ehebezogener Regelungen im öffentl. Dienstrecht auf Lebenspartnerschaften v. 14.11.2011 (BGBl. I S. 2219), Art. 2 Einsatzversorgungs-VerbesserungsG v. 5.12.2011 (BGBl. I S. 2458), Art. 3, 5 G zur Wiedergewährung der Sonderzahlung v. 20.12.2011 (BGBl. I S. 2842), Art. 4 G zur Unterstützung der Fachkräftegewinnung im Bund und zur Änd. weiterer dienstrechtl. Vorschriften v. 15.3.2012 (BGBl. I S. 462), Art. 5 Bundeswehrreform-BegleitG v. 21.7.2012 (BGBl. I S. 1583), Art. 7–9 Bundesbesoldungs- und -versorgungsanpassungsG 2012/2013 v. 15.8.2012 (BGBl. I S. 1670), Art. 2 Abs. 5 G zur Modernisierung des Außenwirtschaftsrechts v. 6.6.2013 (BGBl. I S. 1482), Art. 2 G zur Neuregelung der Professorenbesoldung und zur Änd. weiterer dienstrechtlicher Vorschriften v. 11.6.2013 (BGBl. I S. 1514), Art. 3 G über die Gewährung eines Altersgelds für freiwillig aus dem Bundesdienst ausscheidende Beamte, Richter und Soldaten v. 28.8.2013 (BGBl. I S. 3386), Art. 4, 5 Bundesbesoldungs- und -versorgungsanpassungsG 2014/2015 v. 25.11.2014 (BGBl. I S. 1772), Art. 1 Bundeswehr-AttraktivitätssteigerungsG v. 13.5.2015 (BGBl. I S. 706), Art. 3a Siebtes BesoldungsänderungsG v. 3.12.2015 (BGBl. I S. 2163), Art. 3, 4 Bundesbesoldungs- und -versorgungsanpassungsG 2016/2017 v. 21.11.2016 (BGBl. I S. 2570), Art. 3 G zur Änd. des VersorgungsrücklageG und weiterer dienstrechtlicher Vorschriften v. 5.1.2017 (BGBl. I S. 17), Art. 11 G zu bereichsspezifischen Regelungen der Gesichtsverhüllung und zur Änd. weiterer dienstrechtlicher Vorschriften v. 8.6.2017 (BGBl. I S. 1570), Art. 5–7 Bundesbesoldungs- und -versorgungsanpassungsG 2018/2019/2020 v. 8.11.2018 (BGBl. I S. 1810), Art. 3 G zur Änd. des BeamtenstatusG und des BundesbeamtenG sowie weiterer dienstrechtlicher Vorschriften v. 29.11.2018 (BGBl. I S. 2232), Art. 2 Bundeswehr-EinsatzbereitschaftsstärkungsG v. 4.8.2019 (BGBl. I S. 1147), Art. 9 BesoldungsstrukturenmodernisierungsG v. 9.12.2019 (BGBl. I S. 2053), Art. 43 G zur Regelung des Sozialen Entschädigungsrechts v. 12.12.2019 (BGBl. I S. 2652, geänd. durch G v. 20.8.2021, BGBl. I S. 3932), Art. 3, 4 Zweites G zur Änd. des BundespersonalvertretungsG und weiterer dienstrechtl. Vorschriften aus Anlass der COVID-19-Pandemie v. 25.5.2020 (BGBl. I S. 1063), Art. 2 G über eine einmalige Sonderzahlung aus Anlass der COVID-19-Pandemie an Besoldungs- und Wehrsoldempfänger v. 21.12.2020 (BGBl. I S. 3136), Art. 6, 7 G zur Regelung des Erscheinungsbilds von Beamtinnen und Beamten sowie zur Änd. weiterer dienstrechtl. Vorschriften v. 28.6.2021 (BGBl. I S. 2250), Art. 5, 6 G zur Anpassung des Bundesbesoldung und versorgung für 2021/2022 und zur Änd. weiterer dienstrechtl. Vorschriften v. 9.7.2021 (BGBl. I S. 2444), Art. 68, 69 G über die Entschädigung der Soldatinnen und Soldaten und zur Neuordnung des Soldatenversorgungsrechts v. 20.8.2021 (BGBl. I S. 3932) und Art. 20g G zur Änd. des InfektionsschutzG und weiterer G anlässlich der Aufhebung der Feststellung der epidemischen Lage von nationaler Tragweite v. 22.11.2021 (BGBl. I S. 4906)

[1)] Die in der Neubekanntmachung v. 24.2.2010 als Fußnoten wiedergegebenen, zum 1.9.2009 in Kraft getretenen Änderungen durch das G v. 3.4.2009 (BGBl. I S. 700) wurden in den laufenden Text übernommen.
[2)] Zur Anwendung in den Ländern siehe § 108.
[3)] Die Änderung durch das G v. 12.12.2019 (BGBl. I S. 2652) tritt erst **mWv 1.1.2024**, die Änderungen durch G v. 20.8.2021 (BGBl. I S. 3932) treten erst **mWv 1.1.2024** bzw. **mWv 1.1.2025** in Kraft und sind noch nicht im Text berücksichtigt.
[4)] Neubekanntmachung des Beamtenversorgungsgesetzes idF der Bek. v. 16.3.1999 (BGBl. I S. 322) in der ab 1.7.2009 geltenden Fassung.

Inhaltsübersicht[1]

Abschnitt 1. Allgemeine Vorschriften

§ 1	Geltungsbereich
§ 1a	Lebenspartnerschaft
§ 2	Arten der Versorgung
§ 3	Regelung durch Gesetz

Abschnitt 2. Ruhegehalt, Unterhaltsbeitrag

§ 4	Entstehen und Berechnung des Ruhegehalts
§ 5	Ruhegehaltfähige Dienstbezüge
§ 6	Regelmäßige ruhegehaltfähige Dienstzeit
§ 6a	Zeiten im öffentlichen Dienst einer zwischenstaatlichen oder überstaatlichen Einrichtung
§ 7	Erhöhung der ruhegehaltfähigen Dienstzeit
§ 8	Berufsmäßiger Wehrdienst und vergleichbare Zeiten
§ 9	Nichtberufsmäßiger Wehrdienst und vergleichbare Zeiten
§ 10	Zeiten im privatrechtlichen Arbeitsverhältnis im öffentlichen Dienst
§ 11	Sonstige Zeiten
§ 12	Ausbildungszeiten
§ 12a	Nicht zu berücksichtigende Zeiten
§ 12b	Zeiten in dem in Artikel 3 des Einigungsvertrages genannten Gebiet
§ 13	Zurechnungszeit und Zeit gesundheitsschädigender Verwendung
§ 14	Höhe des Ruhegehalts
§ 14a	Vorübergehende Erhöhung des Ruhegehaltssatzes
§ 15	Unterhaltsbeitrag für entlassene Beamte auf Lebenszeit und auf Probe
§ 15a	Beamte auf Zeit und auf Probe in leitender Funktion

Abschnitt 3. Hinterbliebenenversorgung

§ 16	Allgemeines
§ 17	Bezüge für den Sterbemonat
§ 18	Sterbegeld
§ 19	Witwengeld
§ 20	Höhe des Witwengeldes
§ 21	Witwenabfindung
§ 22	Unterhaltsbeitrag für nicht witwengeldberechtigte Witwen und frühere Ehefrauen
§ 23	Waisengeld
§ 24	Höhe des Waisengeldes
§ 25	Zusammentreffen von Witwengeld, Waisengeld und Unterhaltsbeiträgen
§ 26	Unterhaltsbeitrag für Hinterbliebene von Beamten auf Lebenszeit und auf Probe
§ 27	Beginn der Zahlungen
§ 28	Witwerversorgung

Abschnitt 4. Bezüge bei Verschollenheit

§ 29	Zahlung der Bezüge

Abschnitt 5. Unfallfürsorge

§ 30	Allgemeines
§ 31	Dienstunfall
§ 31a	Einsatzversorgung
§ 32	Erstattung von Sachschäden und besonderen Aufwendungen
§ 33	Heilverfahren
§ 34	Pflegekosten
§ 35	Unfallausgleich
§ 36	Unfallruhegehalt
§ 37	Erhöhtes Unfallruhegehalt

---

[1] Inhaltsübersicht geänd. mWv 1.1.2010 durch G v. 19.11.2010 (BGBl. I S. 1552); mWv 1.1.2011 durch G v. 5.2.2009 (BGBl. I S. 160); mWv 1.1.2009 durch G v. 14.11.2011 (BGBl. I S. 2219); mWv 25.3.2010 durch G v. 15.3.2012 (BGBl. I S. 462); mWv 26.7.2012 durch G v. 21.7.2012 (BGBl. I S. 1583); mWv 1.1.2013 durch G v. 11.6.2013 (BGBl. I S. 1514); mWv 4.9.2013 durch G v. 28.8.2013 (BGBl. I S. 3386); mWv 23.5.2015 durch G v. 13.5.2015 (BGBl. I S. 706); mWv 1.1.2016 durch G v. 3.12.2015 (BGBl. I S. 2163); mWv 11.1.2017 durch G v. 5.1.2017 (BGBl. I S. 17); mWv 15.6.2017 durch G v. 8.6.2017 (BGBl. I S. 1570); geänd. mWv 1.1.2020 und mWv 1.7.2020 durch G v. 9.12.2019 (BGBl. I S. 2053); geänd. mWv 1.1.2020 und mWv 1.1.2021 durch G v. 25.5.2020 (BGBl. I S. 1063); geänd. mWv 1.1.2020 und mWv 1.8.2021 durch G v. 28.6.2021 (BGBl. I S. 2250).

Abschnitt 11.[1)] Anpassung der Versorgungsbezüge

§ 70 Allgemeine Anpassung. (1) Werden die Dienstbezüge der Besoldungsberechtigten allgemein erhöht oder vermindert, sind von demselben Zeitpunkt an die Versorgungsbezüge durch Bundesgesetz entsprechend zu regeln.

(2) Als allgemeine Änderung der Dienstbezüge im Sinne des Absatzes 1 gelten auch die Neufassung der Grundgehaltstabelle mit unterschiedlicher Änderung der Grundgehaltssätze und die allgemeine Erhöhung oder Verminderung der Dienstbezüge um feste Beträge.

§ 71[2)] **Erhöhung der Versorgungsbezüge.** (1) ¹Bei Versorgungsempfängern gilt die Erhöhung nach § 14 Absatz 2 des Bundesbesoldungsgesetzes[3)] entsprechend für die

1. in § 5 Absatz 1 Satz 1 Nummer 1 und § 69g Absatz 1 Nummer 1 Buchstabe a Satz 3 dieses Gesetzes sowie in § 84 Nummer 1, 3 und 4 des Bundesbesoldungsgesetzes genannten Bezügebestandteile,
2. Leistungsbezüge nach § 5 Absatz 1 Satz 1 Nummer 4, soweit sie nach den auf Grund des § 33 Absatz 4 des Bundesbesoldungsgesetzes erlassenen Rechtsverordnungen an den regelmäßigen Besoldungsanpassungen teilnehmen,
3. den Versorgungsbezügen zugrunde liegenden Grundvergütungen,
4. den Versorgungsbezügen zugrunde liegenden Grundgehältern nach fortgeltenden oder früheren Besoldungsordnungen.

²Satz 1 gilt entsprechend für Empfänger von Versorgungsbezügen der weggefallenen Besoldungsgruppen A 1 und A 2.

(2) ¹Versorgungsbezüge, deren Berechnung ein Ortszuschlag nach dem Bundesbesoldungsgesetz in der bis zum 30. Juni 1997 geltenden Fassung nicht zugrunde liegt, werden ab 1. April 2022 um 1,7 Prozent erhöht, wenn der Versorgungsfall vor dem 1. Juli 1997 eingetreten ist. ²Satz 1 gilt entsprechend für

1. Hinterbliebene eines vor dem 1. Juli 1997 vorhandenen Versorgungsempfängers,
2. Versorgungsbezüge, die in festen Beträgen festgesetzt sind,
3. den Betrag nach Artikel 13 § 2 Absatz 4 des Fünften Gesetzes zur Änderung besoldungsrechtlicher Vorschriften vom 28. Mai 1990 (BGBl. I S. 967).

§ 72[4)] *(aufgehoben)*

§§ 73–76 (weggefallen)

[1)] 11. Abschnitt Überschrift geänd. mWv 1.1.2020 durch G v. 9.12.2019 (BGBl. I S. 2053).
[2)] § 71 Abs. 2 Satz 1 und Abs. 3 geänd. mWv 1.1.2010, mWv 1.1.2011 und mWv 1.8.2011 durch G v. 19.11.2010 (BGBl. I S. 1552); Abs. 2 Satz 1 und Abs. 3 geänd. mWv 1.3.2012, mWv 1.1.2013 und mWv 1.8.2013 durch G v. 15.8.2012 (BGBl. I S. 1670); Abs. 2 neu gef., Abs. 3 geänd. mWv 1.3.2014 , Abs. 1 Satz 1 geänd., Abs. 2 neu gef., Abs. 3 geänd. mWv 1.3.2015 durch G v. 25.11.2014 (BGBl. I S. 1772); Abs. 2 Satz 1 und Abs. 3 geänd. mWv 1.3.2016 und mWv 1.2.2017 durch G v. 21.11.2016 (BGBl. I S. 2570); Abs. 1 Satz 1 neu gef., Abs. 2 Satz 1 geänd., Abs. 3 aufgeh. mWv 1.3.2018, Abs. 2 Satz 1 geänd. mWv 1.4.2019 und mWv 1.3.2020 durch G v. 8.11.2018 (BGBl. I S. 1810); Abs. 2 Satz 1 geänd. mWv 1.1.2020, Abs. 1 Satz 2 geänd. mWv 1.3.2020 durch G v. 9.12.2019 (BGBl. I S. 2053); Abs. 2 Satz 1 geänd. mWv 1.4.2021 und mWv 1.4.2022 durch G v. 9.7.2021 (BGBl. I S. 2444).
[3)] Nr. **230**.
[4)] § 72 aufgeh. mWv 1.1.2010 durch G v. 19.11.2010 (BGBl. I S. 1552).

Abschnitt 12.[1] (weggefallen)

§§ 77–83 (weggefallen)

Abschnitt 13.[2] Übergangsvorschriften alten Rechts

§ 84[3] **Ruhegehaltfähige Dienstzeit.** ¹Für am 1. Januar 1977 vorhandene Beamte können zum Ausgleich von Härten Zeiten, die nach dem bis zum 31. Dezember 1976 geltenden Recht ruhegehaltfähig waren, als ruhegehaltfähig galten oder als ruhegehaltfähig berücksichtigt werden konnten und vor dem 1. Januar 1977 zurückgelegt worden sind, im Anwendungsbereich des bis zum 31. Dezember 1976 geltenden Rechts als ruhegehaltfähig berücksichtigt werden. ²Die Entscheidung trifft das Bundesministerium des Innern, für Bau und Heimat.

§ 85[4] **Ruhegehaltssatz für am 31. Dezember 1991 vorhandene Beamte.**

(1) ¹Hat das Beamtenverhältnis, aus dem der Beamte in den Ruhestand tritt, oder ein unmittelbar vorangehendes anderes öffentlich-rechtliches Dienstverhältnis bereits am 31. Dezember 1991 bestanden, bleibt der zu diesem Zeitpunkt erreichte Ruhegehaltssatz gewahrt. ²Dabei richtet sich die Berechnung der ruhegehaltfähigen Dienstzeit und des Ruhegehaltssatzes nach dem bis zum 31. Dezember 1991 geltenden Recht; § 14 Absatz 1 Satz 1 Halbsatz 2 und 3 findet hierbei keine Anwendung. ³Der sich nach den Sätzen 1 und 2 ergebende Ruhegehaltssatz steigt mit jedem Jahr, das vom 1. Januar 1992 an nach dem von diesem Zeitpunkt an geltenden Recht als ruhegehaltfähige Dienstzeit zurückgelegt wird, um ein Prozent der ruhegehaltfähigen Dienstbezüge bis zum Höchstsatz von fünfundsiebzig Prozent; insoweit gilt § 14 Absatz 1 Satz 2 und 3 entsprechend. ⁴Bei der Anwendung von Satz 3 bleiben Zeiten bis zur Vollendung einer zehnjährigen ruhegehaltfähigen Dienstzeit außer Betracht; § 13 Absatz 1 findet in der bis zum 31. Dezember 1991 geltenden Fassung Anwendung. ⁵§ 14 Absatz 3 findet Anwendung.

(2) Für die Beamten auf Zeit, deren Beamtenverhältnis über den 31. Dezember 1991 hinaus fortbesteht, ist § 66 Absatz 2, 4 und 6 in der bis zum 31. Dezember 1991 geltenden Fassung anzuwenden.

(3) ¹Hat das Beamtenverhältnis, aus dem der Beamte in den Ruhestand tritt, oder ein unmittelbar vorangehendes anderes öffentlich-rechtliches Dienstverhältnis bereits am 31. Dezember 1991 bestanden und erreicht der Beamte vor dem 1. Januar 2002 die für ihn jeweils maßgebende gesetzliche Altersgrenze, so richtet sich die Berechnung der ruhegehaltfähigen Dienstzeit und des Ruhegehaltssatzes nach dem bis zum 31. Dezember 1991 geltenden Recht. ²Satz 1 gilt entsprechend, wenn ein von dieser Vorschrift erfasster Beamter vor dem Zeitpunkt des Erreichens der jeweils maßgebenden gesetzlichen Altersgrenze wegen Dienstunfähigkeit oder auf Antrag in den Ruhestand versetzt wird oder verstirbt.

---

[1] 12. Abschnitt Überschrift geänd. mWv 1.1.2020 durch G v. 9.12.2019 (BGBl. I S. 2053).
[2] 13. Abschnitt Überschrift geänd. mWv 1.1.2020 durch G v. 9.12.2019 (BGBl. I S. 2053).
[3] § 84 Satz 2 geänd. mWv 1.1.2020 durch G v. 9.12.2019 (BGBl. I S. 2053).
[4] § 85 Abs. 12 angef. mWv 22.3.2012 durch G v. 15.3.2012 (BGBl. I S. 462); Abs. 1 Satz 3, Abs. 5 und Abs. 11 geänd. mWv 1.1.2020, Abs. 6 Sätze 2–4 aufgeh., bish. Satz 5 wird Satz 2 mWv 1.7.2020, Abs. 7 aufgeh. mWv 1.9.2020 durch G v. 9.12.2019 (BGBl. I S. 2053); Abs. 11 geänd. mWv 1.7.2020 durch G v. 28.6.2021 (BGBl. I S. 2250).

§ 85　BeamtVG　155

(4) ¹Der sich nach Absatz 1, 2 oder 3 ergebende Ruhegehaltssatz wird der Berechnung des Ruhegehalts zugrunde gelegt, wenn er höher ist als der Ruhe-

(Fortsetzung nächstes Blatt)

Beamtenversorgungsgesetz §§ 107e, 108 BeamtVG 155

Ablauf des Monats, in dem sie die Regelaltersgrenze nach § 51 Absatz 1 und 2 des Bundesbeamtengesetzes erreicht haben.

§ 107e[1]) **Sonderregelungen zur Bewältigung der COVID-19-Pandemie.**
(1) ¹Für Ruhestandsbeamte, die ein Erwerbseinkommen aus einer Beschäftigung erzielen, die in unmittelbarem Zusammenhang mit der Bewältigung der Auswirkungen der COVID-19-Pandemie steht, beträgt die Höchstgrenze nach § 53 Absatz 2 Nummer 1 erste Alternative bis zum 31. Dezember 2022 150 Prozent der ruhegehaltfähigen Dienstbezüge aus der Endstufe der Besoldungsgruppe, aus der sich das Ruhegehalt berechnet, zuzüglich des jeweils zustehenden Unterschiedsbetrages nach § 50 Absatz 1. ²§ 53 Absatz 5 Satz 2 und 3 ist nicht anzuwenden. ³Die Sätze 1 und 2 gelten nicht für Beamte, die wegen Dienstunfähigkeit oder nach § 52 Absatz 1 oder 2 des Bundesbeamtengesetzes[2]) in den Ruhestand versetzt worden sind.

(2) Anspruch auf Waisengeld besteht auch dann, wenn wegen der Auswirkungen der COVID-19-Pandemie
1. eine Schul- oder Berufsausbildung oder ein freiwilliger Dienst im Sinne des § 61 Absatz 2 Satz 1 Nummer 1 Buchstabe a oder Buchstabe c nicht angetreten werden kann oder
2. die Übergangszeit nach § 61 Absatz 2 Satz 1 Nummer 1 Buchstabe b überschritten wird.

(3) Eine in der Zeit vom 1. März 2020 bis 31. März 2022 gewährte Leistung, die nach § 3 Nummer 11a des Einkommensteuergesetzes steuerfrei ist, gilt bis zu einem Betrag von 1500 Euro nicht als Erwerbseinkommen.

§ 108 Anwendungsbereich in den Ländern. (1) Für die Beamten der Länder, der Gemeinden, der Gemeindeverbände sowie der sonstigen der Aufsicht eines Landes unterstehenden Körperschaften, Anstalten und Stiftungen des öffentlichen Rechts gilt das Beamtenversorgungsgesetz in der bis zum 31. August 2006 geltenden Fassung, soweit es nicht durch Landesrecht ersetzt wurde.[3])

---

[1]) § 107e eingef. mWv 1.1.2020 und aufgeh. mWv 1.1.2021 durch G v. 25.5.2020 (BGBl. I S. 1063); erneut eingef. mWv 1.1.2020, Abs. 2 aufgeh., bish. Abs. 3 wird Abs. 2 mWv 1.7.2021 durch G v. 28.6.2021 (BGBl. I S. 2250); Abs. 1 Satz 1 und Abs. 2 einl. Satzteil geänd., Abs. 3 angef. mWv 24.11.2021 durch G v. 22.11.2021 (BGBl. I S. 4906).
[2]) Nr. **160**.
[3]) Siehe die versorgungsrechtlichen Regelungen der Länder:
– **Baden-Württemberg:** Landesbeamtenversorgungsg v. 9.11.2010 (GBl. S. 793, 911), zuletzt geänd. durch G v. 15.10.2020 (GBl. S. 914)
– **Bayern:** Bayerisches BeamtenversorgungsG v. 5.8.2010 (GVBl. S. 410, 528, 764), zuletzt geänd. durch G v. 23.12.2021 (GVBl. S. 663)
– **Berlin:** Beamtenversorgungs-ÜberleitungsG v. 21.6.2011 (GVBl. S. 266)
– **Brandenburg:** Brandenburgisches BeamtenversorgungsG v. 20.11.2013 (GVBl. I Nr. 32, 77), zuletzt geänd. durch G v. 19.6.2019 (GVBl. I Nr. 39)
– **Bremen:** Bremisches BeamtenversorgungsG v. 4.11.2014 (Brem.GBl. S. 458), zuletzt geänd. durch G v. 23.11.2021 (Brem.GBl. S. 772)
– **Hamburg:** Hamburgisches BeamtenversorgungsG v. 26.1.2010 (HmbGVBl. S. 23, 72), zuletzt geänd. durch G v. 3.2.2021 (HmbGVBl. S. 59)
– **Hessen:** Hessisches BeamtenversorgungsG v. 27.5.2013 (GVBl. S. 218, 312), zuletzt geänd. durch G v. 14.12.2021 (GVBl. S. 931)
– **Mecklenburg-Vorpommern:** Landesbeamtenversorgungsg idF der Bek. v. 8.3.2012 (GVOBl. M-V S. 26), zuletzt geänd. durch G v. 11.5.2021 (GVOBl. M-V S. 600)
– **Niedersachsen:** Niedersächsisches BeamtenversorgungsG idF der Bek. v. 2.4.2013 (Nds. GVBl. S. 73), zuletzt geänd. durch G v. 16.12.2021 (Nds. GVBl. S. 883)

(2) Nach Maßgabe des Deutschen Richtergesetzes[1] ist auf die Versorgung der Richter der Länder das Beamtenversorgungsgesetz in der bis zum 31. August 2006 geltenden Fassung entsprechend anzuwenden, soweit nichts anderes bestimmt ist.

§ 109 (Inkrafttreten)

(Fortsetzung der Anm. von voriger Seite)
- **Nordrhein-Westfalen:** Beamtenversorgungs-ÜberleitungsG v. 16.5.2013 (GV. NRW. S. 234, 238), geänd. durch G v. 16.5.2013 (GV. NRW. S. 234)
- **Rheinland-Pfalz:** LandesbeamtenversorgungsG v. 18.6.2013 (GVBl. S. 157, 208), zuletzt geänd. durch G v. 28.9.2021 (GVBl. S. 543)
- **Saarland:** vgl. § 2 Saarländisches BeamtenversorgungsG v. 13.10.2021 (Amtsbl. I S. 2547, 2582)
- **Sachsen:** Sächsisches BeamtenversorgungsG v. 18.12.2013 (SächsGVBl. S. 970, 1045), zuletzt geänd. durch G v. 25.6.2019 (SächsGVBl. S. 496)
- **Sachsen-Anhalt:** LandesbeamtenversorgungsG v. 13.6.2018 (GVBl. LSA S. 72, 78), zuletzt geänd. durch G v. 1.12.2021 (GVBl. LSA S. 550)
- **Schleswig-Holstein:** BeamtenversorgungsG Schleswig-Holstein v. 26.1.2012 (GVOBl. Schl.-H. S. 153), zuletzt geänd. durch G v. 25.2.2021 (GVOBl. Schl.-H. S. 201)
- **Thüringen:** Thüringer BeamtenversorgungsG v. 22.6.2011 (GVBl. S. 99), zuletzt geänd. durch G v. 4.10.2021 (GVBl. S. 508)

[1] Habersack, Deutsche Gesetze ErgBd. Nr. 97.

173. Verordnung über den Sonderurlaub für Bundesbeamtinnen und Bundesbeamte sowie für Richterinnen und Richter des Bundes (Sonderurlaubsverordnung – SUrlV)[1])

Vom 1. Juni 2016
(BGBl. I S. 1284)

FNA 2030-2-30-5

geänd. durch Art. 44 G zur Regelung des Sozialen Entschädigungsrechts v. 12.12.2019 (BGBl. I S. 2652), Art. 51 Elfte ZuständigkeitsanpassungsVO v. 19.6.2020 (BGBl. I S. 1328), Art. 3, 4 VO zur Weiterentwicklung dienstrechtl. Regelungen zu Arbeitszeit und Sonderurlaub v. 17.12.2020 (BGBl. I S. 3011), Art. 1–3 Erste ÄndVO v. 3.6.2021 (BGBl. I S. 1367), Art. 7, 8 VO zur Fortentwicklung laufbahnrechtlicher und weiterer dienstrechtlicher Vorschriften v. 16.8.2021 (BGBl. I S. 3582) und Art. 1–4 Zweite ÄndVO v. 22.12.2021 (BGBl. I S. 5257)

Auf Grund des § 90 Absatz 1 des Bundesbeamtengesetzes[2]) vom 5. Februar 2009 (BGBl. I S. 160) verordnet die Bundesregierung:

Inhaltsübersicht

§ 1	Geltungsbereich
§ 2	Zuständigkeit
§ 3	Voraussetzungen
§ 4	Dauer
§ 5	Sonderurlaub zur Ausübung staatsbürgerlicher Rechte und zur Erfüllung staatsbürgerlicher Pflichten
§ 6	Sonderurlaub zur Ausübung einer Tätigkeit in öffentlichen zwischenstaatlichen oder überstaatlichen Einrichtungen oder in einer öffentlichen Einrichtung eines Mitgliedstaates der Europäischen Union
§ 7	Sonderurlaub zur Wahrnehmung von Aufgaben der Entwicklungszusammenarbeit
§ 8	Sonderurlaub im Rahmen des Aufstiegs in eine Laufbahn des gehobenen oder höheren Dienstes
§ 9	Sonderurlaub für Aus- oder Fortbildung
§ 10	Sonderurlaub für fremdsprachliche Aus- oder Fortbildung
§ 11	Sonderurlaub für Zwecke der militärischen und zivilen Verteidigung
§ 12	Sonderurlaub für vereinspolitische Zwecke
§ 13	Sonderurlaub zur Ableistung von Freiwilligendiensten
§ 14	Sonderurlaub für eine Ausbildung zur Schwesternhelferin oder zum Pflegediensthelfer
§ 15	Sonderurlaub für gewerkschaftliche Zwecke
§ 16	Sonderurlaub für kirchliche Zwecke
§ 17	Sonderurlaub für sportliche Zwecke
§ 18	Sonderurlaub für Familienheimfahrten
§ 19	Sonderurlaub aus dienstlichen Anlässen
§ 20	Sonderurlaub aus medizinischen Anlässen
§ 21	Sonderurlaub aus persönlichen Anlässen
§ 22	Sonderurlaub in anderen Fällen
§ 23	Verfahren
§ 24	Widerruf
§ 25	Ersatz von Mehraufwendungen
§ 26	Besoldung
§ 27	Inkrafttreten, Außerkrafttreten

---

[1]) Die Änderung durch G v. 12.12.2019 (BGBl. I S. 2652) tritt erst **mWv 1.1.2024**, die Änderungen durch VO v. 22.12.2021 (BGBl. I S. 5257) treten teilweise erst **mWv 1.1.2023** in Kraft und sind insoweit im Text noch nicht berücksichtigt.
[2]) Nr. **160**.

§ 1 Geltungsbereich. (1) ¹Diese Verordnung gilt für die Beamtinnen und Beamten des Bundes. ²Für die Richterinnen und Richter im Bundesdienst gilt diese Verordnung nach § 46 des Deutschen Richtergesetzes[1]) entsprechend.

(2) Ansprüche auf Sonderurlaub für Beamtinnen und Beamte des Bundes sowie Richterinnen und Richter des Bundes, die sich aus anderen Rechtsvorschriften ergeben, bleiben unberührt.

§ 2 Zuständigkeit. Die Entscheidung über die Gewährung von Sonderurlaub trifft – außer in den Fällen des § 22 Absatz 1 Satz 2 und Absatz 3 Satz 2 – die personalverwaltende Dienstbehörde.

§ 3 Voraussetzungen. Sonderurlaub wird nur gewährt, wenn
1. der Anlass, für den Sonderurlaub beantragt wurde, nicht außerhalb der Arbeitszeit wahrgenommen oder erledigt werden kann,
2. dienstliche Gründe nicht entgegenstehen und
3. die jeweiligen Voraussetzungen der §§ 5 bis 22 erfüllt sind.

§ 4 Dauer. Die in den folgenden Vorschriften bestimmte Urlaubsdauer verlängert sich um erforderliche Reisezeiten.

§ 5 Sonderurlaub zur Ausübung staatsbürgerlicher Rechte und zur Erfüllung staatsbürgerlicher Pflichten. Sonderurlaub unter Fortzahlung der Besoldung ist zu gewähren
1. für die Teilnahme an öffentlichen Wahlen und Abstimmungen,
2. zur Wahrnehmung amtlicher, insbesondere gerichtlicher, staatsanwaltschaftlicher oder polizeilicher Termine, sofern sie nicht durch private Angelegenheiten der Beamtin oder des Beamten veranlasst sind, oder
3. zur Ausübung einer ehrenamtlichen Tätigkeit oder eines öffentlichen Ehrenamtes, wenn die Übernahme der Tätigkeit auf einer gesetzlichen Vorschrift beruht.

§ 6 Sonderurlaub zur Ausübung einer Tätigkeit in öffentlichen zwischenstaatlichen oder überstaatlichen Einrichtungen oder in einer öffentlichen Einrichtung eines Mitgliedstaates der Europäischen Union. (1) ¹Sonderurlaub unter Wegfall der Besoldung ist zu gewähren bei Entsendung für eine hauptberufliche Tätigkeit
1. in einer öffentlichen zwischenstaatlichen oder überstaatlichen Einrichtung,
2. in der Verwaltung eines Mitgliedstaates der Europäischen Union oder
3. in einer öffentlichen Einrichtung eines Mitgliedstaates der Europäischen Union.

²Die Dauer des Sonderurlaubs richtet sich nach der Dauer der Entsendung.

(2) Sonderurlaub von bis zu einem Jahr unter Wegfall der Besoldung ist auch für die Wahrnehmung einer hauptberuflichen Tätigkeit nach Absatz 1 Satz 1 zu gewähren, wenn die Beamtin oder der Beamte zu dieser hauptberuflichen Tätigkeit nicht entsandt wird.

§ 7 Sonderurlaub zur Wahrnehmung von Aufgaben der Entwicklungszusammenarbeit. Zur Wahrnehmung von Aufgaben der Entwicklungszusammenarbeit sind bis zu fünf Jahre Sonderurlaub unter Wegfall der Besoldung zu gewähren.

---

[1]) Habersack, Deutsche Gesetze ErgBd. Nr. 97.

für Bau und Heimat von Absatz 1 abweichende Regelungen treffen. ²Für die bei den Postnachfolgeunternehmen beschäftigten Beamtinnen und Beamten kann die oberste Dienstbehörde im Einvernehmen mit dem Bundesministerium der Finanzen von Absatz 1 abweichende Regelungen treffen.

§ 20 Sonderurlaub aus medizinischen Anlässen. (1) Sonderurlaub unter Fortzahlung der Besoldung ist zu gewähren für die Dauer der notwendigen Abwesenheit

1. einer amts-, vertrauens- oder versorgungsärztlich angeordneten Untersuchung,
2. einer kurzfristigen Behandlung einschließlich der Anpassung, Wiederherstellung oder Erneuerung von Körperersatzstücken oder
3. einer ärztlich verordneten sonstigen Behandlung.

(2) Sonderurlaub unter Fortzahlung der Besoldung ist zu gewähren

1. für eine stationäre oder ambulante Rehabilitationsmaßnahme,
2. für eine Maßnahme der medizinischen Rehabilitation für Mütter und Väter nach § 41 des Fünften Buches Sozialgesetzbuch[1],
3. für die Betreuung eines Kindes unter zwölf Jahren während einer Rehabilitationsmaßnahme als medizinisch notwendig anerkannte Begleitperson,
4. für eine ärztlich verordnete familienorientierte Rehabilitation im Fall einer Krebs-, Herz- oder Mukoviszidoseerkrankung eines Kindes oder für ein Kind, dessen Zustand im Fall einer Operation am Herzen oder einer Organtransplantation eine solche Maßnahme erfordert,
5. für ärztlich verordneten Rehabilitationssport oder Funktionstraining in Gruppen nach § 44 Absatz 1 Nummer 3 und 4 des Neunten Buches Sozialgesetzbuch oder
6. für die Durchführung einer Badekur nach § 11 Absatz 2 des Bundesversorgungsgesetzes[2].

(3) ¹Sonderurlaub nach Absatz 2 Nummer 1 bis 3 wird nur bei Vorlage des Anerkennungsbescheids der Beihilfefestsetzungsstelle oder des Bescheids der Krankenkasse über die Gewährung der Rehabilitationsleistung gewährt. ²Die Maßnahmen müssen entsprechend den darin genannten Festlegungen zur Behandlung und zum Behandlungsort durchgeführt werden.

(4) ¹Die Notwendigkeit der Maßnahmen nach Absatz 2 Nummer 1 bis 3 muss durch eine ärztliche Bescheinigung nachgewiesen werden. ²Die Notwendigkeit der Maßnahme nach Absatz 2 Nummer 4 muss durch ein Zeugnis des behandelnden Arztes in der Klinik nachgewiesen werden.

(5) Dauer und Häufigkeit des Sonderurlaubs nach Absatz 2 Nummer 1 bis 4 und 6 bestimmen sich nach § 35 Absatz 2 Satz 2 Nummer 5 und § 36 Absatz 2 der Bundesbeihilfeverordnung[3].

---

[1] **Aichberger, SGB Nr. 5.**
[2] **Aichberger, SGB Nr. 20/10.**
[3] **Bundesbeamtengesetze Nr. 48.**

§ 21[1] **Sonderurlaub aus persönlichen Anlässen.** (1) Sonderurlaub unter Fortzahlung der Besoldung ist wie folgt zu gewähren:

	Anlass	Urlaubsdauer
1.	Niederkunft der Ehefrau, der Lebenspartnerin oder der mit der Beamtin oder dem Beamten in ehe- oder lebenspartnerschaftsähnlicher Gemeinschaft lebenden Lebensgefährtin	ein Arbeitstag
2.	Tod der Ehefrau oder des Ehemanns, der Lebenspartnerin oder des Lebenspartners, eines Kindes oder eines Elternteils der Beamtin oder des Beamten	zwei Arbeitstage
3.	bei ärztlich bescheinigter Erkrankung und bei ärztlicher Bescheinigung über die Notwendigkeit zur Pflege, Beaufsichtigung oder Betreuung eines oder eines im Haushalt der Beamtin oder des Beamten lebenden Angehörigen im Sinne des § 20 Absatz 5 Satz 1 des Verwaltungsverfahrensgesetzes	ein Arbeitstag im Urlaubsjahr
4.	bei ärztlich bescheinigter Erkrankung und bei ärztlicher Bescheinigung über die Notwendigkeit zur Pflege, Beaufsichtigung oder Betreuung eines Kindes der Beamtin oder des Beamten, das noch nicht zwölf Jahre alt ist, oder eines behinderten und auf Hilfe angewiesenen Kindes	für jedes Kind bis zu vier Arbeitstage im Urlaubsjahr
5.	Erkrankung der Betreuungsperson eines Kindes der Beamtin oder des Beamten, das noch nicht acht Jahre alt ist oder wegen körperlicher, geistiger oder seelischer Behinderung auf Hilfe angewiesen ist	bis zu vier Arbeitstage im Urlaubsjahr
6.	Fälle, in denen für eine nahe Angehörige oder einen nahen Angehörigen im Sinne des § 7 Absatz 3 des Pflegezeitgesetzes in einer akut auftretenden Pflegesituation eine bedarfsgerechte Pflege organisiert oder eine pflegerische Versorgung sichergestellt werden muss, nach Verlangen unter Vorlage einer ärztlichen Bescheinigung über die Pflegebedürftigkeit im Sinne des § 14 Absatz 1 des Elften Buches Sozialgesetzbuch	für jede pflegebedürftige Person bis zu neun Arbeitstage
7.	Spende von Organen und Geweben, die nach § 8 des Transplantationsgesetzes erfolgt, oder für eine Blutspende zur Separation von Blutstammzellen oder anderer Blutbestandteile im Sinne von § 1 des Transfusionsgesetzes, soweit eine ärztliche Bescheinigung vorgelegt wird	Dauer der notwendigen Abwesenheit

(2) In den Fällen des Absatzes 1 Nummer 4 darf die Dauer des gewährten Sonderurlaubs bei Beamtinnen und Beamten, deren Dienstbezüge oder Anwärterbezüge nicht die Jahresarbeitsentgeltgrenze nach § 6 Absatz 6 des Fünften Buches Sozialgesetzbuch[2]) überschreiten, bis zu 75 Prozent der Arbeitstage betragen, die in § 45 Absatz 2 Satz 1 und 2 des Fünften Buches Sozialgesetzbuch für eine Freistellung von der Arbeitsleistung vorgesehen sind.

(2a) Für das Jahr 2022 erhöht sich die Dauer des Sonderurlaubs nach Absatz 1 Nummer 4, auch in Verbindung mit Absatz 2,

1. bei alleinerziehenden Beamtinnen und Beamten für jedes Kind um 40 Arbeitstage, für alle Kinder zusammen höchstens um 86 Arbeitstage, und
2. bei den übrigen Beamtinnen und Beamten für jedes Kind um 20 Arbeitstage, für alle Kinder zusammen höchstens um 43 Arbeitstage.

(3) ¹In den Fällen des Absatzes 1 Nummer 3 bis 5 können auch halbe Sonderurlaubstage gewährt werden. ²Ein halber Sonderurlaubstag entspricht der Hälfte der für den jeweiligen Arbeitstag festgesetzten regelmäßigen Arbeitszeit.

---

[1]) § 21 Abs. 4 einl. Satzteil und Abs. 5 geänd. mWv 27.6.2020 durch VO v. 19.6.2020 (BGBl. I S. 1328); Abs. 1 Nr. 6a und Abs. 2a–2c eingef. mWv 15.10.2020 und aufgeh. mWv 1.1.2021 durch VO v. 17.12. 2020 (BGBl. I S. 3011); Abs. 1 Nr. 6a eingef. mWv 1.1.2021, Abs. 2a, 2b eingef. mWv 5.1.2021, Abs. 1 Nr. 6a aufgeh. mWv 1.7.2021 und Abs. 2a, 2b aufgeh. mWv 1.1.2022 durch VO v. 3.6.2021 (BGBl. I S. 1367); Abs. 1 Nr. 6a eingef. mWv 1.7.2021; Abs. 1 Nr. 6a aufgeh. mWv 1.1.2022 durch VO v. 16.8. 2021 (BGBl. I S. 3582); Abs. 1 Nr. 6 geänd., Nr. 6a und Abs. 2a–2c eingef. mWv 1.1.2022, Abs. 2b, 2c aufgeh. mWv 20.3.2022, Abs. 1 Nr. 6a aufgeh. mWv 1.4.2022 durch VO v. 22.12.2021 (BGBl. I S. 5257).

[2]) Aichberger, SGB Nr. 5.

Sonderurlaubsverordnung

(4) Die oberste Dienstbehörde kann im Einvernehmen mit dem Bundesministerium des Innern, für Bau und Heimat von den Absätzen 1 bis 3 abweichende Regelungen treffen für Beamtinnen und Beamte, die beschäftigt sind

1. im Bereich der Deutschen Bahn Aktiengesellschaft,
2. bei einer Gesellschaft, die nach § 2 Absatz 1 und § 3 Absatz 3 Satz 2 des Deutsche Bahn Gründungsgesetzes ausgegliedert worden ist.

(5) Für die bei den Postnachfolgeunternehmen beschäftigten Beamtinnen und Beamten kann die oberste Dienstbehörde im Einvernehmen mit dem Bundesministerium der Finanzen und dem Bundesministerium des Innern, für Bau und Heimat von den Absätzen 1 bis 3 abweichende Regelungen treffen.

§ 22[1]) **Sonderurlaub in anderen Fällen.** (1) [1]Sonderurlaub unter Wegfall der Besoldung kann gewährt werden, wenn ein wichtiger Grund vorliegt. [2]Für mehr als drei Monate kann Sonderurlaub unter Wegfall der Besoldung nur in besonders

(Fortsetzung nächstes Blatt)

---

[1]) § 22 Abs. 2 und Abs. 3 Satz 3 geänd. mWv 27.6.2020 durch VO v. 19.6.2020 (BGBl. I S. 1328).

230. Bundesbesoldungsgesetz[1) 2) 3)]
In der Fassung der Bekanntmachung vom 19. Juni 2009[4)]
(BGBl. I S. 1434)

FNA 2032-1

geänd. durch Art. 2, 2a DienstrechtsneuordnungsG v. 5.2.2009 (BGBl. I S. 160; Art. 2a geänd. durch G v. 19.11.2010, BGBl. I S. 1552, aufgeh. durch G v. 20.12.2011, BGBl. I S. 2842), Art. 8 G zur Änd. des SGB IV, zur Errichtung einer Versorgungsausgleichskasse und anderer Gesetze v. 15.7.2009 (BGBl. I S. 1939), Art. 2 G zur Änd. arzneimittelrechtl. und anderer Vorschriften v. 17.7.2009 (BGBl. I S. 1990), Art. 2 Nr. 2 Erstes G zur Änd. des G zur Regelung der Rechtsverhältnisse der Helfer der Bundesanstalt Technisches Hilfswerk v. 29.7.2009 (BGBl. I S. 2350), Art. 4 G zur Errichtung eines Bundesaufsichtsamtes für Flugsicherung und zur Änd. und Anpassung weiterer Vorschriften v. 29.7.2009 (BGBl. I S. 2424), Art. 2 Abs. 7 G zur Weiterentwicklung der Organisation der Grundsicherung für Arbeitsuchende v. 3.8.2010 (BGBl. I S. 1112), Art. 1–4 BBVAnpG 2010/2011 v. 19.11.2010 (BGBl. I S. 1552), Art. 11 Wehrrechtsänderungsgesetz 2011 v. 28.4.2011 (BGBl. I S. 678), Art. 15 G zur Einführung eines Bundesfreiwilligendienstes v. 28.4.2011 (BGBl. I S. 687), Art. 4 G zur Übertragung ehebezogener Regelungen im öffentl. Dienstrecht auf Lebenspartnerschaften v. 14.11.2011 (BGBl. I S. 2219), Art. 9a G zur Umsetzung der RL 2010/78/EU im Hinblick auf die Errichtung des Europäischen Finanzaufsichtsystems v. 4.12.2011 (BGBl. I S. 2427), Art. 1, 5 G zur Wiedergewährung der Sonderzahlung v. 20.12.2011 (BGBl. I S. 2842), Art. 28 G zur Verbesserung der Eingliederungschancen am Arbeitsmarkt v. 20.12.2011 (BGBl. I S. 2854), Urt. des BVerfG – 2 BvL 4/10 – v. 14.2.2012 (BGBl. I S. 459), Art. 1 G zur Unterstützung der Fachkräftegewinnung im Bund und zur Änd. weiterer dienstrechtl. Vorschriften v. 15.3.2012 (BGBl. I S. 462, ber. S. 1489), Art. 7 Bundeswehrreform-BegleitG v. 21.7.2012 (BGBl. I S. 1583), Art. 1, 5 G zur Neuregelung der Professorenbesoldung und zur Änd. weiterer dienstrechtlicher Vorschriften v. 11.6.2013 (BGBl. I S. 1514), Art. 2 G zur Familienpflegezeit und zum flexibleren Eintritt in den Ruhestand für Beamtinnen und Beamte des Bundes v. 3.7.2013 (BGBl. I S. 1978), Art. 5 Abs. 3 G zur Suche und Auswahl eines Standortes für ein Endlager für Wärme entwickelnde radioaktive Abfälle und zur Änd. anderer Gesetze v. 23.7.2013 (BGBl. I S. 2553), Art. 2–13c Bundesunfallkassen-NeuorganisationsG v. 19.10.2013 (BGBl. I S. 3836), Art. 1, 2 BBVAnpG 2014/2015 v. 25.11.2014 (BGBl. I S. 1772), Art. 2–5 G zur Änderung des BundesbeamtenG und weiterer dienstrechtlicher Vorschriften v. 6.3.2015 (BGBl. I S. 250), Art. 2 Bundeswehr-Attraktivitätssteigerungsgesetz v. 13.5.2015 (BGBl. I S. 706), Art. 6 IT-Sicherheitsgesetz v. 17.7.2015 (BGBl. I S. 1324), Art. 43 Zehnte ZuständigkeitsanpassungsVO v. 31.8.2015 (BGBl. I S. 1474), Art. 8 G zur Verbesserung der Zusammenarbeit im Bereich des Verfassungsschutzes v. 17.11.2015 (BGBl. I S. 1938), Art. 1 Siebtes BesoldungsänderungsG v. 3.12.2015 (BGBl. I S. 2163), Art. 3 G zur Neuorganisation der Zollverwaltung v. 3.12.2015 (BGBl. I S. 2178), Art. 26 WSV-ZuständigkeitsanpassungsG v. 24.5.2016 (BGBl. I S. 1217), Art. 2 G zur besseren Vereinbarkeit von Familie, Pflege und Beruf für Beamtinnen und Beamte des Bundes und Soldatinnen und Soldaten sowie zur Änd. weiterer dienstrechtlicher Vorschriften v. 19.10.2016 (BGBl. I S. 2362), Art. 1, 2 Bundesbesoldungs- und -versorgungsanpassungsG 2016/2017 v. 21.11.2016 (BGBl. I S. 2570), Art. 6 G zur Änd. des VersorgungsrücklageG und weiterer dienstrechtlicher Vorschriften v. 5.1.2017 (BGBl. I S. 17), Art. 4 Branntweinmonopolverwaltung-AuflösungsG v. 10.3.2017 (BGBl. I S. 420), Art. 33 G zum Abbau verzichtbarer Anordnungen der Schriftform im Verwaltungsrecht des Bundes v. 29.3.2017 (BGBl. I S. 626), Art. 13–15 G zu bereichsspezifischen Regelungen der Gesichtsverhüllung und zur Änd. weiterer dienstrechtlicher Vorschriften v. 8.6.2017 (BGBl. I S. 1570), Art. 12 G zur Umsetzung der 4. EU-GeldwäscheRL, zur Ausführung der EU-GeldtransferVO und zur Neuorganisation der Zentralstelle für Finanztransaktionsuntersuchungen v. 23.6.2017 (BGBl. I S. 1822), Art. 1–4 Bundesbesoldungs- und -versorgungsanpassungsG 2018/2019/2020 v. 8.11.2018 (BGBl. I S. 1810), Art. 3 G zur Änd. des ZensusvorbereitungsG 2021 und Zweiten Dopingopfer-HilfeG sowie BundesbesoldungsG v. 27.11.2018 (BGBl. I S. 2010), Art. 4 G zur Änd. des BeamtenstatusG und des BundesbeamtenG sowie weiterer dienstrechtlicher Vorschriften v. 29.11.2018 (BGBl. I S. 2232), Art. 1, 2 Besoldungsstrukturen-

---

[1)] Die Änderungen durch G v. 20.8.2021 (BGBl. I S. 3932) treten erst **mWv 1.1.2024** bzw. **mWv 1.1.2025** in Kraft und sind noch nicht im Text berücksichtigt.
[2)] Zur Anwendung in den Ländern siehe § 85.
[3)] Siehe auch die hierzu erlassene Allgemeine Verwaltungsvorschrift **(Bundesbeamtengesetze Nr. 52.1)**.
[4)] Neubekanntmachung des Bundesbesoldungsgesetzes idF der Bek. v. 6.8.2002 (BGBl. I S. 3020) in der ab 1.7.2009 geltenden Fassung.

modernisierungsG v. 9.12.2019 (BGBl. I S. 2053), Art. 3 G zur Modernisierung des Versicherungsteuerrechts und zur Änd. dienstrechtlicher Vorschriften v. 3.12.2020 (BGBl. I S. 2659), Art. 2 G über die Umwandlung des Informationstechnikzentrums Bund in eine nichtrechtsfähige Anstalt des öffentl. Rechts und zur Änd. weiterer Vorschriften v. 7.12.2020 (BGBl. I S. 2756), Art. 1 G über eine einmalige Sonderzahlung aus Anlass der COVID-19-Pandemie an Besoldungs- und Wehrsoldempfänger v. 21.12. 2020 (BGBl. I S. 3136), Art. 2 Abs. 5 G zur Neustrukturierung des ZollfahndungsdienstG v. 30.3.2021 (BGBl. I S. 402), Art. 9 Siebtes G zur Änd. von Verbrauchsteuergesetzen v. 30.3.2021 (BGBl. I S. 607), Art. 8 G zur Regelung des Erscheinungsbilds von Beamtinnen und Beamten sowie zur Änd. weiterer dienstrechtl. Vorschriften v. 28.6.2021 (BGBl. I S. 2250), Art. 1–4 G zur Anpassung der Bundesbesoldung und -versorgung für 2021/2022 und zur Änd. weiterer dienstrechtl. Vorschriften v. 9.7.2021 (BGBl. I S. 2444) und Art. 72, 73 G über die Entschädigung der Soldatinnen und Soldaten und zur Neuordnung des Soldatenversorgungsrechts v. 20.8.2021 (BGBl. I S. 3932)

Inhaltsübersicht[1]

Abschnitt 1. Allgemeine Vorschriften

§ 1	Anwendungsbereich
§ 2	Regelung durch Gesetz
§ 3	Anspruch auf Besoldung
§ 4	Weitergewährung der Besoldung bei Versetzung in den einstweiligen Ruhestand
§ 5	Besoldung bei mehreren Hauptämtern
§ 6	Besoldung bei Teilzeitbeschäftigung
§ 6a	Besoldung bei begrenzter Dienstfähigkeit
§ 7	Vorschuss während der Familienpflegezeit und Pflegezeit, Verordnungsermächtigung
§ 7a	Zuschläge bei Hinausschieben des Eintritts in den Ruhestand
§ 8	Kürzung der Besoldung bei Gewährung einer Versorgung durch eine zwischenstaatliche oder überstaatliche Einrichtung
§ 9	Verlust der Besoldung bei schuldhaftem Fernbleiben vom Dienst
§ 9a	Anrechnung anderer Einkünfte auf die Besoldung
§ 10	Anrechnung von Sachbezügen auf die Besoldung
§ 11	Abtretung von Bezügen, Verpfändung, Aufrechnungs- und Zurückbehaltungsrecht
§ 12	Rückforderung von Bezügen
§ 13	Ausgleichszulage für den Wegfall von Stellenzulagen
§ 14	Anpassung der Besoldung
§ 14a	Versorgungsrücklage
§ 15	Dienstlicher Wohnsitz
§ 16	Amt, Dienstgrad
§ 17	Aufwandsentschädigungen
§ 17a	Zahlungsweise
§ 17b	Lebenspartnerschaft

Abschnitt 2. Grundgehalt, Leistungsbezüge an Hochschulen

Unterabschnitt 1. Allgemeine Grundsätze

§ 18	Grundsatz der funktionsgerechten Besoldung
§ 19	Bestimmung des Grundgehaltes nach dem Amt
§ 19a	Besoldung bei Verleihung eines anderen Amtes

(Fortsetzung nächstes Blatt)

---

[1] Inhaltsübersicht neu gef. mWv 1.8.2013 durch G v. 11.6.2013 (BGBl. I S. 1514); geänd. mWv 11.7. 2013 durch G v. 3.7.2013 (BGBl. I S. 1978); geänd. mWv 14.3.2015 durch G v. 6.3.2015 (BGBl. I S. 250); geänd. mWv 23. 5.2015, mWv 1. 12.2015 und mWv 1.5.2018 durch G v. 13.5.2015 (BGBl. I S. 706); geänd. mWv 1.1.2016 durch G v. 3.12.2015 (BGBl. I S. 2163); geänd. mWv 28.10.2016 durch G v. 19.10.2016 (BGBl. I S. 2362); geänd. mWv 1.6.2017 und mWv 1.1.2020 durch G v. 8.6.2017 (BGBl. I S. 1570); geänd. mWv 1.1.2020 durch G v. 9.12.2019 (BGBl. I S. 2053), geänd. mWv 1.1.2020 und mWv 1.8.2021 durch G v. 28.6.2021 (BGBl. I S. 2250); geänd. mWv 1.1.2020 und mWv 1.1.2022 durch G v. 9.7.2021 (BGBl. I S. 2444); redaktionell angepasst.

und Heimat in besonderen Fällen von der Anrechnung ganz oder teilweise absehen. [4] Die Sätze 1 bis 3 gelten entsprechend für Soldaten.

§ 10 Anrechnung von Sachbezügen auf die Besoldung. Erhält ein Beamter, Richter oder Soldat Sachbezüge, so werden diese unter Berücksichtigung ihres wirtschaftlichen Wertes mit einem angemessenen Betrag auf die Besoldung angerechnet, soweit nichts anderes bestimmt ist.

§ 11 Abtretung von Bezügen, Verpfändung, Aufrechnungs- und Zurückbehaltungsrecht. (1) Der Beamte, Richter oder Soldat kann, wenn gesetzlich nichts Anderes bestimmt ist, Ansprüche auf Bezüge nur abtreten oder verpfänden, soweit sie der Pfändung unterliegen.

(2) [1] Gegenüber Ansprüchen auf Bezüge kann der Dienstherr ein Aufrechnungs- oder Zurückbehaltungsrecht nur in Höhe des pfändbaren Teils der Bezüge geltend machen. [2] Dies gilt nicht, soweit gegen den Beamten, Richter oder Soldaten ein Anspruch auf Schadenersatz wegen vorsätzlicher unerlaubter Handlung besteht.

§ 12[1) Rückforderung von Bezügen. (1) Wird ein Beamter, Richter oder Soldat durch eine gesetzliche Änderung seiner Bezüge einschließlich der Einreihung seines Amtes in die Besoldungsgruppen der Besoldungsordnungen rückwirkend schlechter gestellt, so sind die Unterschiedsbeträge nicht zu erstatten.

(2) [1] Im Übrigen regelt sich die Rückforderung zuviel gezahlter Bezüge nach den Vorschriften des Bürgerlichen Gesetzbuchs[2)] über die Herausgabe einer ungerechtfertigten Bereicherung, soweit gesetzlich nichts Anderes bestimmt ist. [2] Der Kenntnis des Mangels des rechtlichen Grundes der Zahlung steht es gleich, wenn der Mangel so offensichtlich war, dass der Empfänger ihn hätte erkennen müssen. [3] Von der Rückforderung kann aus Billigkeitsgründen mit Zustimmung der obersten Dienstbehörde oder der von ihr bestimmten Stelle ganz oder teilweise abgesehen werden.

(3) [1] Geldleistungen, die für die Zeit nach dem Tode des Beamten, Richters oder Soldaten auf ein Konto bei einem Geldinstitut überwiesen wurden, gelten als unter Vorbehalt erbracht. [2] Das Geldinstitut hat sie der überweisenden Stelle zurück zu überweisen, wenn diese sie als zu Unrecht erbracht zurückfordert. [3] Eine Verpflichtung zur Rücküberweisung besteht nicht, soweit über den entsprechenden Betrag bei Eingang der Rückforderung bereits anderweitig verfügt wurde, es sei denn, dass die Rücküberweisung aus einem Guthaben erfolgen kann. [4] Das Geldinstitut darf den überwiesenen Betrag nicht zur Befriedigung eigener Forderungen verwenden.

(4) [1] Soweit Geldleistungen für die Zeit nach dem Tode des Beamten, Richters oder Soldaten zu Unrecht erbracht worden sind, haben die Personen, die die Geldleistung in Empfang genommen oder über den entsprechenden Betrag verfügt haben, diesen Betrag der überweisenden Stelle zu erstatten, sofern er nicht nach Absatz 3 von dem Geldinstitut zurücküberwiesen wird. [2] Ein Geldinstitut, das eine Rücküberweisung mit dem Hinweis abgelehnt hat, dass über den entsprechenden Betrag bereits anderweitig verfügt wurde, hat der überweisenden Stelle auf Verlangen Namen und Anschrift der Personen, die über den Betrag verfügt haben,

---

[1)] § 12 Abs. 1 geänd. mWv 1.1.2020 durch G v. 9.12.2019 (BGBl. I S. 2053).
[2)] Habersack, Deutsche Gesetze Nr. 20.

und etwaiger neuer Kontoinhaber zu benennen. ³Ein Anspruch gegen die Erben bleibt unberührt.

§ 13[1] Ausgleichszulage für den Wegfall von Stellenzulagen. (1) ¹Der Wegfall einer Stellenzulage aus dienstlichen Gründen, die nicht vom Beamten, Richter oder Soldaten zu vertreten sind, wird ausgeglichen, wenn die Stellenzulage zuvor in einem Zeitraum von sieben Jahren insgesamt mindestens fünf Jahre zugestanden hat. ²Die Ausgleichszulage wird auf den Betrag festgesetzt, der am Tag vor dem Wegfall zugestanden hat. ³Jeweils nach Ablauf eines Jahres vermindert sich die Ausgleichszulage ab Beginn des Folgemonats um 20 Prozent des nach Satz 2 maßgebenden Betrages. ⁴Erhöhen sich die Dienstbezüge wegen des Anspruchs auf eine Stellenzulage, wird diese auf die Ausgleichszulage angerechnet. ⁵Zeiten des Bezugs von Stellenzulagen, die bereits zu einem Anspruch auf eine Ausgleichszulage geführt haben, bleiben für weitere Ausgleichsansprüche unberücksichtigt.

(2) Bestand innerhalb des Zeitraumes nach Absatz 1 Satz 1 ein Anspruch auf mehrere Stellenzulagen für einen Gesamtzeitraum von mindestens fünf Jahren, ohne dass eine der Stellenzulagen allein für fünf Jahre zugestanden hat, gilt Absatz 1 mit der Maßgabe, dass die Stellenzulage mit dem jeweils niedrigsten Betrag ausgeglichen wird.

(3) Ist eine Stellenzulage infolge einer Versetzung nach § 28 Absatz 3 des Bundesbeamtengesetzes[2] weggefallen, gilt Absatz 1 mit der Maßgabe, dass sich der Zeitraum des Bezugs der Stellenzulage nach Absatz 1 Satz 1 und Absatz 2 Satz 1 auf zwei Jahre verkürzt.

(4) Die Absätze 1 bis 3 gelten entsprechend, wenn ein Ruhegehaltempfänger erneut in ein Beamten-, Richter- oder Soldatenverhältnis berufen wird oder wenn im unmittelbaren Zusammenhang mit einem Verwendungswechsel eine zuvor gewährte Stellenzulage nur noch mit einem geringeren Betrag zusteht und die jeweilige Zulagenvorschrift keinen anderweitigen Ausgleich vorsieht.

§ 14[3] Anpassung der Besoldung. (1) Die Besoldung wird entsprechend der Entwicklung der allgemeinen wirtschaftlichen und finanziellen Verhältnisse und

---

[1] § 13 Abs. 1 Satz 3 geänd. mWv 1.8.2013 durch G v. 11.6.2013 (BGBl. I S. 1514); Abs. 1 Satz 5 geänd., Abs. 3 neu gef. mWv 1.1.2020 durch G v. 9.12.2019 (BGBl. I S. 2053).

[2] Nr. **160**.

[3] § 14 Abs. 2 neu gef. mWv 1.1.2010, geänd. mWv 1.1.2011, geänd. mWv 1.8.2011, Abs. 3 angef. mWv 1.1.2010, neu gef. mWv 1.7.2010, geänd. mWv 1.1.2011, geänd. mWv 1.8.2011 durch G v. 19.11.2010 (BGBl. I S. 1552); Abs. 1 geänd., Abs. 2 und 3 aufgeh. mWv 1.1.2012 durch G v. 20.12.2011 (BGBl. I S. 2842); Abs. 2–4 angef. mWv 1.3.2012, Abs. 2 einl. und abschl. Satzteil, Abs. 3 einl. Satzteil, Nr. 1 und 2 geänd. mWv 1.1.2013 und Abs. 2, 3, jeweils einl. Satzteil, Abs. 2 und 3 geänd. mWv 8.8.2013 durch G v. 15.8.2012 (BGBl. I S. 1670); Abs. 2 und 3 geänd. mWv 1.8.2013 durch G v. 11.6.2013 (BGBl. I S. 1514); Abs. 2 einl. und abschl. Satzteil geänd. und Satz 2 angef., Abs. 3 einl. Satzteil, Nr. 1 und 2 geänd. und Satz 2 angef., Abs. 4 geänd. mWv 1.3.2014 , Abs. 2 einl. und abschl. Satzteil geänd. und Satz 2 aufgeh., Abs. 3 einl. Satzteil, Nr. 1 und 2 geänd. und Satz 2 aufgeh., Abs. 4 geänd. mWv 1.3.2015 durch G v. 25.11.2014 (BGBl. I S. 1772); Abs. 2 einl. Satzteil, Abs. 3 einl. Satzteil und Abs. 4 geänd. mWv 1.3.2016, Abs. 2 einl. und abschl. Satzteil, Abs. 3 einl. Satzteil, Nr. 1 und 2 und Abs. 4 geänd. mWv 1.2.2017 durch G v. 21.11.2016 (BGBl. I S. 2570); Abs. 2 einl. Satzteil, Abs. 3 einl. Satzteil, Nr. 1 und 2 und Abs. 4 geänd., Abs. 5 angef. mWv 1.3.2018, Abs. 4 geänd., Abs. 5 aufgeh. mWv 1.3.2019, Abs. 2 einl. und abschl. Satzteil, Abs. 3 einl. Satzteil, Nr. 1 und 2 geänd. mWv 1.4.2019 und Abs. 4 geänd. mWv 1.3.2020 durch G v. 8.11.2018 (BGBl. I S. 1810); Abs. 2 Nr. 2 geänd., Abs. 4 aufgeh. mWv 1.3.2020 durch G v. 9.12.2019 (BGBl. I S. 2053); Abs. 4 angef. mWv 25.10.2020 durch G v. 21.12.2020 (BGBl. I S. 3136); Abs. 2 neu gef., Abs. 3 einl. Satzteil, Nr. 1 und 2 geänd. mWv 1.4.2021, Abs. 2 Satz 1 einl. und abschl. Satzteil geänd., Satz 2 aufgeh., Abs. 3 einl. Satzteil, Nr. 1 und 2 geänd. mWv 1.4.2022 durch G v. 9.7.2021 (BGBl. I S. 2444).

unter Berücksichtigung der mit den Dienstaufgaben verbundenen Verantwortung durch Gesetz regelmäßig angepasst.

(2) Ab dem 1. April 2022 gelten unter Berücksichtigung einer Erhöhung
1. des Grundgehalts,
2. des Familienzuschlags mit Ausnahme der Erhöhungsbeträge für die Besoldungsgruppen A 3 bis A 5,
3. der Amtszulagen und
4. der Anwärtergrundbeträge

um jeweils 1,8 Prozent die Monatsbeträge der Anlagen IV, V, VIII und IX dieses Gesetzes.

(3) Ab 1. April 2022 gelten für den Auslandszuschlag unter Berücksichtigung einer Erhöhung
1. der Ober- und Untergrenzen der Grundgehaltsspannen um 1,8 Prozent und
2. der Monatsbeträge der Zonenstufen um 1,44 Prozent
die Monatsbeträge der Anlage VI.

(4) [1] Zur Abmilderung der zusätzlichen Belastung durch die COVID-19-Pandemie im Jahr 2020 wird Beamten und Soldaten eine einmalige Sonderzahlung gewährt. [2] Die Höhe der Sonderzahlung beträgt

1. für die Besoldungsgruppen A 3 bis A 8   600 Euro,
2. für die Besoldungsgruppen A 9 bis A 12   400 Euro,
3. für die Besoldungsgruppen A 13 bis A 15   300 Euro,
4. für Anwärter   200 Euro.

[3] Die Zahlung wird nur gewährt, wenn
1. das Dienstverhältnis am 1. Oktober 2020 bestanden hat und
2. mindestens an einem Tag zwischen dem 1. März 2020 und dem 31. Oktober 2020 ein Anspruch auf Dienstbezüge aus einem Amt der Besoldungsgruppen A 3 bis A 15 oder auf Anwärterbezüge bestanden hat.

[4] § 6 Absatz 1 und § 6a Absatz 1 und 3 gelten entsprechend. [5] Maßgebend sind jeweils die Verhältnisse am 1. Oktober 2020. [6] Die Zahlung wird jedem Berechtigten nur einmal gewährt; ihr steht eine entsprechende Leistung aus einem anderen Rechtsverhältnis im öffentlichen Dienst des Bundes gleich. [7] Die Zahlung bleibt bei der Berechnung der Zuschläge nach § 6 Absatz 2 bis 4 und § 6a Absatz 2 sowie bei sonstigen Bezügen unberücksichtigt.

§ 14a[1] **Versorgungsrücklage.** (1) [1] Um die Versorgungsleistungen angesichts der demographischen Veränderungen und des Anstiegs der Zahl der Versorgungsempfänger sicherzustellen, wird eine Versorgungsrücklage als Sondervermögen aus der Verminderung der Besoldungs- und Versorgungserhöhungen nach Absatz 2 gebildet. [2] Dafür werden bis zum 31. Dezember 2024 Erhöhungen der Besoldung und Versorgung vermindert.

(2) [1] Jede Erhöhung nach § 14 Absatz 1 wird um 0,2 Prozentpunkte vermindert. [2] Werden Besoldung und Versorgung durch dasselbe Gesetz zeitlich gestaffelt erhöht, erfolgt die Verminderung nur bei der ersten Erhöhung. [3] Die Unterschiedsbeträge gegenüber den nicht nach Satz 1 verminderten Erhöhungen werden der Versorgungsrücklage des Bundes zugeführt. [4] Die Mittel der Versorgungs-

---

[1] § 14a neu gef. mWv 1.1.2018 durch G v. 5.1.2017 (BGBl. I S. 17).

rücklage dürfen nur zur Finanzierung der Versorgungsausgaben verwendet werden.

(3) Die Unterschiedsbeträge nach Absatz 2 und 50 Prozent der Verminderung der Versorgungsausgaben durch das Versorgungsänderungsgesetz 2001 vom 20. Dezember 2001 (BGBl. I S. 3926) werden der Versorgungsrücklage jährlich, letztmalig in 2031, zugeführt.

(4) Das Nähere, insbesondere die Verwaltung und Anlage des Sondervermögens, wird durch ein besonderes Gesetz[1]) geregelt.

§ 15 Dienstlicher Wohnsitz. (1) [1]Dienstlicher Wohnsitz des Beamten oder Richters ist der Ort, an dem die Behörde oder ständige Dienststelle ihren Sitz hat. [2]Dienstlicher Wohnsitz des Soldaten ist sein Standort.

(2) [1]Die oberste Dienstbehörde kann als dienstlichen Wohnsitz anweisen:
1. den Ort, der Mittelpunkt der dienstlichen Tätigkeit des Beamten, Richters oder Soldaten ist,
2. den Ort, in dem der Beamte, Richter oder Soldat mit Zustimmung der vorgesetzten Dienststelle wohnt,
3. einen Ort im Inland, wenn der Beamte oder Soldat im Ausland an der deutschen Grenze beschäftigt ist.

[2]Sie kann diese Befugnis auf nachgeordnete Stellen übertragen.

§ 16 Amt, Dienstgrad. Soweit in Vorschriften dieses Gesetzes auf das Amt verwiesen wird, steht dem Amt der Dienstgrad des Soldaten gleich.

§ 17[2]) Aufwandsentschädigungen. [1]Aufwandsentschädigungen dürfen nur gewährt werden, wenn und soweit aus dienstlicher Veranlassung finanzielle Aufwendungen entstehen, deren Übernahme dem Beamten, Richter oder Soldaten nicht zugemutet werden kann, und der Haushaltsplan Mittel zur Verfügung stellt. [2]Aufwandsentschädigungen in festen Beträgen sind nur zulässig, wenn auf Grund tatsächlicher Anhaltspunkte oder tatsächlicher Erhebungen nachvollziehbar ist, dass und in welcher Höhe dienstbezogene finanzielle Aufwendungen typischerweise entstehen; sie werden im Einvernehmen mit dem Bundesministerium des Innern, für Bau und Heimat festgesetzt.

§ 17a[3]) Zahlungsweise. [1]Für die Zahlung der Besoldung nach § 1 Absatz 2 und 3 und von Aufwandsentschädigungen nach § 17 hat der Empfänger auf Verlangen der zuständigen Behörde ein Konto anzugeben, für das die Verordnung (EU) Nr. 260/2012 des Europäischen Parlaments und des Rates vom 14. März 2012 zur Festlegung der technischen Vorschriften und der Geschäftsanforderungen für Überweisungen und Lastschriften in Euro und zur Änderung der Verordnung (EG) Nr. 924/2009 (ABl. L 94 vom 30.3.2012, S. 22) gilt. [2]Die Übermittlungskosten mit Ausnahme der Kosten für die Gutschrift auf dem Konto des Empfängers trägt der Dienstherr, die Kontoeinrichtungs-, Kontoführungs- oder Buchungsgebühren trägt der Empfänger. [3]Eine Auszahlung auf andere Weise kann nur zugestanden werden, wenn dem Empfänger die Einrichtung oder Benutzung eines Kontos aus wichtigem Grund nicht zugemutet werden kann.

---

[1]) Siehe das VersorgungsrücklageG **(Bundesbeamtengesetze Nr. 90)**.
[2]) § 17 Satz 2 geänd. mWv 1.1.2020 durch G v. 9.12.2019 (BGBl. I S. 2053).
[3]) § 17a Satz 1 geänd. mWv 1.8.2013 durch G v. 11.6.2013 (BGBl. I S. 1514).

Bundesbesoldungsgesetz §§ 80–83a BBesG 230

§ 80[1] **Übergangsregelung für beihilfeberechtigte Polizeivollzugsbeamte des Bundes.** (1) ¹Polizeivollzugsbeamten der Bundespolizei, die am 1. Januar 1993 Beihilfe nach den Beihilfevorschriften des Bundes erhalten, wird diese weiterhin gewährt. ²Auf Antrag erhalten sie an Stelle der Beihilfe Heilfürsorge nach § 70 Abs. 2. ³Der Antrag ist unwiderruflich.

(2) ¹Polizeivollzugsbeamten beim Deutschen Bundestag, die am 31. Dezember 2021 Beihilfe erhalten, wird diese weiterhin gewährt. ²Auf Antrag erhalten sie anstelle der Beihilfe Heilfürsorge nach § 70 Absatz 2. ³Der Antrag ist unwiderruflich.

§ 80a[2] **Übergangsregelung für Verpflichtungsprämien für Soldaten auf Zeit aus Anlass des Bundeswehrreform-Begleitgesetzes.** § 85a Absatz 4 in der bis zum 31. Dezember 2012 geltenden Fassung ist auf Verpflichtungsprämien, die nach § 85a in der Zeit vom 1. Januar 2011 bis zum 31. Dezember 2012 gewährt wurden, weiterhin anzuwenden.

§ 80b[3] **Übergangsregelung zum Auslandsverwendungszuschlag.** Beamten und Soldaten, die am 31. Mai 2017 eine Vergütung nach § 50a oder Auslandsdienstbezüge nach § 52 beziehen, werden diese bis zur Beendigung ihrer jeweiligen Verwendung weitergewährt, soweit dies für die Betroffenen günstiger ist als die Gewährung des Auslandsverwendungszuschlags nach § 56 in der ab dem 1. Juni 2017 geltenden Fassung.

§ 81 Übergangsregelungen bei Zulagenänderungen aus Anlass des Versorgungsreformgesetzes 1998. ¹Soweit durch das Versorgungsreformgesetz 1998 die Ruhegehaltfähigkeit von Zulagen wegfällt oder Zulagen, die der Berechtigte bezogen hat, nicht mehr zu den ruhegehaltfähigen Dienstbezügen gehören, sind für Empfänger von Dienstbezügen, die bis zum 31. Dezember 2007 in den Ruhestand treten oder versetzt werden, die bisherigen Vorschriften über die Ruhegehaltfähigkeit in der bis zum 31. Dezember 1998 geltenden Fassung weiter anzuwenden, für Empfänger von Dienstbezügen der Besoldungsgruppen A 1 bis A 9 bei einer Zurruhesetzung bis zum 31. Dezember 2010. ²Dies gilt nicht, wenn die Zulage nach dem 1. Januar 1999 erstmals gewährt wird.

§ 82[4] *(aufgehoben)*

§ 83[5] **Übergangsregelung für Ausgleichszulagen.** § 19a gilt entsprechend, wenn ein Anspruch auf eine ruhegehaltfähige Ausgleichszulage wegen der Verringerung oder des Verlustes einer Amtszulage während eines Dienstverhältnisses nach § 1 Absatz 1 bis zum 30. Juni 2009 entstanden ist, und in den Fällen des § 2 Absatz 6 des Besoldungsüberleitungsgesetzes[6].

§ 83a[7] **Übergangsregelung für die Besoldung bei Verleihung eines anderen Amtes oder bei Wechsel in den Dienst des Bundes.** (1) Der Anspruch

---

[1]) § 80 Überschrift geänd. und Abs. 2 angef. mWv 1.1.2022 durch G v. 9.7.2021 (BGBl. I S. 2444).
[2]) § 80a eingef. mWv 1.1.2013 durch G v. 21.7.2012 (BGBl. I S. 1583).
[3]) § 80b eingef. mWv 1.6.2017 durch G v. 8.6.2017 (BGBl. I S. 1570).
[4]) § 82 aufgeh. mWv 1.8.2021 durch G v. 28.6.2021 (BGBl. I S. 2250).
[5]) § 83 Abs. 3 geänd. mWv 1.1.2011 durch G v. 5.2.2009 (BGBl. I S. 160, insoweit geänd. durch G v. 19.11.2010, BGBl. I S. 1552); Überschrift und Abs. 3 geänd. mWv 1.1.2012 durch G v. 20.12.2011 (BGBl. I S. 2842); Abs. 2 und 3 aufgeh. mWv 11.1.2017 durch G v. 5.1.2017 (BGBl. I S. 17).
[6]) **Bundesbeamtengesetze Nr. 52A.**
[7]) § 83a eingef. mWv 22.3.2012 durch G v. 15.3.2012 (BGBl. I S. 462).

nach § 19a Satz 2 besteht ab dem 1. März 2012 auch für Wechsel in der Zeit vom 1. Juli 2009 bis zum 21. März 2012.

(2) ¹Für Beamte, Richter und Soldaten, die in der Zeit vom 1. Juli 2009 bis zum 21. März 2012 auf Grund einer Versetzung, einer Übernahme oder eines Übertritts in den Dienst des Bundes gewechselt sind, ist § 19b mit der Maßgabe anzuwenden, dass eine Ausgleichszulage ab dem 1. März 2012 gewährt wird. ²Sie wird in der Höhe gewährt, die sich am 22. März 2012 ergäbe, wenn die Zulage bereits seit dem Wechsel in den Dienst des Bundes zugestanden hätte.

§ 84 Anpassung von Bezügen nach fortgeltendem Recht. Die Anpassung nach § 14 Absatz 2 gilt entsprechend für

1. die Grundgehaltssätze (Gehaltssätze) in den Regelungen über künftig wegfallende Ämter,
2. die Amtszulagen in Überleitungsvorschriften oder Regelungen über künftig wegfallende Ämter,
3. die in festen Beträgen ausgewiesenen Zuschüsse zum Grundgehalt nach den Vorbemerkungen Nummer 1 und 2 sowie die allgemeine Stellenzulage nach Vorbemerkung Nummer 2b der Anlage II in der bis zum 22. Februar 2002 geltenden Fassung,
4. die Beträge der Amtszulagen nach Anlage 2 der Verordnung zur Überleitung in die im Zweiten Gesetz zur Vereinheitlichung und Neuregelung des Besoldungsrechts in Bund und Ländern geregelten Ämter und über die künftig wegfallenden Ämter vom 1. Oktober 1975 (BGBl. I S. 2608), geändert durch Artikel 9 des Gesetzes vom 24. März 1997 (BGBl. I S. 590).

§ 85[1]** Anwendungsbereich in den Ländern.** Für die Beamten und Richter der Länder, der Gemeinden, der Gemeindeverbände sowie der sonstigen der Aufsicht eines Landes unterstehenden Körperschaften, Anstalten und Stiftungen des öffentlichen Rechts gilt das Bundesbesoldungsgesetz in der bis zum 31. August 2006 geltenden Fassung, soweit nichts Anderes bestimmt ist.[2]

---

[1] § 85 aufgeh., bish. § 86 wird § 85 mWv 1.8.2013 durch G v. 11.6.2013 (BGBl. I S. 1514).
[2] Siehe die besoldungsrechtlichen Regelungen der Länder:
– **Baden-Württemberg:** LandesbesoldungsG v. 9.11.2010 (GBl. S. 793, 826), zuletzt geänd. durch G v. 22.12.2021 (GBl. S. 1009)
– **Bayern:** Bayerisches BesoldungsG v. 5.8.2010 (GVBl. S. 410, 764), zuletzt geänd. durch G v. ErlDat (GVBl. 2021)
– **Berlin:** vgl. § 1b LandesbesoldungsG v. 9.4.1996 (GVBl. S. 160, ber. S. 463), zuletzt geänd. durch G v. 27.9.2021 (GVBl. S. 1117)
– **Brandenburg:** Brandenburgisches BesoldungsG v. 20.11.2013 (GVBl. I Nr. 32, 2, ber. Nr. 34), zuletzt geänd. durch G v. 17.12.2021 (GVBl. I Nr. 36)
– **Bremen:** Bremisches BesoldungsG v. 20.12.2016 (Brem.GBl. S. 924), zuletzt geänd. durch G v. 23.11.2021 (Brem.GBl. S. 772)
– **Hamburg:** Hamburgisches BesoldungsG v. 26.1.2010 (HmbGVBl. S. 23), zuletzt geänd. durch G v. 3.2.2021 (HmbGVBl. S. 59)
– **Hessen:** Hessisches BesoldungsG v. 27.5.2013 (GVBl. S. 218, 256, ber. S. 508), zuletzt geänd. durch G v. 14.12.2021 (GVBl. S. 931)
– **Mecklenburg-Vorpommern:** BesoldungsüberleitungsG v. 4.7.2011 (GVOBl. M-V S. 376) iVm Bek. v. 12.3.2013 (GVOBl. M-V S. 182)
– **Niedersachsen:** Niedersächsisches BesoldungsG v. 20.12.2016 (Nds. GVBl. S. 308, ber. 2017 S. 64), zuletzt geänd. durch G v. 16.12.2021 (Nds. GVBl. S. 883)
– **Nordrhein-Westfalen:** LandesbesoldungsG v. 14.6.2016 (GV. NRW. S. 310, 339), zuletzt geänd. durch G v. 14.9.2021 (GV. NRW. S. 1075)
– **Rheinland-Pfalz:** LandesbesoldungsG v. 18.6.2013 (GVBl. S. 157, 158), zuletzt geänd. durch G v. 28.9.2021 (GVBl. S. 543)

Bundesbesoldungsgesetz   Anl. I   BBesG 230

Anlage I[1)]
(zu § 20 Absatz 2 Satz 1)

Bundesbesoldungsordnungen A und B

Vorbemerkungen[2)]

I. Allgemeine Vorbemerkungen

1.[3)] **Amtsbezeichnungen**

(1) Weibliche Beamte führen die Amtsbezeichnung soweit möglich in der weiblichen Form.

(2) ¹Die in den Bundesbesoldungsordnungen A und B gesperrt gedruckten Amtsbezeichnungen sind Grundamtsbezeichnungen. ²Den Grundamtsbezeichnungen können Zusätze beigefügt werden, die hinweisen auf

1. den Dienstherrn oder den Verwaltungsbereich,
2. die Laufbahn,
3. die Fachrichtung.

³Die Grundamtsbezeichnungen „Rat", „Oberrat", „Direktor", „Leitender Direktor", „Direktor und Professor", „Erster Direktor", „Oberdirektor", „Präsident" und „Präsident und Professor" dürfen nur in Verbindung mit einem Zusatz nach Satz 2 verliehen werden.

(3) ¹Über die Beifügung der Zusätze zu den Grundamtsbezeichnungen der Bundesbesoldungsordnung B entscheidet das Bundesministerium des Innern, für Bau und Heimat im Einvernehmen mit dem Bundesministerium der Finanzen. ²Das Bundesministerium des Innern, für Bau und Heimat macht die Zusätze zu den Grundamtsbezeichnungen der Bundesbesoldungsordnung B jährlich zum 1. März im Gemeinsamen Ministerialblatt bekannt.

(4) ¹Die Regelungen in der Bundesbesoldungsordnung A für Ämter des mittleren, gehobenen und höheren Polizeivollzugsdienstes – mit Ausnahme des kriminalpolizeilichen Vollzugsdienstes – gelten auch für die Polizeivollzugsbeamten beim Deutschen Bundestag. ²Diese führen die Amtsbezeichnungen des Polizeivollzugsdienstes mit dem Zusatz „beim Deutschen Bundestag".

(Fortsetzung der Anm. von voriger Seite)
– **Saarland:** vgl. § 1 Abs. 2 Saarländisches BesoldungsG v. 13.10.2021 (Amtsbl. I S. 2547)
– **Sachsen:** Sächsisches BesoldungsG v. 18.12.2013 (SächsGVBl. S. 970, 1005), zuletzt geänd. durch G v. 21.12.2021 (SächsGVBl. 2022 S. 2)
– **Sachsen-Anhalt:** LandesbesoldungsG v. 8.2.2011 (GVBl. LSA S. 68), zuletzt geänd. durch G v. 1.12.2021 (GVBl. LSA S. 550)
– **Schleswig-Holstein:** BesoldungsG Schleswig-Holstein v. 26.1.2012 (GVOBl. Schl.-H. S. 153), zuletzt geänd. durch G v. 18.3.2021 (GVOBl. Schl.-H. S. 309)
– **Thüringen:** Thüringer BesoldungsG idF der Bek. v. 18.1.2016 (GVBl. S. 1, ber. S. 166, 202), zuletzt geänd. durch G v. 21.12.2021 (GVBl. S. 590)

[1)] Anl. I neu gef. mWv 1.8.2013 durch G v. 11.6.2013 (BGBl. I S. 1514).
[2)] Vorbemerkung Nr. 6 und Nr. 11 geänd. mWv 1.1.2015, Nr. 4 neu gef. mWv 1.6.2015 durch G v. 13.5.2015 (BGBl. I S. 706); Nr. 5, 6, 6a, 8a, 9, 9a und 11 geänd., Nr. 8c eingef. mWv 1.1.2016 durch G v. 3.12.2015 (BGBl. I S. 2163); Nr. 6a geänd. mWv 11.1.2017 durch G v. 5.1.2017 (BGBl. I S. 17); Nr. 13 geänd. mWv 26.6.2017 durch G v. 23.6.2017 (BGBl. I S. 1822); Nr. 8c geänd. mWv 1.1.2019 durch G v. 29.11.2018 (BGBl. I S. 2232); Nr. 1, 2, 2a, 5a, 6, 6a, 7, 8, 8a, 8b, 9, 10, 13 geänd., Nr. 4, 9a, 11, 15–17 neu gef., Nr. 18 und 19 angef., Nr. 3a aufgeh. mWv 1.1.2020 durch G v. 9.12.2019 (BGBl. I S. 2053); Nr. 4, 9a, 11 und geänd. mWv 1.1.2020 durch G v. 28.6.2020 (BGBl. I S. 2250).
[3)] Siehe hierzu das BMI-RdSchr. D3 – 30200/101#6 **(Bundesbeamtengesetze Nr. 52.7)** und das BMI-RdSchr. D3 – 30200/183#5 **(Bundesbeamtengesetze Nr. 52.8)**.

2. „Direktor und Professor" in den Besoldungsgruppen B 1, B 2 und B 3

¹Die Ämter „Direktor und Professor" in den Besoldungsgruppen B 1, B 2 und B 3 dürfen nur an Beamte verliehen werden, denen in wissenschaftlichen Forschungseinrichtungen oder in Dienststellen und Einrichtungen mit eigenen wissenschaftlichen Forschungsbereichen überwiegend wissenschaftliche Forschungsaufgaben obliegen. ²Dienststellen und Einrichtungen mit eigenen wissenschaftlichen Forschungsbereichen sind:

Bundesagentur für Arbeit
Bundesamt für Bauwesen und Raumordnung
Bundesamt für Naturschutz
Bundesamt für Seeschifffahrt und Hydrographie
Bundesamt für Strahlenschutz
Bundesamt für Verbraucherschutz und Lebensmittelsicherheit
Bundesanstalt für Arbeitsschutz und Arbeitsmedizin
Bundesanstalt für Geowissenschaften und Rohstoffe
Bundesanstalt für Materialforschung und -prüfung
Bundesanstalt für Straßenwesen
Bundesinstitut für Arzneimittel und Medizinprodukte
Bundesinstitut für Risikobewertung
Bundesinstitut für Sportwissenschaft
Bundeskriminalamt
Deutscher Wetterdienst
Eisenbahn-Bundesamt
Friedrich-Loeffler-Institut, Bundesforschungsinstitut für Tiergesundheit
Johann Heinrich von Thünen-Institut, Bundesforschungsinstitut für Ländliche Räume, Wald und Fischerei
Julius Kühn-Institut, Bundesforschungsinstitut für Kulturpflanzen
Max Rubner-Institut, Bundesforschungsinstitut für Ernährung und Lebensmittel
Paul-Ehrlich-Institut
Physikalisch-Technische Bundesanstalt
Robert Koch-Institut
Umweltbundesamt
Wehrtechnische Dienststelle für Schiffe und Marinewaffen, Maritime Technologie und Forschung
Wehrwissenschaftliches Institut für Werk- und Betriebsstoffe.

2a. Leiter von unteren Verwaltungsbehörden und Leiter von allgemeinbildenden oder beruflichen Schulen

¹Die Ämter der Leiter von unteren Verwaltungsbehörden mit einem beim jeweiligen Dienstherrn örtlich begrenzten Zuständigkeitsbereich sowie die Ämter der Leiter von allgemeinbildenden oder beruflichen Schulen dürfen nur in Besoldungsgruppen der Bundesbesoldungsordnung A eingestuft werden. ²Die Ämter der Leiter besonders bedeutender und zugleich besonders großer unterer Verwaltungsbehörden der Zollverwaltung dürfen auch in Besoldungsgruppen der Bundesbesoldungsordnung B eingestuft werden.

Besoldungsgruppe R 4[1]

(aufgehoben)

Besoldungsgruppe R 5[2]

Vizepräsident des Bundespatentgerichts

Besoldungsgruppe R 6

Richter am Bundesarbeitsgericht
Richter am Bundesfinanzhof
Richter am Bundesgerichtshof
Richter am Bundessozialgericht
Richter am Bundesverwaltungsgericht
Bundesanwalt beim Bundesgerichtshof

Besoldungsgruppe R 7[3]

Bundesanwalt beim Bundesgerichtshof
– als Abteilungsleiter bei der Bundesanwaltschaft –
– als der ständige Vertreter des Generalbundesanwalts –[*1]

[*1] **Amtl. Anm.:** Erhält eine Amtszulage nach Anlage IX.

Besoldungsgruppe R 8

Vorsitzender Richter am Bundesarbeitsgericht
Vorsitzender Richter am Bundesfinanzhof
Vorsitzender Richter am Bundesgerichtshof
Vorsitzender Richter am Bundessozialgericht
Vorsitzender Richter am Bundesverwaltungsgericht
Präsident des Bundespatentgerichts
Vizepräsident des Bundesarbeitsgerichts[*1]
Vizepräsident des Bundesfinanzhofs[*1]
Vizepräsident des Bundesgerichtshofs[*1]
Vizepräsident des Bundessozialgerichts[*1]
Vizepräsident des Bundesverwaltungsgerichts[*1]

[*1] **Amtl. Anm.:** Erhält eine Amtszulage nach Anlage IX.

Besoldungsgruppe R 9

Generalbundesanwalt beim Bundesgerichtshof

Besoldungsgruppe R 10

Präsident des Bundesarbeitsgerichts
Präsident des Bundesfinanzhofs
Präsident des Bundesgerichtshofs

---

[1] BesGr. R 4 aufgeh. mWv 1.1.2020 durch G v. 9.12.2019 (BGBl. I S. 2053).
[2] BesGr. R 5 neu gef. mWv 1.1.2020 durch G v. 9.12.2019 (BGBl. I S. 2053).
[3] BesGr. R 7 neu gef. mWv 1.1.2020 durch G v. 9.12.2019 (BGBl. I S. 2053).

Präsident des Bundessozialgerichts
Präsident des Bundesverwaltungsgerichts

Anlage IV[1][2]
(zu § 20 Absatz 2 Satz 2, § 32 Satz 2, § 37 Satz 2)
gültig ab 1. April 2022

Grundgehalt

1. Bundesbesoldungsordnung A

Besoldungs-gruppe	Grundgehalt (Monatsbetrag in Euro)							
	Stufe 1	Stufe 2	Stufe 3	Stufe 4	Stufe 5	Stufe 6	Stufe 7	Stufe 8
A 3	2 370,74	2 424,23	2 477,74	2 520,81	2 563,87	2 606,95	2 650,03	2 693,09
A 4	2 420,35	2 484,28	2 548,22	2 599,12	2 650,03	2 700,93	2 751,81	2 798,82
A 5	2 438,59	2 518,20	2 582,14	2 644,81	2 707,47	2 771,42	2 834,04	2 895,40
A 6	2 490,79	2 583,48	2 677,42	2 749,20	2 823,61	2 895,40	2 974,99	3 044,17
A 7	2 614,79	2 697,03	2 805,37	2 916,26	3 024,59	3 134,23	3 216,46	3 298,67
A 8	2 766,18	2 865,38	3 005,00	3 145,99	3 286,92	3 384,81	3 483,99	3 581,88
A 9	2 985,43	3 083,32	3 237,34	3 393,94	3 547,92	3 652,61	3 761,51	3 867,71
A 10	3 195,55	3 329,98	3 524,46	3 719,80	3 918,78	4 057,26	4 195,70	4 334,22
A 11	3 652,61	3 858,28	4 062,62	4 268,31	4 409,46	4 550,62	4 691,78	4 832,97
A 12	3 916,11	4 159,44	4 404,10	4 647,41	4 816,81	4 983,50	5 151,55	5 322,29
A 13	4 592,31	4 820,84	5 048,02	5 276,57	5 433,86	5 592,51	5 749,77	5 904,36
A 14	4 722,70	5 017,10	5 312,87	5 607,27	5 810,26	6 014,63	6 217,60	6 421,96
A 15	5 772,62	6 038,82	6 241,80	6 444,82	6 647,81	6 849,46	7 051,12	7 251,40
A 16	6 368,18	6 677,40	6 911,29	7 145,22	7 377,79	7 613,07	7 846,97	8 078,22

Erhöhungsbeträge für die Besoldungsgruppen A 5, A 6, A 9 und A 10
Das Grundgehalt erhöht sich in den Besoldungsgruppen A 5 und A 6

– für Beamte des mittleren Dienstes sowie
– für Soldaten in der Laufbahngruppe der Unteroffiziere sowie für Fahnenjunker und Seekadetten

um 23,89 Euro.

Es erhöht sich in den Besoldungsgruppen A 9 und A 10

– für Beamte des gehobenen Dienstes sowie
– für Offiziere

um 10,42 Euro.

Beträge für die weggefallene Besoldungsgruppe A 2
Die Beträge für die weggefallene Besoldungsgruppe A 2 macht das Bundesministerium des Innern, für Bau und Heimat im Bundesgesetzblatt bekannt.[3]

---

[1] Anl. IV neu gef. mWv 1.4.2022 durch G v. 9.7.2021 (BGBl. I S. 2444).
[2] Zu den Beträgen des Grundgehalts für Beamtinnen und Beamte bei den Postnachfolgeunternehmen s. die BMI-Bek. gem. § 78 Abs. 2 BBesG **(Bundesbeamtengesetze Nr. 52d)**.
[3] Siehe die Bekanntmachung des BMI **(Bundesbeamtengesetze Nr. 52d)**.

2. Bundesbesoldungsordnung B

Besoldungsgruppe	Grundgehalt (Monatsbetrag in Euro)
B 1	7 251,40
B 2	8 423,70
B 3	8 919,75
B 4	9 438,66
B 5	10 034,23
B 6	10 600,22
B 7	11 146,01
B 8	11 717,33
B 9	12 425,82
B 10	14 626,52
B 11	15 074,80

3. Bundesbesoldungsordnung W

Besoldungsgruppe	Grundgehalt (Monatsbetrag in Euro)		
W 1	5 046,69		
	Stufe 1	Stufe 2	Stufe 3
W 2	6 269,77	6 638,59	7 007,40
W 3	7 007,40	7 499,15	7 990,90

4. Bundesbesoldungsordnung R

Besoldungsgruppe	Grundgehalt (Monatsbetrag in Euro)							
	Stufe 1	Stufe 2	Stufe 3	Stufe 4	Stufe 5	Stufe 6	Stufe 7	Stufe 8
R 2	5 580,37	5 866,75	6 151,76	6 541,62	6 934,14	7 325,37	7 717,93	8 110,48
R 3	8 919,75							
R 5	10 034,23							
R 6	10 600,22							
R 7	11 146,01							
R 8	11 717,33							
R 9	12 425,82							
R 10	15 074,80							

Beträge für die weggefallenen Besoldungsgruppen R 1 und R 4

Die Beträge für die weggefallenen Besoldungsgruppen R 1 und R 4 macht das Bundesministerium des Innern, für Bau und Heimat im Bundesgesetzblatt bekannt.[1]

---

[1] Siehe die Bekanntmachung des BMI **(Bundesbeamtengesetze Nr. 52d)**.

Anlage V[1)][2)]
(zu § 39 Absatz 1 Satz 1)
gültig ab 1. April 2022

Familienzuschlag
(Monatsbetrag in Euro)

Stufe 1 (§ 40 Absatz 1)	Stufe 2 (§ 40 Absatz 2)
153,88	285,40

Der Familienzuschlag erhöht sich
– für das zweite zu berücksichtigende Kind um 131,52 Euro,
– für jedes weitere zu berücksichtigende Kind um 409,76 Euro.

Erhöhungsbeträge für die Besoldungsgruppen A 3 bis A 5 und für Anwärter des einfachen Dienstes

Für die Besoldungsgruppen A 3 bis A 5 und für Anwärter des einfachen Dienstes erhöht sich der Familienzuschlag wie folgt:

1. für das erste zu berücksichtigende Kind für die Besoldungsgruppen A 3 bis A 5 und für Anwärter des einfachen Dienstes um   5,37 Euro,
2. für jedes weitere zu berücksichtigende Kind
   – in der Besoldungsgruppe A 3 und für Anwärter des einfachen Dienstes um   26,84 Euro,
   – in der Besoldungsgruppe A 4 um   21,47 Euro,
   – in der Besoldungsgruppe A 5 um   16,10 Euro.

Soweit dadurch im Einzelfall die Besoldung hinter derjenigen aus einer niedrigeren Besoldungsgruppe zurückbleibt, wird der Unterschiedsbetrag zusätzlich gewährt.

Anrechnungsbetrag nach § 39 Absatz 2 Satz 1

– Besoldungsgruppen A 3 bis A 8:   129,62 Euro
– Besoldungsgruppen A 9 bis A 12:   137,60 Euro

[1)] Anl. V neu gef. mWv 1.4.2022 durch G v. 9.7.2021 (BGBl. I S. 2444).
[2)] Zu den Beträgen des Familienzuschlags für Beamtinnen und Beamte bei den Postnachfolgeunternehmen s. die BMI-Bek. gem. § 78 Abs. 2 BBesG **(Bundesbeamtengesetze Nr. 52d)**.

Bundesbesoldungsgesetz   Anl. VI–IX **BBesG 230**

Anlage VI[1]
(zu § 53 Absatz 2 Satz 1 und 3 sowie Absatz 3 Satz 1 und 4)
gültig ab 1. März 2020

Auslandszuschlag

(Anlage hier nicht abgedruckt)

Anlage VII
(weggefallen)

Anlage VIII[2]
(zu § 61)
gültig ab 1. April 2021

Anwärtergrundbetrag

Laufbahnen	Grundbetrag (Monatsbetrag in Euro)
des einfachen Dienstes	1 210,76
des mittleren Dienstes	1 284,22
des gehobenen Dienstes	1 530,00
des höheren Dienstes	2 345,33

Anlage IX[3][4]
(zu den Anlagen I und III)
gültig ab 1. April 2022

Zulagen
– in der Reihenfolge der Gesetzesstellen –

	Dem Grunde nach geregelt in	Zulagenberechtigter Personenkreis, soweit nicht bereits in Anlage I oder Anlage III geregelt	Monatsbetrag in Euro
	1	2	3
1	**Anlage I (Bundesbesoldungsordnungen A und B)**		
2	Vorbemerkung		
3	S t e l l e n z u l a g e n		
4	Nummer 4		
5	Absatz 1		
6	Nummer 1		150,00
7	Nummer 2		130,00
8	Nummer 3, 4 und 5		100,00
9	Nummer 4a		135,00
10	Nummer 5	Mannschaften	53,00

[1] Anl. VI neu gef. mWv 1.3.2020 durch G v. 8.11.2018 (BGBl. I S. 1810).
[2] Anl. VIII neu gef. mWv 1.4.2021 durch G v. 9.7.2021 (BGBl. I S. 2444).
[3] Anl. IX neu gef. mWv 1.4.2022 durch G v. 9.7.2021 (BGBl. I S. 2444).
[4] Zu den entsprechenden Beträgen für Beamtinnen und Beamte bei den Postnachfolgeunternehmen s. die BMI-Bek. gem. § 78 Abs. 2 BBesG **(Bundesbeamtengesetze Nr. 52d)**.

	Dem Grunde nach geregelt in	Zulagenberechtigter Personenkreis, soweit nicht bereits in Anlage I oder Anlage III geregelt	Monatsbetrag in Euro
	1	2	3
		Unteroffiziere	
		Beamte der Besoldungsgruppen A 5 und A 6	
11		Unteroffiziere	
		Beamte der Besoldungsgruppen A 7 bis A 9	75,00
12		Offiziere	
		Beamte des gehobenen und höheren Dienstes	113,00
13	Nummer 5a		
14	Absatz 1		
15	Nummer 1		
16	Buchstabe a	Beamte des mittleren Dienstes	
		Unteroffiziere der Besoldungsgruppen A 5 bis A 9	308,00
17		Beamte des gehobenen Dienstes	
		Offiziere der Besoldungsgruppen A 9 bis A 12	
		Offiziere des militärfachlichen Dienstes der Besoldungsgruppe A 13	340,00
18	Buchstabe b	Beamte des mittleren Dienstes	
		Unteroffiziere der Besoldungsgruppen A 5 bis A 9	263,00
19		Beamte des gehobenen Dienstes	
		Offiziere der Besoldungsgruppen A 9 bis A 12	
		Offiziere des militärfachlichen Dienstes der Besoldungsgruppe A 13	295,00
20	Buchstabe c	Beamte des gehobenen und des höheren Dienstes	
		Offiziere der Besoldungsgruppen A 9 bis A 12	
		Offiziere des militärfachlichen Dienstes der Besoldungsgruppe A 13	
		Offiziere des Truppendienstes der Besoldungsgruppe A 13 und höher	340,00
21	Nummer 2 und 3	Beamte des mittleren Dienstes	
		Unteroffiziere der Besoldungsgruppen A 5 bis A 9	212,00
22		Beamte des gehobenen Dienstes	
		Offiziere der Besoldungsgruppen A 9 bis A 12	
		Offiziere des militärfachlichen Dienstes der Besoldungsgruppe A 13	237,00
23	Nummer 4		
24	Buchstabe a	Beamte und Soldaten mit Radarleit-Jagdlizenz	340,00
25		Beamte des mittleren und gehobenen Dienstes ohne Radarleit-Jagdlizenz	
		Unteroffiziere der Besoldungsgruppen A 5 bis A 9 ohne Radarleit-Jagdlizenz	
		Offiziere der Besoldungsgruppen A 9 bis A 12 ohne Radarleit-Jagdlizenz	
		Offiziere des militärfachlichen Dienstes der Besoldungsgruppe A 13 ohne Radarleit-Jagdlizenz	263,00
26	Buchstabe b	Beamte des mittleren und des gehobenen Dienstes	
		Unteroffiziere der Besoldungsgruppen A 5 bis A 9	
		Offiziere der Besoldungsgruppen A 9 bis A 12	
		Offiziere des militärfachlichen Dienstes der Besoldungsgruppe A 13	212,00
27	Nummer 5 und 6	Beamte des mittleren Dienstes	
		Unteroffiziere der Besoldungsgruppen A 5 bis A 9	135,00
28		Beamte des gehobenen Dienstes	212,00

Bundesbesoldungsgesetz Anl. IX BBesG 230

	Dem Grunde nach geregelt in 1	Zulagenberechtigter Personenkreis, soweit nicht bereits in Anlage I oder Anlage III geregelt 2	Monatsbetrag in Euro 3
29		Offiziere der Besoldungsgruppen A 9 bis A 12 Offiziere des militärfachlichen Dienstes der Besoldungsgruppe A 13 Beamte des höheren Dienstes Offiziere des Truppendienstes der Besoldungsgruppen A 13 und höher	295,00
30	Nummer 6		
31	Absatz 1 Satz 1		
32	Nummer 1		680,00
33	Nummer 2		540,00
34	Nummer 3		475,00
35	Nummer 4		435,00
36	Absatz 1 Satz 2		615,00
37	Nummer 6a		150,00
38	Nummer 7	Beamte und Soldaten der Besoldungsgruppe(n)	
39		– A 3 bis A 5	165,00
40		– A 6 bis A 9	220,00
41		– A 10 bis A 13	275,00
42		– A 14, A 15, B 1	330,00
43		– A 16, B 2 bis B 4	400,00
44		– B 5 bis B 7	470,00
45		– B 8 bis B 10	540,00
46		– B 11	610,00
47	Nummer 8	Beamte und Soldaten der Besoldungsgruppen	
48		– A 3 bis A 5	150,00
49		– A 6 bis A 9	200,00
50		– A 10 bis A 13	250,00
51		– A 14 und höher	300,00
52	Nummer 8a	Beamte und Soldaten der Besoldungsgruppen	
53		– A 3 bis A 5	103,00
54		– A 6 bis A 9	141,00
55		– A 10 bis A 13	174,00
56		– A 14 und höher	206,00
57		Anwärter der Laufbahngruppe	
58		– des mittleren Dienstes	75,00
59		– des gehobenen Dienstes	99,00
60		– des höheren Dienstes	122,00
61	Nummer 8b	Beamte der Besoldungsgruppen	
62		– A 3 bis A 5	120,00
63		– A 6 bis A 9	160,00
64		– A 10 bis A 13	200,00
65		– A 14 und höher	240,00
66	Nummer 8c	Beamte und Soldaten der Besoldungsgruppen	
67		– A 3 bis A 5	85,00
68		– A 6 bis A 9	110,00
69		– A 10 bis A 13	125,00
70		– A 14 und höher	140,00
71	Nummer 9	Beamte und Soldaten nach einer Dienstzeit von	
72		– einem Jahr	95,00
73		– zwei Jahren	228,00

	Dem Grunde nach geregelt in	Zulagenberechtigter Personenkreis, soweit nicht bereits in Anlage I oder Anlage III geregelt	Monatsbetrag in Euro
	1	2	3
74	Nummer 9a		
75	Absatz 1		
76	Nummer 1		350,00
77	Nummer 2		700,00
78	Nummer 3		225,00
79	Absatz 3		
80	Nummer 1		136,00
81	Nummer 2 und 3		76,00
82	Nummer 10	Beamte und Soldaten nach einer Dienstzeit von	
83		– einem Jahr	95,00
84		– zwei Jahren	190,00
85	Nummer 11		
86	Absatz 1		
87	Nummer 1		415,00
88	Nummer 2		615,00
89	Absatz 3		220,00
90	Nummer 12		55,00
91	Nummer 13		
92	Absatz 1	Beamte des mittleren Dienstes	110,00
93		Beamte des gehobenen Dienstes	160,00
94	Absatz 2 Satz 1	Beamte der Besoldungsgruppen	
95		– A 6 bis A 9	200,00
96		– A 10 bis A 13	210,00
97		– A 14 bis A 16	220,00
98	Nummer 14		35,00
99	Nummer 15	Beamte der Besoldungsgruppen	
100		– A 3 bis A 5	70,00
101		– A 6 bis A 9	90,00
102		– A 10 bis A 13	110,00
103		– A 14 und höher	140,00
104	Nummer 16	Beamte und Soldaten der Besoldungsgruppen	
105		– A 3 bis A 5	150,00
106		– A 6 bis A 9	200,00
107		– A 10 bis A 13	250,00
108		– A 14 und höher	300,00
109	Nummer 17	Beamte der Besoldungsgruppen	
110		– A 3 bis A 5	96,00
111		– A 6 bis A 9	128,00
112		– A 10 bis A 13	160,00
113		– A 14 und höher	192,00
114	Nummer 18	Beamte und Soldaten der Besoldungsgruppen	
115		– A 3 bis A 5	96,00
116		– A 6 bis A 9	128,00
117		– A 10 bis A 13	160,00
118		– A 14 und höher	192,00
119	Nummer 19	Beamte der Besoldungsgruppen	
120		– A 3 bis A 5	20,00
121		– A 6 bis A 9	40,00

	Dem Grunde nach geregelt in		Zulagenberechtigter Personenkreis, soweit nicht bereits in Anlage I oder Anlage III geregelt	Monatsbetrag in Euro
	1		2	3
122			– A 10 bis A 13	60,00
123			– A 14 und höher	80,00
124			Amtszulagen	
125	Besoldungsgruppe	Fußnote		
126	A 3	1		44,68
127		2		82,42
128		3		41,61
129	A 4	1		44,68
130		2		82,42
131		4		8,98
132	A 5	1		44,68
133		3		82,42
134	A 6	2, 5		44,68
135	A 7	5		55,49
136	A 8	1		71,48
137	A 9	1		332,63
138	A 13	1		338,04
139		7		154,51
140	A 14	5		231,76
141	A 15	3		308,99
142		8		231,76
143	A 16	6		259,18
144	B 10	1		535,57
145	**Anlage III (Bundesbesoldungsordnung R)**			
146			Stellenzulage	
147	Vorbemerkung			
148	Nummer 2		Richter und Staatsanwälte der Besoldungsgruppen	
149			– R 2 und R 3	400,00
150			– R 5 bis R 7	470,00
151			– R 8 und höher	540,00
152			Amtszulagen	
153	Besoldungsgruppe	Fußnote (n)		
154	R 2	1		256,24
155	R 7	1		381,06
156	R 8	1		512,38

BDSG 245

245. Bundesdatenschutzgesetz (BDSG)[1)]

Vom 30. Juni 2017

(BGBl. I S. 2097)

FNA 204-4

geänd. durch Art. 12 Zweites Datenschutz-Anpassungs- und Umsetzungsgesetz EU v. 20.11.2019 (BGBl. I S. 1626) und Art. 10 Telekommunikationsmodernisierungsgesetz v. 23.6.2021 (BGBl. I S. 1858)

Inhaltsübersicht[2)]

Teil 1. Gemeinsame Bestimmungen

Kapitel 1. Anwendungsbereich und Begriffsbestimmungen

§ 1 Anwendungsbereich des Gesetzes
§ 2 Begriffsbestimmungen

Kapitel 2. Rechtsgrundlagen der Verarbeitung personenbezogener Daten

§ 3 Verarbeitung personenbezogener Daten durch öffentliche Stellen
§ 4 Videoüberwachung öffentlich zugänglicher Räume

Kapitel 3. Datenschutzbeauftragte öffentlicher Stellen

§ 5 Benennung
§ 6 Stellung
§ 7 Aufgaben

Kapitel 4. Die oder der Bundesbeauftragte für den Datenschutz und die Informationsfreiheit

§ 8 Errichtung
§ 9 Zuständigkeit
§ 10 Unabhängigkeit
§ 11 Ernennung und Amtszeit
§ 12 Amtsverhältnis
§ 13 Rechte und Pflichten
§ 14 Aufgaben
§ 15 Tätigkeitsbericht
§ 16 Befugnisse

Kapitel 5. Vertretung im Europäischen Datenschutzausschuss, zentrale Anlaufstelle, Zusammenarbeit der Aufsichtsbehörden des Bundes und der Länder in Angelegenheiten der Europäischen Union

§ 17 Vertretung im Europäischen Datenschutzausschuss, zentrale Anlaufstelle
§ 18 Verfahren der Zusammenarbeit der Aufsichtsbehörden des Bundes und der Länder
§ 19 Zuständigkeiten

Kapitel 6. Rechtsbehelfe

§ 20 Gerichtlicher Rechtsschutz
§ 21 Antrag der Aufsichtsbehörde auf gerichtliche Entscheidung bei angenommener Rechtswidrigkeit eines Beschlusses der Europäischen Kommission

Teil 2. Durchführungsbestimmungen für Verarbeitungen zu Zwecken gemäß Artikel 2 der Verordnung (EU) 2016/679

Kapitel 1. Rechtsgrundlagen der Verarbeitung personenbezogener Daten

Abschnitt 1. Verarbeitung besonderer Kategorien personenbezogener Daten und Verarbeitung zu anderen Zwecken

§ 22 Verarbeitung besonderer Kategorien personenbezogener Daten
§ 23 Verarbeitung zu anderen Zwecken durch öffentliche Stellen
§ 24 Verarbeitung zu anderen Zwecken durch nichtöffentliche Stellen
§ 25 Datenübermittlungen durch öffentliche Stellen

[1)] Verkündet als Art. 1 des Datenschutz-Anpassungs- und -UmsetzungsG EU v. 30.6.2017 (BGBl. I S. 2097); Inkrafttreten gem. Art. 8 Abs. 1 dieses G am 25.5.2018.
[2)] Inhaltsübersicht geänd. mWv 26.11.2019 durch G v. 20.11.2019 (BGBl. I S. 1626).

Abschnitt 2. Besondere Verarbeitungssituationen

§ 26	Datenverarbeitung für Zwecke des Beschäftigungsverhältnisses
§ 27	Datenverarbeitung zu wissenschaftlichen oder historischen Forschungszwecken und zu statistischen Zwecken
§ 28	Datenverarbeitung zu im öffentlichen Interesse liegenden Archivzwecken
§ 29	Rechte der betroffenen Person und aufsichtsbehördliche Befugnisse im Fall von Geheimhaltungspflichten
§ 30	Verbraucherkredite
§ 31	Schutz des Wirtschaftsverkehrs bei Scoring und Bonitätsauskünften

Kapitel 2. Rechte der betroffenen Person

§ 32	Informationspflicht bei Erhebung von personenbezogenen Daten bei der betroffenen Person
§ 33	Informationspflicht, wenn die personenbezogenen Daten nicht bei der betroffenen Person erhoben wurden
§ 34	Auskunftsrecht der betroffenen Person
§ 35	Recht auf Löschung
§ 36	Widerspruchsrecht
§ 37	Automatisierte Entscheidungen im Einzelfall einschließlich Profiling

Kapitel 3. Pflichten der Verantwortlichen und Auftragsverarbeiter

| § 38 | Datenschutzbeauftragte nichtöffentlicher Stellen |
| § 39 | Akkreditierung |

Kapitel 4. Aufsichtsbehörde für die Datenverarbeitung durch nichtöffentliche Stellen

| § 40 | Aufsichtsbehörden der Länder |

Kapitel 5. Sanktionen

§ 41	Anwendung der Vorschriften über das Bußgeld- und Strafverfahren
§ 42	Strafvorschriften
§ 43	Bußgeldvorschriften

Kapitel 6. Rechtsbehelfe

| § 44 | Klagen gegen den Verantwortlichen oder Auftragsverarbeiter |

Teil 3. Bestimmungen für Verarbeitungen zu Zwecken gemäß Artikel 1 Absatz 1 der Richtlinie (EU) 2016/680

Kapitel 1. Anwendungsbereich, Begriffsbestimmungen und allgemeine Grundsätze für die Verarbeitung personenbezogener Daten

§ 45	Anwendungsbereich
§ 46	Begriffsbestimmungen
§ 47	Allgemeine Grundsätze für die Verarbeitung personenbezogener Daten

Kapitel 2. Rechtsgrundlagen der Verarbeitung personenbezogener Daten

§ 48	Verarbeitung besonderer Kategorien personenbezogener Daten
§ 49	Verarbeitung zu anderen Zwecken
§ 50	Verarbeitung zu archivarischen, wissenschaftlichen und statistischen Zwecken
§ 51	Einwilligung
§ 52	Verarbeitung auf Weisung des Verantwortlichen
§ 53	Datengeheimnis
§ 54	Automatisierte Einzelentscheidung

Kapitel 3. Rechte der betroffenen Person

§ 55	Allgemeine Informationen zu Datenverarbeitungen
§ 56	Benachrichtigung betroffener Personen
§ 57	Auskunftsrecht
§ 58	Rechte auf Berichtigung und Löschung sowie Einschränkung der Verarbeitung
§ 59	Verfahren für die Ausübung der Rechte der betroffenen Person
§ 60	Anrufung der oder des Bundesbeauftragten

(2) ¹Die oder der Datenschutzbeauftragte kann andere Aufgaben und Pflichten wahrnehmen. ²Die öffentliche Stelle stellt sicher, dass derartige Aufgaben und Pflichten nicht zu einem Interessenkonflikt führen.

(3) Die oder der Datenschutzbeauftragte trägt bei der Erfüllung ihrer oder seiner Aufgaben dem mit den Verarbeitungsvorgängen verbundenen Risiko gebührend Rechnung, wobei sie oder er die Art, den Umfang, die Umstände und die Zwecke der Verarbeitung berücksichtigt.

Kapitel 4. Die oder der Bundesbeauftragte für den Datenschutz und die Informationsfreiheit

§ 8 Errichtung. (1) ¹Die oder der Bundesbeauftragte für den Datenschutz und die Informationsfreiheit (Bundesbeauftragte) ist eine oberste Bundesbehörde. ²Der Dienstsitz ist Bonn.

(2) Die Beamtinnen und Beamten der oder des Bundesbeauftragten sind Beamtinnen und Beamte des Bundes.

(3) ¹Die oder der Bundesbeauftragte kann Aufgaben der Personalverwaltung und Personalwirtschaft auf andere Stellen des Bundes übertragen, soweit hierdurch die Unabhängigkeit der oder des Bundesbeauftragten nicht beeinträchtigt wird. ²Diesen Stellen dürfen personenbezogene Daten der Beschäftigten übermittelt werden, soweit deren Kenntnis zur Erfüllung der übertragenen Aufgaben erforderlich ist.

§ 9[1] Zuständigkeit. (1) ¹Die oder der Bundesbeauftragte ist zuständig für die Aufsicht über die öffentlichen Stellen des Bundes, auch soweit sie als öffentlich-rechtliche Unternehmen am Wettbewerb teilnehmen, sowie über Unternehmen, soweit diese für die geschäftsmäßige Erbringung von Telekommunikationsdienstleistungen Daten von natürlichen oder juristischen Personen verarbeiten und sich die Zuständigkeit nicht bereits aus § 27 des Telekommunikation-Telemedien-Datenschutz-Gesetzes ergibt. ²Die Vorschriften dieses Kapitels gelten auch für Auftragsverarbeiter, soweit sie nichtöffentliche Stellen sind, bei denen dem Bund die Mehrheit der Anteile gehört oder die Mehrheit der Stimmen zusteht und der Auftraggeber eine öffentliche Stelle des Bundes ist.

(2) Die oder der Bundesbeauftragte ist nicht zuständig für die Aufsicht über die von den Bundesgerichten im Rahmen ihrer justiziellen Tätigkeit vorgenommenen Verarbeitungen.

§ 10 Unabhängigkeit. (1) ¹Die oder der Bundesbeauftragte handelt bei der Erfüllung ihrer oder seiner Aufgaben und bei der Ausübung ihrer oder seiner Befugnisse völlig unabhängig. ²Sie oder er unterliegt weder direkter noch indirekter Beeinflussung von außen und ersucht weder um Weisung noch nimmt sie oder er Weisungen entgegen.

(2) Die oder der Bundesbeauftragte unterliegt der Rechnungsprüfung durch den Bundesrechnungshof, soweit hierdurch ihre oder seine Unabhängigkeit nicht beeinträchtigt wird.

---

[1] § 9 Abs. 1 Satz 1 neu gef. mWv 26.11.2019 durch G v. 20.11.2019 (BGBl. I S. 1626); Abs. 1 Satz 1 geänd. mWv 1.12.2021 durch G v. 23.6.2021 (BGBl. I S. 1858).

§ 11 Ernennung und Amtszeit. (1) [1]Der Deutsche Bundestag wählt ohne Aussprache auf Vorschlag der Bundesregierung die Bundesbeauftragte oder den Bundesbeauftragten mit mehr als der Hälfte der gesetzlichen Zahl seiner Mitglieder. [2]Die oder der Gewählte ist von der Bundespräsidentin oder dem Bundespräsidenten zu ernennen. [3]Die oder der Bundesbeauftragte muss bei ihrer oder seiner Wahl das 35. Lebensjahr vollendet haben. [4]Sie oder er muss über die für die Erfüllung ihrer oder seiner Aufgaben und Ausübung ihrer oder seiner Befugnisse erforderliche Qualifikation, Erfahrung und Sachkunde insbesondere im Bereich des Schutzes personenbezogener Daten verfügen. [5]Insbesondere muss die oder der Bundesbeauftragte über durch einschlägige Berufserfahrung erworbene Kenntnisse des Datenschutzrechts verfügen und die Befähigung zum Richteramt oder höheren Verwaltungsdienst haben.

(2) [1]Die oder der Bundesbeauftragte leistet vor der Bundespräsidentin oder dem Bundespräsidenten folgenden Eid: „Ich schwöre, dass ich meine Kraft dem Wohle des deutschen Volkes widmen, seinen Nutzen mehren, Schaden von ihm wenden, das Grundgesetz[1]) und die Gesetze des Bundes wahren und verteidigen, meine Pflichten gewissenhaft erfüllen und Gerechtigkeit gegen jedermann üben werde. So wahr mir Gott helfe." [2]Der Eid kann auch ohne religiöse Beteuerung geleistet werden.

(3) [1]Die Amtszeit der oder des Bundesbeauftragten beträgt fünf Jahre. [2]Einmalige Wiederwahl ist zulässig.

§ 12 Amtsverhältnis. (1) Die oder der Bundesbeauftragte steht nach Maßgabe dieses Gesetzes zum Bund in einem öffentlich-rechtlichen Amtsverhältnis.

(2) [1]Das Amtsverhältnis beginnt mit der Aushändigung der Ernennungsurkunde. [2]Es endet mit dem Ablauf der Amtszeit oder mit dem Rücktritt. [3]Die Bundespräsidentin oder der Bundespräsident enthebt auf Vorschlag der Präsidentin oder des Präsidenten des Bundestages die Bundesbeauftragte ihres oder den Bundesbeauftragten seines Amtes, wenn die oder der Bundesbeauftragte eine schwere Verfehlung begangen hat oder die Voraussetzungen für die Wahrnehmung ihrer oder seiner Aufgaben nicht mehr erfüllt. [4]Im Fall der Beendigung des Amtsverhältnisses oder der Amtsenthebung erhält die oder der Bundesbeauftragte eine von der Bundespräsidentin oder dem Bundespräsidenten vollzogene Urkunde. [5]Eine Amtsenthebung wird mit der Aushändigung der Urkunde wirksam. [6]Endet das Amtsverhältnis mit Ablauf der Amtszeit, ist die oder der Bundesbeauftragte verpflichtet, auf Ersuchen der Präsidentin oder des Präsidenten des Bundestages die Geschäfte bis zur Ernennung einer Nachfolgerin oder eines Nachfolgers für die Dauer von höchstens sechs Monaten weiterzuführen.

(3) [1]Die Leitende Beamtin oder der Leitende Beamte nimmt die Rechte der oder des Bundesbeauftragten wahr, wenn die oder der Bundesbeauftragte an der Ausübung ihres oder seines Amtes verhindert ist oder wenn ihr oder sein Amtsverhältnis endet und sie oder er nicht zur Weiterführung der Geschäfte verpflichtet ist. [2]§ 10 Absatz 1 ist entsprechend anzuwenden.

(4) [1]Die oder der Bundesbeauftragte erhält vom Beginn des Kalendermonats an, in dem das Amtsverhältnis beginnt, bis zum Schluss des Kalendermonats, in dem das Amtsverhältnis endet, im Fall des Absatzes 2 Satz 6 bis zum Ende des

---

[1]) Nr. 1.

275. Gesetz über den Verkehr mit Betäubungsmitteln (Betäubungsmittelgesetz – BtMG)[1)]

In der Fassung der Bekanntmachung vom 1. März 1994[2)]

(BGBl. I S. 358)

FNA 2121-6-24

geänd. durch Art. 3 § 1 Gesundheitseinrichtungen-NeuordnungsG v. 24.6.1994 (BGBl. I S. 1416), § 34 GrundstoffüberwachungsG v. 7.10.1994 (BGBl. I S. 2835), Art. 2 § 4 BundesgrenzschutzneuregelungsG v. 19.10.1994 (BGBl. I S. 2978), Art. 9 VerbrechensbekämpfungsG v. 28.10.1994 (BGBl. I S. 3186), Art. 1 Sechste Betäubungsmittelrechts-ÄndVO v. 14.9.1995 (BGBl. I S. 1161), Art. 1 Siebte Betäubungsmittelrechts-ÄndVO v. 29.3.1996 (BGBl. I S. 562), Art. 1 Zweites ÄndG v. 4.4.1996 (BGBl. I S. 582), Art. 1 Achte Betäubungsmittelrechts-ÄndVO v. 14.11.1996 (BGBl. I S. 1728), Art. 1 Neunte Betäubungsmittelrechts-ÄndVO v. 28.1.1997 (BGBl. I S. 65), Art. 7 JustizmitteilungsG und G zur Änd. kostenrechtlicher Vorschriften und anderer Gesetze v. 18.6.1997 (BGBl. I S. 1430), Art. 1 Zehnte Betäubungsmittelrechts-ÄndVO v. 20.1.1998 (BGBl. I S. 74), Art. 4 G zur Bekämpfung von Sexualdelikten und anderen gefährlichen Straftaten v. 26.1.1998 (BGBl. I S. 160), Art. 1 Zwölfte Betäubungsmittelrechts-ÄndVO v. 7.10.1998 (BGBl. I S. 3126), Art. 1 13. Betäubungsmittelrechts-ÄndVO v. 27.9.1999 (BGBl. I S. 1935), Art. 1 Drittes BtMG-ÄndG v. 28.3.2000 (BGBl. I S. 302), Art. 1 14. Betäubungsmittelrechts-ÄndVO v. 27.9.2000 (BGBl. I S. 1414), Art. 1 15. Betäubungsmittelrechts-ÄndVO v. 19.6.2001 (BGBl. I S. 1180), Art. 1 16. Betäubungsmittelrechts-ÄndVO v. 28.11.2001 (BGBl. I S. 3338), Art. 1 17. Betäubungsmittelrechts-ÄndVO v. 12.2.2002 (BGBl. I S. 612), Art. 2 GrundstoffüberwachungsG-ÄndG v. 26.6.2002 (BGBl. I S. 2261), Art. 18 Achte ZuständigkeitsanpassungsVO v. 25.11.2003 (BGBl. I S. 2304), Art. 1 18. Betäubungsmittelrechts-ÄndVO v. 22.12.2003 (BGBl. 2004 I S. 28), Art. 1 19. Betäubungsmittelrechts-ÄndVO v. 10.3.2005 (BGBl. I S. 757), Art. 15 G zur Umbenennung des Bundesgrenzschutzes in Bundespolizei v. 21.6.2005 (BGBl. I S. 1818), Art. 35 Neunte ZuständigkeitsanpassungsVO v. 31.10.2006 (BGBl. I S. 2407), Art. 1 Zweites JustizmodernisierungsG v. 22.12.2006 (BGBl. I S. 3416), Art. 1 20. Betäubungsmittelrechts-ÄndVO v. 14.2.2007 (BGBl. I S. 154), Art. 1 21. Betäubungsmittelrechts-ÄndVO v. 18.2.2008 (BGBl. I S. 246), Art. 1 22. Betäubungsmittelrechts-ÄndVO v. 19.1.2009 (BGBl. I S. 49), Art. 1 G zur diamorphingestützten Substitutionsbehandlung v. 15.7.2009 (BGBl. I S. 1801), Art. 5 G zur Änd. arzneimittelrechtlicher und anderer Vorschriften v. 17.7.2009 (BGBl. I S. 1990), Art. 2 43. ÄndG v. 29.7.2009 (BGBl. I S. 2288), Art. 1, 2 24. Betäubungsmittelrechts-ÄndVO v. 18.12.2009 (BGBl. I S. 3944), Art. 6 ArzneimittelmarktneuordnungsG v. 22.12.2010 (BGBl. I S. 2262), Art. 1 25. VO zur Änd. betäubungsmittelrechtlicher Vorschriften v. 11.5.2011 (BGBl. I S. 821), Art. 1 26. VO zur Änd. betäubungsmittelrechtlicher Vorschriften v. 20.7.2012 (BGBl. I S. 1639), Art. 4 Zweites G zur Änd. arzneimittelrechtlicher und anderer Vorschriften v. 19.10.2012 (BGBl. I S. 2192), Art. 2 46. StrafrechtsänderungsG v. 10.6.2013 (BGBl. I S. 1497), Art. 1 27. VO zur Änd. betäubungsmittelrechtlicher Vorschriften v. 9.7.2013 (BGBl. I S. 2274), Art. 2 Abs. 20, Art. 4 Abs. 3 G zur Änd. des Strukturreform des Gebührenrechts des Bundes v. 7.8.2013 (BGBl. I S. 3154, Art. 4 Abs. 7 dieses G aufgeh. durch Art. 2 G v. 18.7.2016, BGBl. I S. 1666), Art. 1 28. VO zur Änd. betäubungsmittelrechtlicher Vorschriften v. 5.12.2014 (BGBl. I S. 1999), Art. 1 29. VO zur Änd. betäubungsmittelrechtlicher Vorschriften v. 18.5.2015 (BGBl. I S. 723), Art. 2 G zur Änd. des Agrar- und Fischereifonds-Informations-G und des BetäubungsmittelG v. 20.5.2015 (BGBl. I S. 725), Art. 1 30. VO zur Änd. betäubungsmittelrechtlicher Vorschriften v. 11.11.2015 (BGBl. I S. 1992), Art. 1 31. VO zur Änd. betäubungsmittelrechtlicher Vorschriften v. 31.5.2016 (BGBl. I S. 1282), Art. 4 Abs. 7 G zur Aktualisierung der Strukturreform des Gebührenrechts des Bundes v. 18.7.2016 (BGBl. I S. 1666), Art. 1 G zur Änd. betäubungsmittelrechtlicher und anderer Vorschriften v. 6.3.2017 (BGBl. I S. 403), Art. 6 Abs. 6 G zur Reform der strafrechtlichen Vermögensabschöpfung v. 13.4.2017 (BGBl. I S. 872), Art. 1 18. ÄndVO v. 16.6.2017 (BGBl. I S. 1670), Art. 1 VO zur Änd. betäubungsmittelrechtlicher und anderer Vorschriften v. 2.7.2018 (BGBl. I S. 1078), Art. 2 VO zur Änd. der Anl. des Neue-psychoaktive-Stoffe-G und von Anl. des BetäubungsmittelG v. 12.7.2019 (BGBl. I S. 1083), Art. 8 G für mehr Sicherheit in der Arzneimittelversorgung v. 9.8.2019 (BGBl. I S. 1202), Art. 1 19. ÄndVO v. 17.12.2019 (BGBl. I S. 2850), Art. 91 Elfte ZuständigkeitsanpassungsVO v. 19.6.2020 (BGBl. I S. 1328), Art. 1 20. VO zur Änd. von Anlagen des BetäubungsmittelG v. 10.7.2020 (BGBl. I S. 1691), Art. 4 60. G zur Änd. des Strafgesetzbuches v. 30.11.2020 (BGBl. I S. 2600), Art. 1 21. VO zur Änd. von Anlagen des BetäubungsmittelG v. 14.1.2021 (BGBl. I S. 70), Art. 1 32. VO zur Änd.

[1)] Die Änderungen durch G v. 10.8.2021 (BGBl. I S. 3436) treten erst **mWv 1.1.2024** in Kraft und sind im Text noch nicht berücksichtigt.

[2)] Neubekanntmachung des BetäubungsmittelG v. 28.7.1981 (BGBl. I S. 681) in der ab 28.2.1994 geltenden Fassung.

275 BtMG

Betäubungsmittelgesetz

betäubungsmittelrechtlicher Vorschriften v. 18.5.2021 (BGBl. I S. 1096), Art. 11 Digitale-Versorgung-und-Pflege-Modernisierungs-G v. 3.6.2021 (BGBl. I S. 1309), Art. 9 PersonengesellschaftsrechtsmodernisierungsG (MoPeG) v. 10.8.2021 (BGBl. I S. 3436), Art. 8 Abs. 5 G zum Erlass eines Tierarzneimittelgesetzes und zur Anpassung arzneimittelrechtlicher und anderer Vorschriften v. 27.9.2021 (BGBl. I S. 4530) und Art. 1 22. VO zur Änd. von Anlagen des BetäubungsmittelG v. 8.11.2021 (BGBl. I S. 4791)

Inhaltsübersicht[1)]

Erster Abschnitt. Begriffsbestimmungen

§ 1	Betäubungsmittel
§ 2	Sonstige Begriffe

Zweiter Abschnitt. Erlaubnis und Erlaubnisverfahren

§ 3	Erlaubnis zum Verkehr mit Betäubungsmitteln
§ 4	Ausnahmen von der Erlaubnispflicht
§ 5	Versagung der Erlaubnis
§ 6	Sachkenntnis
§ 7	Antrag
§ 8	Entscheidung
§ 9	Beschränkungen, Befristung, Bedingungen und Auflagen
§ 10	Rücknahme und Widerruf
§ 10a	Erlaubnis für den Betrieb von Drogenkonsumräumen

Dritter Abschnitt. Pflichten im Betäubungsmittelverkehr

§ 11	Einfuhr, Ausfuhr und Durchfuhr
§ 12	Abgabe und Erwerb
§ 13	Verschreibung und Abgabe auf Verschreibung
§ 14	Kennzeichnung und Werbung
§ 15	Sicherungsmaßnahmen
§ 16	Vernichtung
§ 17	Aufzeichnungen
§ 18	Meldungen
§ 18a	(aufgehoben)

Vierter Abschnitt. Überwachung

§ 19	Durchführende Behörde
§ 20	Besondere Ermächtigung für den Spannungs- oder Verteidigungsfall
§ 21	Mitwirkung anderer Behörden
§ 22	Überwachungsmaßnahmen
§ 23	Probenahme
§ 24	Duldungs- und Mitwirkungspflicht
§ 24a	Anzeige des Anbaus von Nutzhanf
§ 25	(weggefallen)

Fünfter Abschnitt. Vorschriften für Behörden

§ 26	Bundeswehr, Bundespolizei, Bereitschaftspolizei und Zivilschutz
§ 27	Meldungen und Auskünfte
§ 28	Jahresbericht an die Vereinten Nationen

Sechster Abschnitt. Straftaten und Ordnungswidrigkeiten

§ 29	Straftaten
§ 29a	Straftaten
§ 30	Straftaten
§ 30a	Straftaten
§ 30b	Straftaten
§ 30c	(aufgehoben)
§ 31	Strafmilderung oder Absehen von Strafe
§ 31a	Absehen von der Verfolgung
§ 32	Ordnungswidrigkeiten
§ 33	Einziehung
§ 34	Führungsaufsicht

[1)] Inhaltsübersicht geänd. mWv 23.7.2009 durch G v. 17.7.2009 (BGBl. I S. 1990); geänd. mWv 15.8.2013 durch G v. 7.8.2013 (BGBl. I S. 3154); geänd. mWv 1.10.2021 durch G v. 18.7.2016 (BGBl. I S. 1666); geänd. mWv 1.7.2017 durch G v. 13.4.2017 (BGBl. I S. 872); sie wurde nichtamtlich um Anl. I–III ergänzt.

Siebenter Abschnitt. Betäubungsmittelabhängige Straftäter

§ 35 Zurückstellung der Strafvollstreckung
§ 36 Anrechnung und Strafaussetzung zur Bewährung
§ 37 Absehen von der Erhebung der öffentlichen Klage
§ 38 Jugendliche und Heranwachsende
§ 39a Übergangsregelung aus Anlass des Gesetzes zur Änderung arzneimittelrechtlicher und anderer Vorschriften

Achter Abschnitt. Übergangs- und Schlußvorschriften

§§ 40, 40a (gegenstandslos)
§ 41 (weggefallen)

Anlagen I–III *(hier nicht abgedruckt)*

Erster Abschnitt. Begriffsbestimmungen

§ 1[1] **Betäubungsmittel** (1) Betäubungsmittel im Sinne dieses Gesetzes sind die in den Anlagen I bis III[2] aufgeführten Stoffe und Zubereitungen.

(2) ¹Die Bundesregierung wird ermächtigt, nach Anhörung von Sachverständigen durch Rechtsverordnung mit Zustimmung des Bundesrates die Anlagen I bis III[2] zu ändern oder zu ergänzen, wenn dies

1. nach wissenschaftlicher Erkenntnis wegen der Wirkungsweise eines Stoffes, vor allem im Hinblick auf das Hervorrufen einer Abhängigkeit,
2. wegen der Möglichkeit, aus einem Stoff oder unter Verwendung eines Stoffes Betäubungsmittel herstellen zu können, oder
3. zur Sicherheit oder zur Kontrolle des Verkehrs mit Betäubungsmitteln oder anderen Stoffen oder Zubereitungen wegen des Ausmaßes der mißbräuchlichen Verwendung und wegen der unmittelbaren oder mittelbaren Gefährdung der Gesundheit

erforderlich ist. ²In der Rechtsverordnung nach Satz 1 können einzelne Stoffe oder Zubereitungen ganz oder teilweise von der Anwendung dieses Gesetzes oder einer auf Grund dieses Gesetzes erlassenen Rechtsverordnung ausgenommen werden, soweit die Sicherheit und die Kontrolle des Betäubungsmittelverkehrs gewährleistet bleiben.

(3) ¹Das Bundesministerium für Gesundheit wird ermächtigt, in dringenden Fällen zur Sicherheit oder zur Kontrolle des Betäubungsmittelverkehrs durch Rechtsverordnung ohne Zustimmung des Bundesrates Stoffe und Zubereitungen, die nicht Arzneimittel oder Tierarzneimittel sind, in die Anlagen I bis III aufzunehmen, wenn dies wegen des Ausmaßes der mißbräuchlichen Verwendung und wegen der unmittelbaren oder mittelbaren Gefährdung der Gesundheit erforderlich ist. ²Eine auf der Grundlage dieser Vorschrift erlassene Verordnung tritt nach Ablauf eines Jahres außer Kraft.

(4) Das Bundesministerium für Gesundheit (Bundesministerium) wird ermächtigt, durch Rechtsverordnung ohne Zustimmung des Bundesrates die Anlagen I bis III oder die auf Grund dieses Gesetzes erlassenen Rechtsverordnungen zu ändern, soweit das auf Grund von Änderungen der Anhänge zu dem Einheits-Übereinkommen von 1961 über Suchtstoffe in der Fassung der Bekanntmachung vom 4. Februar 1977 (BGBl. II S. 111) und dem Übereinkommen von 1971 über psychotrope Stoffe

---

[1] § 1 Abs. 3 Satz 1 und Abs. 4 geänd. mWv 28.11.2003 durch VO v. 25.11.2003 (BGBl. I S. 2304); Abs. 3 Satz 1 und Abs. 4 geänd. mWv 8.11.2006 durch VO v. 31.10.2006 (BGBl. I S. 2407); Abs. 4 geänd. mWv 16.8.2019 durch G v. 9.8.2019 (BGBl. I S. 1202); Abs. 3 Satz 1 geänd. mWv 28.1.2022 durch G v. 27.9.2021 (BGBl. I S. 4530).

[2] Anlagen hier nicht abgedruckt.

(BGBl. 1976 II S. 1477) (Internationale Suchtstoffübereinkommen) in ihrer jeweils für die Bundesrepublik Deutschland verbindlichen Fassung oder auf Grund von Änderungen des Anhangs des Rahmenbeschlusses 2004/757/JI des Rates vom 25. Oktober 2004 zur Festlegung von Mindestvorschriften über die Tatbestandsmerkmale strafbarer Handlungen und die Strafen im Bereich des illegalen Drogenhandels (ABl. L 335 vom 11.11.2004, S. 8), der durch die Richtlinie (EU) 2017/2103 (ABl. L 305 vom 21.11.2017, S. 12) geändert worden ist, erforderlich ist.

§ 2[1] **Sonstige Begriffe.** (1) Im Sinne dieses Gesetzes ist
1. Stoff:
   a) chemische Elemente und chemische Verbindungen sowie deren natürlich vorkommende Gemische und Lösungen,
   b) Pflanzen, Algen, Pilze und Flechten sowie deren Teile und Bestandteile in bearbeitetem oder unbearbeitetem Zustand,
   c) Tierkörper, auch lebender Tiere, sowie Körperteile, -bestandteile und Stoffwechselprodukte von Mensch und Tier in bearbeitetem oder unbearbeitetem Zustand,
   d) Mikroorganismen einschließlich Viren sowie deren Bestandteile oder Stoffwechselprodukte;
2. Zubereitung:
   ohne Rücksicht auf ihren Aggregatzustand ein Stoffgemisch oder die Lösung eines oder mehrerer Stoffe außer den natürlich vorkommenden Gemischen und Lösungen;
3. ausgenommene Zubereitung:
   eine in den Anlagen I bis III bezeichnete Zubereitung, die von den betäubungsmittelrechtlichen Vorschriften ganz oder teilweise ausgenommen ist;
4. Herstellen:
   das Gewinnen, Anfertigen, Zubereiten, Be- oder Verarbeiten, Reinigen und Umwandeln.

(2) Der Einfuhr oder Ausfuhr eines Betäubungsmittels steht jedes sonstige Verbringen in den oder aus dem Geltungsbereich dieses Gesetzes gleich.

Zweiter Abschnitt. Erlaubnis und Erlaubnisverfahren

§ 3[2] **Erlaubnis zum Verkehr mit Betäubungsmitteln.** (1) Einer Erlaubnis des Bundesinstitutes für Arzneimittel und Medizinprodukte bedarf, wer
1. Betäubungsmittel anbauen, herstellen, mit ihnen Handel treiben, sie, ohne mit ihnen Handel zu treiben, einführen, ausführen, abgeben, veräußern, sonst in den Verkehr bringen, erwerben oder
2. ausgenommene Zubereitungen (§ 2 Abs. 1 Nr. 3) herstellen
will.

(2) Eine Erlaubnis für die in Anlage I bezeichneten Betäubungsmittel kann das Bundesinstitut für Arzneimittel und Medizinprodukte nur ausnahmsweise zu wissenschaftlichen oder anderen im öffentlichen Interesse liegenden Zwecken erteilen.

---

[1] § 2 Abs. 1 Nr. 1 neu gef. mWv 23.7.2009 durch G v. 17.7.2009 (BGBl. I S. 1990).
[2] § 3 Abs. 1, 2 geänd. durch G v. 24.6.1994 (BGBl. I S. 1416).

Betäubungsmittelgesetz § 4 BtMG 275

§ 4[1] Ausnahmen von der Erlaubnispflicht. (1) Einer Erlaubnis nach § 3 bedarf nicht, wer

1. im Rahmen des Betriebs einer öffentlichen Apotheke oder einer Krankenhausapotheke (Apotheke)
   a) in Anlage II oder III bezeichnete Betäubungsmittel oder dort ausgenommene Zubereitungen herstellt,
   b) in Anlage II oder III bezeichnete Betäubungsmittel erwirbt,
   c) in Anlage III bezeichnete Betäubungsmittel auf Grund ärztlicher, zahnärztlicher oder tierärztlicher Verschreibung abgibt,
   d) in Anlage II oder III bezeichnete Betäubungsmittel an Inhaber einer Erlaubnis zum Erwerb dieser Betäubungsmittel zurückgibt oder an den Nachfolger im Betrieb der Apotheke abgibt,
   e) in Anlage I, II oder III bezeichnete Betäubungsmittel zur Untersuchung, zur Weiterleitung an eine zur Untersuchung von Betäubungsmitteln berechtigte Stelle oder zur Vernichtung entgegennimmt oder
   f) in Anlage III[2] bezeichnete Opioide in Form von Fertigarzneimitteln in transdermaler oder in transmucosaler Darreichungsform an eine Apotheke zur Deckung des nicht aufschiebbaren Betäubungsmittelbedarfs eines ambulant versorgten Palliativpatienten abgibt, wenn die empfangende Apotheke die Betäubungsmittel nicht vorrätig hat,
2. im Rahmen des Betriebs einer tierärztlichen Hausapotheke in Anlage III[2] bezeichnete Betäubungsmittel in Form von Tierarzneimitteln
   a) für ein von ihm behandeltes Tier miteinander, mit anderen Tierarzneimitteln oder arzneilich nicht wirksamen Bestandteilen zum Zwecke der Anwendung durch ihn oder für die Immobilisation eines von ihm behandelten Zoo-, Wild- und Gehegetieres mischt,
   b) erwirbt,
   c) für ein von ihm behandeltes Tier oder Mischungen nach Buchstabe a für die Immobilisation eines von ihm behandelten Zoo-, Wild- und Gehegetieres abgibt oder
   d) an Inhaber der Erlaubnis zum Erwerb dieser Betäubungsmittel zurückgibt oder an den Nachfolger im Betrieb der tierärztlichen Hausapotheke abgibt,
3. in Anlage III bezeichnete Betäubungsmittel
   a) auf Grund ärztlicher, zahnärztlicher oder tierärztlicher Verschreibung,
   b) zur Anwendung an einem Tier von einer Person, die dieses Tier behandelt und eine tierärztliche Hausapotheke betreibt, oder
   c) von einem Arzt nach § 13 Absatz 1a Satz 1
   erwirbt,
4. in Anlage III bezeichnete Betäubungsmittel
   a) als Arzt, Zahnarzt oder Tierarzt im Rahmen des grenzüberschreitenden Dienstleistungsverkehrs oder

---

[1] § 4 Abs. 3 Sätze 1 und 2 geänd. durch G v. 24.6.1994 (BGBl. I S. 1416); Abs. 1 einl. Satzteil geänd., Nr. 2 neu gef., Nr. 4 und 5 geänd., Nr. 6 angef. mWv 23.7.2009 durch G v. 17.7.2009 (BGBl. I S. 1990); Abs. 1 Nr. 1 Buchst. c und e geänd., Buchst. f angef., Nr. 3 Buchst. a und b geänd., Buchst. c angef., Nr. 6 geänd. mWv 26.10.2012 durch G v. 19.10.2012 (BGBl. I S. 2192); Abs. 1 Nr. 2 einl. Satzteil, Buchst. a, Nr. 6 geänd. mWv 28.1.2022 durch G v. 27.9.2021 (BGBl. I S. 4530).
[2] Anlagen hier nicht abgedruckt.

b) auf Grund ärztlicher, zahnärztlicher oder tierärztlicher Verschreibung erworben hat und sie als Reisebedarf

ausführt oder einführt,

5. gewerbsmäßig

a) an der Beförderung von Betäubungsmitteln zwischen befugten Teilnehmern am Betäubungsmittelverkehr beteiligt ist oder die Lagerung und Aufbewahrung von Betäubungsmitteln im Zusammenhang mit einer solchen Beförderung oder für einen befugten Teilnehmer am Betäubungsmittelverkehr übernimmt oder

b) die Versendung von Betäubungsmitteln zwischen befugten Teilnehmern am Betäubungsmittelverkehr durch andere besorgt oder vermittelt oder

6. in Anlage I, II oder III[1)] bezeichnete Betäubungsmittel als Proband oder Patient im Rahmen einer klinischen Prüfung oder in Härtefällen nach § 21 Absatz 2 Nummer 3 des Arzneimittelgesetzes[2)] in Verbindung mit Artikel 83 der Verordnung (EG) Nr. 726/2004 des Europäischen Parlaments und des Rates vom 31. März 2004 zur Festlegung der Verfahren der Union für die Genehmigung und Überwachung von Humanarzneimitteln und zur Errichtung einer Europäischen Arzneimittel-Agentur (ABl. L 136 vom 30.4.2004, S. 1), die zuletzt durch die Verordnung (EU) 2019/5 (ABl. L 4 vom 7.1.2019, S. 24) geändert worden ist, erwirbt.

(2) Einer Erlaubnis nach § 3 bedürfen nicht Bundes- und Landesbehörden für den Bereich ihrer dienstlichen Tätigkeit sowie die von ihnen mit der Untersuchung von Betäubungsmitteln beauftragten Behörden.

(3) [1]Wer nach Absatz 1 Nr. 1 und 2 keiner Erlaubnis bedarf und am Betäubungsmittelverkehr teilnehmen will, hat dies dem Bundesinstitut für Arzneimittel und Medizinprodukte zuvor anzuzeigen. [2]Die Anzeige muß enthalten:

1. den Namen und die Anschriften des Anzeigenden sowie der Apotheke oder der tierärztlichen Hausapotheke,

2. das Ausstellungsdatum und die ausstellende Behörde der apothekenrechtlichen Erlaubnis oder der Approbation als Tierarzt und

3. das Datum des Beginns der Teilnahme am Betäubungsmittelverkehr.

[3]Das Bundesinstitut für Arzneimittel und Medizinprodukte unterrichtet die zuständige oberste Landesbehörde unverzüglich über den Inhalt der Anzeigen, soweit sie tierärztliche Hausapotheken betreffen.

§ 5[3)] Versagung der Erlaubnis. (1) Die Erlaubnis nach § 3 ist zu versagen, wenn

1. nicht gewährleistet ist, daß in der Betriebsstätte und, sofern weitere Betriebsstätten in nicht benachbarten Gemeinden bestehen, in jeder dieser Betriebsstätten eine Person bestellt wird, die verantwortlich ist für die Einhaltung der betäubungsmittelrechtlichen Vorschriften und der Anordnungen der Überwachungsbehörden (Verantwortlicher); der Antragsteller kann selbst die Stelle eines Verantwortlichen einnehmen,

2. der vorgesehene Verantwortliche nicht die erforderliche Sachkenntnis hat oder die ihm obliegenden Verpflichtungen nicht ständig erfüllen kann,

3. Tatsachen vorliegen, aus denen sich Bedenken gegen die Zuverlässigkeit des Verantwortlichen, des Antragstellers, seines gesetzlichen Vertreters oder bei juristischen Personen oder nicht rechtsfähigen Personenvereinigungen der nach Gesetz,

---

[1)] Anlagen hier nicht abgedruckt.
[2)] **Sartorius ErgBd. Nr. 272.**
[3)] § 5 Abs. 2 geänd. mWv 26.10.2012 durch G v. 19.10.2012 (BGBl. I S. 2192).

Satzung oder Gesellschaftsvertrag zur Vertretung oder Geschäftsführung Berechtigten ergeben,
4. geeignete Räume, Einrichtungen und Sicherungen für die Teilnahme am Betäubungsmittelverkehr oder die Herstellung ausgenommener Zubereitungen nicht vorhanden sind,
5. die Sicherheit oder Kontrolle des Betäubungsmittelverkehrs oder der Herstellung ausgenommener Zubereitungen aus anderen als den in den Nummern 1 bis 4 genannten Gründen nicht gewährleistet ist,
6. die Art und der Zweck des beantragten Verkehrs nicht mit dem Zweck dieses Gesetzes, die notwendige medizinische Versorgung der Bevölkerung sicherzustellen, daneben aber den Mißbrauch von Betäubungsmitteln oder die mißbräuchliche Herstellung ausgenommener Zubereitungen sowie das Entstehen oder Erhalten einer Betäubungsmittelabhängigkeit soweit wie möglich auszuschließen, vereinbar ist oder
7. bei Beanstandung der vorgelegten Antragsunterlagen einem Mangel nicht innerhalb der gesetzten Frist (§ 8 Abs. 2) abgeholfen wird.

(2) Die Erlaubnis kann versagt werden, wenn sie der Durchführung der internationalen Suchtstoffübereinkommen oder Beschlüssen, Anordnungen oder Empfehlungen zwischenstaatlicher Einrichtungen der Suchtstoffkontrolle entgegensteht oder dies wegen Rechtsakten der Organe der Europäischen Union geboten ist.

§ 6[1)] **Sachkenntnis.** (1) Der Nachweis der erforderlichen Sachkenntnis (§ 5 Abs. 1 Nr. 2) wird erbracht

1. im Falle des Herstellens[2)] von Betäubungsmitteln oder ausgenommener Zubereitungen, die Arzneimittel sind, durch den Nachweis der Sachkenntnis nach § 15 Absatz 1 des Arzneimittelgesetzes[3)],
1a. im Falle des Herstellens von Betäubungsmitteln oder ausgenommener Zubereitungen, die Tierarzneimittel sind, durch den Nachweis, dass die vorgesehene verantwortliche Person die Voraussetzungen an eine sachkundige Person nach Artikel 97 Absatz 2 und 3 der Verordnung (EU) 2019/6 des Europäischen Parlaments und des Rates vom 11. Dezember 2018 über Tierarzneimittel und zur Aufhebung der Richtlinie 2001/82/EG (ABl. L 4 vom 7.1.2019, S. 43; L 163 vom 20.6.2019, S. 112; L 326 vom 8.10.2020, S. 15; L 241 vom 8.7.2021, S. 17) erfüllt,
2. im Falle des Herstellens von Betäubungsmitteln, die keine Arzneimittel oder Tierarzneimittel sind, durch das Zeugnis über eine nach abgeschlossenem wissenschaftlichem Hochschulstudium der Biologie, der Chemie, der Pharmazie, der Human- oder der Veterinärmedizin abgelegte Prüfung und durch die Bestätigung einer mindestens einjährigen praktischen Tätigkeit in der Herstellung oder Prüfung von Betäubungsmitteln,
3. im Falle des Verwendens für wissenschaftliche Zwecke durch das Zeugnis über eine nach abgeschlossenem wissenschaftlichem Hochschulstudium der Biologie, der Chemie, der Pharmazie, der Human- oder der Veterinärmedizin abgelegte Prüfung und

---

[1)] § 6 Abs. 2 geänd. durch G v. 24.6.1994 (BGBl. I S. 1416); Abs. 1 Nr. 1 geänd. mWv 23.7.2009 durch G v. 17.7.2009 (BGBl. I S. 1990); Abs. 1 Nr. 1a eingef., Nr. 2 geänd. mWv 28.1.2022 durch G v. 27.9.2021 (BGBl. I S. 4530).
[2)] Gem. G v. 28.7.1981 (BGBl. I S. 681); in der Neubekanntmachung v. 1.3.1994 (BGBl. I S. 358) stattdessen: „Herstellers"
[3)] **Sartorius ErgBd. Nr. 272.**

4. in allen anderen Fällen durch das Zeugnis über eine abgeschlossene Berufsausbildung als Kaufmann im Groß- und Außenhandel in den Fachbereichen Chemie oder Pharma und durch die Bestätigung einer mindestens einjährigen praktischen Tätigkeit im Betäubungsmittelverkehr.

(2) Das Bundesinstitut für Arzneimittel und Medizinprodukte kann im Einzelfall von den im Absatz 1 genannten Anforderungen an die Sachkenntnis abweichen, wenn die Sicherheit und Kontrolle des Betäubungsmittelverkehrs oder der Herstellung ausgenommener Zubereitungen gewährleistet sind.

§ 7[1] Antrag.

^{1}Der Antrag auf Erteilung einer Erlaubnis nach § 3 ist in doppelter Ausfertigung beim Bundesinstitut für Arzneimittel und Medizinprodukte zu stellen, das eine Ausfertigung der zuständigen obersten Landesbehörde übersendet. ^{2}Dem Antrag müssen folgende Angaben und Unterlagen beigefügt werden:

1. die Namen, Vornamen oder die Firma und die Anschriften des Antragstellers und der Verantwortlichen,
2. für die Verantwortlichen die Nachweise über die erforderliche Sachkenntnis und Erklärungen darüber, ob und auf Grund welcher Umstände sie die ihnen obliegenden Verpflichtungen ständig erfüllen können,
3. eine Beschreibung der Lage der Betriebsstätten nach Ort (gegebenenfalls Flurbezeichnung), Straße, Hausnummer, Gebäude und Gebäudeteil sowie der Bauweise des Gebäudes,
4. eine Beschreibung der vorhandenen Sicherungen gegen die Entnahme von Betäubungsmitteln durch unbefugte Personen,
5. die Art des Betäubungsmittelverkehrs (§ 3 Abs. 1),
6. die Art und die voraussichtliche Jahresmenge der herzustellenden oder benötigten Betäubungsmittel,
7. im Falle des Herstellens (§ 2 Abs. 1 Nr. 4) von Betäubungsmitteln oder ausgenommenen Zubereitungen eine kurzgefaßte Beschreibung des Herstellungsganges unter Angabe von Art und Menge der Ausgangsstoffe oder -zubereitungen, der Zwischen- und Endprodukte, auch wenn Ausgangsstoffe oder -zubereitungen, Zwischen- oder Endprodukte keine Betäubungsmittel sind; bei nicht abgeteilten Zubereitungen zusätzlich die Gewichtsvomhundertsätze, bei abgeteilten Zubereitungen die Gewichtsmengen der je abgeteilte Form enthaltenen Betäubungsmittel und
8. im Falle des Verwendens zu wissenschaftlichen oder anderen im öffentlichen Interesse liegenden Zwecken eine Erläuterung des verfolgten Zwecks unter Bezugnahme auf einschlägige wissenschaftliche Literatur.

§ 8[2] Entscheidung.

(1) ^{1}Das Bundesinstitut für Arzneimittel und Medizinprodukte soll innerhalb von drei Monaten nach Eingang des Antrages über die Erteilung der Erlaubnis entscheiden. ^{2}Es unterrichtet die zuständige oberste Landesbehörde unverzüglich über die Entscheidung.

(2) ^{1}Gibt das Bundesinstitut für Arzneimittel und Medizinprodukte dem Antragsteller Gelegenheit, Mängeln des Antrages abzuhelfen, so wird die in

(Fortsetzung nächstes Blatt)

---

[1] § 7 Satz 1 geänd. durch G v. 24.6.1994 (BGBl. I S. 1416).
[2] § 8 Abs. 1 Satz 1, Abs. 2 Satz 1, Abs. 3 Satz 1 geänd. durch G v. 24.6.1994 (BGBl. I S. 1416).

Betäubungsmittelgesetz §§ 23–24a BtMG 275

(2) Die zuständige Behörde kann Maßnahmen gemäß Absatz 1 Nr. 1 und 2 auch auf schriftlichem Wege anordnen.

§ 23 Probenahme. (1) [1] Soweit es zur Durchführung der Vorschriften über den Betäubungsmittelverkehr oder die Herstellung ausgenommener Zubereitungen erforderlich ist, sind die mit der Überwachung beauftragten Personen befugt, gegen Empfangsbescheinigung Proben nach ihrer Auswahl zum Zwecke der Untersuchung zu fordern oder zu entnehmen. [2] Soweit nicht ausdrücklich darauf verzichtet wird, ist ein Teil der Probe oder, sofern die Probe nicht oder ohne Gefährdung des Untersuchungszwecks nicht in Teile von gleicher Qualität teilbar ist, ein zweites Stück der gleichen Art wie das als Probe entnommene zurückzulassen.

(2) [1] Zurückzulassende Proben sind amtlich zu verschließen oder zu versiegeln. [2] Sie sind mit dem Datum der Probenahme und dem Datum des Tages zu versehen, nach dessen Ablauf der Verschluß oder die Versiegelung als aufgehoben gelten.

(3) Für entnommene Proben ist eine angemessene Entschädigung zu leisten, soweit nicht ausdrücklich darauf verzichtet wird.

§ 24 Duldungs- und Mitwirkungspflicht. (1) Jeder Teilnehmer am Betäubungsmittelverkehr oder jeder Hersteller ausgenommener Zubereitungen ist verpflichtet, die Maßnahmen nach den §§ 22 und 23 zu dulden und die mit der Überwachung beauftragten Personen bei der Erfüllung ihrer Aufgaben zu unterstützen, insbesondere ihnen auf Verlangen die Stellen zu bezeichnen, in denen der Betäubungsmittelverkehr oder die Herstellung ausgenommener Zubereitungen stattfindet, umfriedete Grundstücke, Gebäude, Räume, Behälter und Behältnisse zu öffnen, Auskünfte zu erteilen sowie Einsicht in Unterlagen und die Entnahme der Proben zu ermöglichen.

(2) Der zur Auskunft Verpflichtete kann die Auskunft auf solche Fragen verweigern, deren Beantwortung ihn selbst oder einen seiner in § 383 Abs. 1 Nr. 1 bis 3 der Zivilprozeßordnung[1]) bezeichneten Angehörigen der Gefahr strafgerichtlicher Verfolgung oder eines Verfahrens nach dem Gesetz über Ordnungswidrigkeiten[2]) aussetzen würde.

§ 24a[3]) Anzeige des Anbaus von Nutzhanf. [1] Der Anbau von Nutzhanf im Sinne des Buchstabens d der Ausnahmeregelung zu Cannabis (Marihuana) in Anlage I ist bis zum 1. Juli des Anbaujahres in dreifacher Ausfertigung der Bundesanstalt für Landwirtschaft und Ernährung zur Erfüllung ihrer Aufgaben nach § 19 Abs. 3 anzuzeigen. [2] Für die Anzeige ist das von der Bundesanstalt für Landwirtschaft und Ernährung herausgegebene amtliche Formblatt zu verwenden. [3] Die Anzeige muß enthalten:

1. den Namen, den Vornamen und die Anschrift des Landwirtes, bei juristischen Personen den Namen des Unternehmens der Landwirtschaft sowie des gesetzlichen Vertreters,
2. die dem Unternehmen der Landwirtschaft von der zuständigen Berufsgenossenschaft zugeteilte Mitglieds-/Katasternummer,

---

[1]) Habersack, Deutsche Gesetze Nr. 100.
[2]) Habersack, Deutsche Gesetze Nr. 94.
[3]) § 24a eingef. durch G v. 4.4.1996 (BGBl. I S. 582); Satz 1 und Satz 3 Nr. 3 geänd., Nr. 4 neu gef., Satz 6 geänd. durch G v. 23.7.2009 (BGBl. I S. 1990); Satz 3 Nr. 3 geänd. mWv 23.5.2015 durch G v. 20.5.2015 (BGBl. I S. 725); Satz 3 Nr. 3 geänd., Satz 4 eingef., bish. Sätze 4–6 werden Sätze 5–7 mWv 10.3.2017 durch G v. 6.3.2017 (BGBl. I S. 403).

3. die Sorte unter Beifügung der amtlichen Etiketten, soweit diese nicht im Rahmen der Regelungen über die Basisprämie der zuständigen Landesbehörde vorgelegt worden sind,
4. die Aussaatfläche in Hektar und Ar unter Angabe der Flächenidentifikationsnummer; ist diese nicht vorhanden, können die Katasternummer oder sonstige die Aussaatfläche kennzeichnende Angaben, die von der Bundesanstalt für Landwirtschaft und Ernährung anerkannt worden sind, wie zum Beispiel Gemarkung, Flur und Flurstück, angegeben werden.

⁴Erfolgt die Aussaat von Nutzhanf nach dem 1. Juli des Anbaujahres, sind die amtlichen Etiketten nach Satz 3 Nummer 3 bis zum 1. September des Anbaujahres vorzulegen. ⁵Die Bundesanstalt für Landwirtschaft und Ernährung übersendet eine von ihr abgezeichnete Ausfertigung der Anzeige unverzüglich dem Antragsteller. ⁶Sie hat ferner eine Ausfertigung der Anzeige den zuständigen Polizeibehörden und Staatsanwaltschaften auf deren Ersuchen zu übersenden, wenn dies zur Verfolgung von Straftaten nach diesem Gesetz erforderlich ist. ⁷Liegen der Bundesanstalt für Landwirtschaft und Ernährung Anhaltspunkte vor, daß der Anbau von Nutzhanf nicht den Voraussetzungen des Buchstabens d der Ausnahmeregelung zu Cannabis (Marihuana) in Anlage I entspricht, teilt sie dies der örtlich zuständigen Staatsanwaltschaft mit.

§ 25[1]) *(aufgehoben)*

Fünfter Abschnitt. Vorschriften für Behörden

§ 26[2]) Bundeswehr, Bundespolizei, Bereitschaftspolizei und Zivilschutz.

(1) Dieses Gesetz findet mit Ausnahme der Vorschriften über die Erlaubnis nach § 3 auf Einrichtungen, die der Betäubungsmittelversorgung der Bundeswehr und der Bundespolizei dienen, sowie auf die Bevorratung mit in Anlage II oder III bezeichneten Betäubungsmitteln für den Zivilschutz entsprechende Anwendung.

(2) ¹In den Bereichen der Bundeswehr und der Bundespolizei obliegt der Vollzug dieses Gesetzes und die Überwachung des Betäubungsmittelverkehrs den jeweils zuständigen Stellen und Sachverständigen der Bundeswehr und der Bundespolizei. ²Im Bereich des Zivilschutzes obliegt der Vollzug dieses Gesetzes den für die Sanitätsmaterialbevorratung zuständigen Bundes- und Landesbehörden.

(3) Das Bundesministerium der Verteidigung kann für seinen Geschäftsbereich im Einvernehmen mit dem Bundesministerium in Einzelfällen Ausnahmen von diesem Gesetz und den auf Grund dieses Gesetzes erlassenen Rechtsverordnungen

(Fortsetzung nächstes Blatt)

---

[1]) § 25 aufgeh. mWv 1.10.2021 durch G v. 18.7.2016 (BGBl. I S. 1666).
[2]) § 26 Abs. 3 geänd. mWv 28.11.2003 durch VO v. 25.11.2003 (BGBl. I S. 2304); Überschrift, Abs. 1, Abs. 2 Satz 1 geänd. mWv 1.7.2005 durch G v. 21.6.2005 (BGBl. I S. 1818).

BAföG 420

420. Bundesgesetz über individuelle Förderung der Ausbildung (Bundesausbildungsförderungsgesetz – BAföG)[1) 2) 3)]

In der Fassung der Bekanntmachung vom 7. Dezember 2010[4)]
(BGBl. I S. 1952, ber. BGBl. 2012 I S. 197)

FNA 2212-2

geänd. durch Art. 11 Abs. 3 G zur Umsetzung aufenthaltsrechtlicher Richtlinien der EU und zur Anpassung nationaler Rechtsvorschriften an den EU-Visakodex v. 22.11.2011 (BGBl. I S. 2258), Art. 1 24. ÄndG v. 6.12.2011 (BGBl. I S. 2569), Art. 19 BeitreibungsRL-UmsetzungsG v. 7.12.2011 (BGBl. I S. 2592), Art. 31 G zur Verbesserung der Eingliederungschancen am Arbeitsmarkt v. 20.12.2011 (BGBl. I S. 2854), Art. 5 G zur Verbesserung der Rechte von international Schutzberechtigten und ausländischen Arbeitnehmern v. 29.8.2013 (BGBl. I S. 3484, ber. S. 3899), Art. 1 25. ÄndG v. 23.12.2014 (BGBl. I S. 2475, geänd. durch G v. 21.12.2015, BGBl. I S. 2557), Art. 6 G zur Neubestimmung des Bleiberechts und der Aufenthaltsbeendigung v. 27.7.2015 (BGBl. I S. 1386), Art. 71 G zum Abbau verzichtbarer Anordnungen der Schriftform im Verwaltungsrecht des Bundes v. 29.3.2017 (BGBl. I S. 626), Art. 2

[1)] Die Änderungen durch G v. 8.4.2019 (BGBl. I S. 418) treten gem. Art. 4 dieses G an dem Tag in Kraft, an dem der Austritt des Vereinigten Königreichs Großbritannien und Nordirland aus der Europäischen Union wirksam wird, sofern bis zu diesem Zeitpunkt kein Austrittsabkommen im Sinne von Artikel 50 Absatz 2 Satz 2 des Vertrags über die Europäische Union in Kraft getreten ist. Der Tag des Inkrafttretens wird vom Bundesministerium für Arbeit und Soziales im Bundesgesetzblatt bekannt gegeben; sie sind im Text noch nicht berücksichtigt.
[2)] Die Änderungen durch G v. 12.12.2019 (BGBl. I S. 2652, geänd. durch G v. 20.8.2021, BGBl. 2021 I S. 3932) treten erst **mWv 1.1.2024**, die Änderungen durch G v. 20.8.2021 (BGBl. I S. 3932) treten erst **mWv 1.1.2024** bzw. **mWv 1.1.2025** in Kraft und sind im Text noch nicht berücksichtigt.
[3)] Zum BAföG haben die Länder ua folgende Vorschriften erlassen:
– **Baden-Württemberg:** AGBAföG idF der Bek. v. 15.5.1985 (GBl. S. 177), zuletzt geänd. durch VO v. 23.2.2017 (GBl. S. 99),
– **Bayern:** BayAGBAföG v. 27.6.1980 (BayRS IV S. 242), zuletzt geänd. durch V v. 26.3.2019 (GVBl. S. 98),
– **Berlin:** DVO-BAföG v. 28.9.1971 (GVBl. S. 1818), zuletzt geänd. durch G v. 25.2.2016 (GVBl. S. 58),
– **Brandenburg:** BAföGZV v. 30.1.1996 (GVBl. II S. 79), zuletzt geänd. durch VO v. 16.3.2004 (GVBl II S. 147),
– **Bremen:** Regelung der Zuständigkeiten nach dem BAföG v. 19.6.1973 (Brem.ABl. S. 347), zuletzt geänd. durch Bek. v. 2.8.2016 (Brem.GBl. S. 434),
– **Hessen:** BAföG-HAG v. 23.5.1973 (GVBl. S. 173), zuletzt geänd. durch G v. 13.12.2012 (GVBl. S. 622),
– **Mecklenburg-Vorpommern:** AGBAföG v. 15.12.1993 (GVOBl. M-V 1994 S. 15), zuletzt geänd. durch G v. 13.12.2013 (GVOBl. M-V S. 699),
– **Niedersachsen:** VO über die Ämter für Ausbildungsförderung bei den Hochschulen v. 9.8.2011 (Nds. GVBl. S. 277), zuletzt geänd. durch VO v. 23.1.2020 (Nds. GVBl. S. 25),
– **Nordrhein-Westfalen:** AG BAföG NRW v. 30.1.1973 (GV. NRW. S. 57), zuletzt geänd. durch G v. 23.1.2018 (GV. NRW. S. 90),
– **Rheinland-Pfalz:** AGBAföG v. 21.12.1978 (GVBl. S. 759), zuletzt geänd. durch G v. 15.10.2020 (GVBl. S. 573),
– **Saarland:** BAföG-AusführungsG v. 31.3.2004 (Amtsbl. S. 786), geänd. durch G v. 16.6.2021 (Amtsbl. I S. 1762),
– **Sachsen:** SächsAG-BAföG v. 7.1.1993 (SächsGVBl. S. 16), zuletzt geänd. durch G v. 27.1.2012 (SächsGVBl. S. 130),
– **Sachsen-Anhalt:** AGBAföG idF der Bek. v. 24.4.2007 (GVBl. LSA S. 150), zuletzt geänd. durch G v. 17.2.2017 (GVBl. LSA S. 14),
– **Schleswig-Holstein:** BAföGZustVO v. 22.12.1975 (GVOBl. Schl.-H. S. 340), zuletzt geänd. durch VO v. 16.1.2019 (GVOBl. Schl.-H. S. 30),
– **Thüringen:** ThürAGBAföG idF der Bek. v. 29.5.2002 (GVBl. S. 201), zuletzt geänd. durch G v. 2.7.2016 (GVBl. S. 226).
[4)] Neubekanntmachung des BAföG idF der Bek. v. 6.6.1983 (BGBl. I S. 645, ber. S. 1680) in der ab 28.10.2010 geltenden Fassung.

FamiliennachzugsneuregelungsG v. 12.7.2018 (BGBl. I S. 1147), Art. 2 G zu Übergangsregelungen in den Bereichen Arbeit, Bildung, Gesundheit, Soziales und Staatsangehörigkeit nach dem Austritt des Vereinigten Königreichs Großbritannien und Nordirland aus der EU v. 8.4.2019 (BGBl. I S. 418), Art. 1, 2 und 3 26. G zur Änd. des BundesausbildungsförderungsG v. 8.7.2019 (BGBl. I S. 1048), Art. 51 G zur Regelung des Sozialen Entschädigungsrechts v. 12.12.2019 (BGBl. I S. 2652, geänd. durch G v. 20.8. 2021, BGBl. 2021 I S. 3932), Art. 13 MDK-Reformgesetz v. 14.12.2019 (BGBl. I S. 2789), Art. 5 COVID-19-Krankenhausentlastungs G v. 27.3.2020 (BGBl. I S. 580), Art. 2 Wissenschafts- und Studierendenunterstützungs G v. 25.5.2020 (BGBl. I S. 1073), Art. 4 G zur aktuellen Anpassung des Freizügigkeits G/EU und weiterer Vorschriften an das Unionsrecht v. 12.11.2020 (BGBl. I S. 2416), Art. 82 G über die Entschädigung der Soldatinnen und Soldaten und zur Neuordnung des Soldatenversorgungsrechts v. 20.8.2021 (BGBl. I S. 3932) und Art. 15 G zur Änd. des Infektionsschutz G und weiterer Gesetze anlässlich der Aufhebung der Feststellung der epidemischen Lage von nationaler Tragweite v. 22.11.2021 (BGBl. I S. 4906)

§ 1 Grundsatz. Auf individuelle Ausbildungsförderung besteht für eine der Neigung, Eignung und Leistung entsprechende Ausbildung ein Rechtsanspruch nach Maßgabe dieses Gesetzes, wenn dem Auszubildenden die für seinen Lebensunterhalt und seine Ausbildung erforderlichen Mittel anderweitig nicht zur Verfügung stehen.

Abschnitt I. Förderungsfähige Ausbildung

§ 2[1]**) Ausbildungsstätten.** (1) ¹ Ausbildungsförderung wird geleistet für den Besuch von

1. weiterführenden allgemeinbildenden Schulen und Berufsfachschulen, einschließlich der Klassen aller Formen der beruflichen Grundbildung, ab Klasse 10 sowie von Fach- und Fachoberschulklassen, deren Besuch eine abgeschlossene Berufsausbildung nicht voraussetzt, wenn der Auszubildende die Voraussetzungen des Absatzes 1a erfüllt,
2. Berufsfachschulklassen und Fachschulklassen, deren Besuch eine abgeschlossene Berufsausbildung nicht voraussetzt, sofern sie in einem zumindest zweijährigen Bildungsgang einen berufsqualifizierenden Abschluss vermitteln,
3. Fach- und Fachoberschulklassen, deren Besuch eine abgeschlossene Berufsausbildung voraussetzt,
4. Abendhauptschulen, Berufsaufbauschulen, Abendrealschulen, Abendgymnasien und Kollegs,
5. Höheren Fachschulen sowie von Akademien, die Abschlüsse verleihen, die nicht nach Landesrecht Hochschulabschlüssen gleichgestellt sind,

(Fortsetzung nächstes Blatt)

---

[1]) § 2 Abs. 1a Satz 2 und Abs. 3 einl. Satzteil geänd. mWv 1.1.2015 durch G v. 23.12.2014 (BGBl. I S. 2475); Abs. 1 Satz 1 Nr. 5 neu gef., Nr. 6 und Abs. 2 Satz 1 geänd. mWv 16.7.2019 durch G v. 8.7.2019 (BGBl. I S. 1048).

1. entgegen § 60 Absatz 1 des Ersten Buches Sozialgesetzbuch[1], jeweils auch in Verbindung mit § 47 Absatz 4, eine Angabe oder eine Änderungsmitteilung nicht, nicht richtig, nicht vollständig oder nicht rechtzeitig macht oder eine Beweisurkunde nicht, nicht richtig, nicht vollständig oder nicht rechtzeitig vorlegt;
2. entgegen § 47 Absatz 2 oder 5 Nummer 1 eine Auskunft nicht, nicht richtig, nicht vollständig oder nicht rechtzeitig erteilt oder eine Urkunde nicht oder nicht rechtzeitig vorlegt oder nicht oder nicht rechtzeitig ausstellt;
2a. entgegen § 47 Absatz 3 das Amt für Ausbildungsförderung nicht oder nicht rechtzeitig unterrichtet oder
3. einer Rechtsverordnung nach § 18 Absatz 14 Nummer 2 zuwiderhandelt, soweit sie für einen bestimmten Tatbestand auf diese Bußgeldvorschrift verweist.

(2) Die Ordnungswidrigkeit kann mit einer Geldbuße bis zu 2 500 Euro geahndet werden.

(3) Verwaltungsbehörde im Sinne des § 36 Absatz 1 Nummer 1 des Gesetzes über Ordnungswidrigkeiten[2]) ist in den Fällen des Absatzes 1 Nummer 1, 2 und 2a das Amt für Ausbildungsförderung, in den Fällen des Absatzes 1 Nummer 3 das Bundesverwaltungsamt.

§ 59 (weggefallen)

§ 60[3]) Opfer politischer Verfolgung durch SED-Unrecht.
Verfolgten nach § 1 des Beruflichen Rehabilitierungsgesetzes[4]) oder verfolgten Schülern nach § 3 des Beruflichen Rehabilitierungsgesetzes wird für Ausbildungsabschnitte, die vor dem 1. Januar 2003 beginnen,

1. Ausbildungsförderung ohne Anwendung der Altersgrenze des § 10 Absatz 3 Satz 1 geleistet, sofern sie eine Bescheinigung nach § 17 oder § 18 des Beruflichen Rehabilitierungsgesetzes erhalten haben; § 10 Absatz 3 Satz 2 Nummer 3 bleibt unberührt,
2. auf Antrag der nach dem 31. Dezember 1990 nach § 17 Absatz 2 geleistete Darlehensbetrag erlassen, sofern in der Bescheinigung nach § 17 des Beruflichen Rehabilitierungsgesetzes eine Verfolgungszeit oder verfolgungsbedingte Unterbrechung der Ausbildung vor dem 3. Oktober 1990 von insgesamt mehr als drei Jahren festgestellt wird; der Antrag ist innerhalb eines Monats nach Bekanntgabe des Bescheides nach § 18 Absatz 9 zu stellen,
3. auf Antrag der nach dem 31. Juli 1996 nach § 17 Absatz 3 in der am 31. Juli 2019 geltenden Fassung geleistete Darlehensbetrag unter den Voraussetzungen der Nummer 2 erlassen; der Antrag ist innerhalb eines Monats nach Erhalt der Mitteilung nach § 18c Absatz 8 an die Kreditanstalt für Wiederaufbau zu richten.

§§ 61 bis 64 (weggefallen)

---

[1]) Sartorius ErgBd. Nr. 401.
[2]) Habersack, Deutsche Gesetze Nr. 94.
[3]) § 60 einl. Satzteil, Nr. 2 und 3 geänd. mWv 16.7.2019 durch G v. 8.7.2019 (BGBl. I S. 1048).
[4]) Aichberger, SGB Nr. 6/23.

§ 65 Weitergeltende Vorschriften. (1) Die Vorschriften über die Leistung individueller Förderung der Ausbildung nach
1. dem Bundesversorgungsgesetz[1],
2. den Gesetzen, die das Bundesversorgungsgesetz für anwendbar erklären,
3. (weggefallen)
4. dem Bundesentschädigungsgesetz[2] sowie
5. dem Häftlingshilfegesetz[3] in der Fassung der Bekanntmachung vom 2. Juni 1993 (BGBl. I S. 838), zuletzt geändert durch Artikel 4 des Gesetzes vom 17. Dezember 1999 (BGBl. I S. 2662)

werden durch dieses Gesetz nicht berührt.

(2) Die in Absatz 1 bezeichneten Vorschriften haben Vorrang vor diesem Gesetz.

§ 66 (weggefallen)

§ 66a[4] **Übergangs- und Anwendungsvorschrift; Verordnungsermächtigung.** (1) [1]Für Auszubildende, denen bis zum 31. Juli 2016 nach zuvor bereits erworbenem Hochschulabschluss die Leistung von Ausbildungsförderung nach § 7 Absatz 1 bewilligt wurde, ist diese Vorschrift bis zum Ende des Ausbildungsabschnitts in der bis zum 31. Juli 2016 geltenden Fassung weiter anzuwenden. [2]Für Auszubildende, deren Bewilligungszeitraum vor dem 1. August 2016 begonnen hat, ist § 45 Absatz 2 Satz 2 Nummer 6 bis zum Ende des Ausbildungsabschnitts in der bis zum 31. Juli 2016 geltenden Fassung weiter anzuwenden.

(2) Die §§ 2, 7, 10, 11, 12, 13, 13a, 14b, 15, 17 Absatz 3, die §§ 18c, 21, 23, 25, 41, 47a, 50, 56 und 60 Nummer 3 in der durch Artikel 1 des Gesetzes vom 8. Juli 2019 (BGBl. I S. 1048) geänderten Fassung sind erst ab dem 1. August 2019 anzuwenden, soweit nachstehend nichts anderes bestimmt ist.

(3) § 17 Absatz 2, die §§ 18, 18a, 18b, 18d, 58 und 60 Nummer 2 in der durch Artikel 1 des Gesetzes vom 8. Juli 2019 (BGBl. I S. 1048) geänderten Fassung sind erst ab dem 1. September 2019 anzuwenden, soweit nachstehend nichts anderes bestimmt ist.

(4) [1]Für Bewilligungszeiträume, die vor dem 1. August 2019 begonnen haben, sind die §§ 11, 12, 13, 13a, 14b, 17 Absatz 3, die §§ 18c, 21, 23, 25, 41, 47a, 50, 56 und 60 Nummer 3 in der bis zum 31. Juli 2019 anzuwendenden Fassung vorbehaltlich des Satzes 2 weiter anzuwenden. [2]Ab dem 1. Oktober 2019 sind die §§ 12, 13, 13a, 14b, 21, 23 und 25 in der ab dem 1. August 2019 anzuwendenden Fassung auch für Bewilligungszeiträume anzuwenden, die vor dem 1. August 2019 begonnen haben. [3]Bei der Rückzahlung der Darlehen ist für die Einkommensfreistellung nach § 18a die Regelung des § 21 in der ab dem 1. August 2019 geltenden Fassung abweichend von Satz 1 bereits ab dem 1. September 2019 anzuwenden.

---

[1] **Aichberger, SGB Nr. 20/10.**
[2] G v. 29.6.1956 (BGBl. I S. 559), zuletzt geänd. durch G v. 28.6.2021 (BGBl. I S. 2250), **Sartorius III Nr. 981.**
[3] G idF der Bek. v. 2.6.1993 (BGBl. I S. 838), zuletzt geänd. durch G v. 12.12.2019 (BGBl. I S. 2652), **Sartorius III Nr. 965.**
[4] § 66a neu gef. mWv 16.7.2019, Abs. 9 angef. mWv 1.8.2020 und Abs. 10 angef. mWv 1.8.2021 durch G v. 8.7.2019 (BGBl. I S. 1048); Abs. 8a neuef. durch G v. 25.5.2020 (BGBl. I S. 1073); Überschr. und Abs. 8a neu gef., Abs. 8b eingef. mWv 24.11.2021 durch G v. 22.11.2021 (BGBl. I S. 4906).

(5) ¹Für Auszubildende, denen für einen vor dem 1. August 2019 begonnenen Ausbildungsabschnitt Förderung geleistet wurde für den Besuch einer staatlichen Akademie, welche Abschlüsse verleiht, die nach Landesrecht Hochschulabschlüssen gleichgestellt sind, sind bis zum Ende dieses Ausbildungsabschnitts § 15 Absatz 2 Satz 1 und § 50 Absatz 2 Satz 4 in der am 31. Juli 2019 geltenden Fassung weiter anzuwenden. ²§ 18 Absatz 4 Satz 1 in der ab dem 1. September 2019 geltenden Fassung gilt für sie mit der Maßgabe, dass ausschließlich die Nummer 2 anzuwenden ist.

(6) Für Darlehensnehmende, denen vor dem 1. September 2019 Förderung nach § 17 Absatz 2 Satz 1 in der am 31. August 2019 anzuwendenden Fassung geleistet wurde, sind diese Regelung, § 18 mit Ausnahme des Absatzes 3 Satz 1 und des Absatzes 5c sowie § 18a Absatz 5, die §§ 18b, 58 Absatz 1 Nummer 3 und § 60 Nummer 2 in der am 31. August 2019 geltenden Fassung weiter anzuwenden; dies gilt auch, soweit die Förderungsleistungen jeweils auch noch über den 31. August 2019 hinaus erbracht werden.

(7) ¹Darlehensnehmende, denen Förderung mit Darlehen nach § 17 in einer vor dem 1. September 2019 geltenden Fassung geleistet wurde, mit Ausnahme von Bankdarlehen nach § 18c, können binnen einer Frist von sechs Monaten nach diesem Datum jeweils durch schriftliche oder elektronische Erklärung gegenüber dem Bundesverwaltungsamt verlangen, dass für die Rückzahlung des gesamten Darlehens § 18 Absatz 12 und § 18a in der am 1. September 2019 anzuwendenden Fassung anzuwenden sind. ²Für Darlehensnehmende, die den dort genannten Rückzahlungszeitraum von 20 Jahren überschritten haben, gilt Satz 1 mit der Maßgabe, dass für den Erlass nach § 18 Absatz 12 Satz 1 in der ab dem 1. September 2019 anzuwendenden Fassung die Voraussetzungen für den gesamten Zeitraum vor Äußerung des Verlangens vorgelegen haben müssen.

(8) Abweichend von § 18 Absatz 3 Satz 1 und § 18c Absatz 6 und 7 beträgt die Rate bis zum 31. März 2020 105 Euro.

(8a) § 21 Absatz 4 Nummer 5 ist ab dem 1. April 2022 nicht mehr anzuwenden.

(8b) Die Bundesregierung wird ermächtigt, die Anwendung des § 21 Absatz 4 Nummer 5 durch Rechtsverordnung ohne Zustimmung des Bundesrates längstens bis zum Ablauf des 31. Dezember 2022 zu verlängern, soweit dies auf Grund fortbestehender Auswirkungen der COVID-19-Pandemie in der Bundesrepublik Deutschland erforderlich ist.

(9) ¹Für Bewilligungszeiträume, die vor dem 1. August 2020 begonnen haben, sind die §§ 12, 13, 14b Absatz 1 Satz 1, die §§ 23, 25 und 29 in der bis zum 31. Juli 2020 anzuwendenden Fassung vorbehaltlich des Satzes 2 weiter anzuwenden. ²Ab dem 1. Oktober 2020 sind die in Satz 1 genannten Regelungen in der ab dem 1. August 2020 anzuwendenden Fassung auch für Bewilligungszeiträume anzuwenden, die vor dem 1. August 2020 begonnen haben.

(10) ¹Für Bewilligungszeiträume, die vor dem 1. August 2021 begonnen haben, sind die §§ 23 und 25 in der bis zum 31. Juli 2021 anzuwendenden Fassung weiter anzuwenden. ²Ab dem 1. Oktober 2021 sind die in Satz 1 genannten Regelungen in der ab dem 1. August 2021 anzuwendenden Fassung auch für Bewilligungszeiträume anzuwenden, die vor dem 1. August 2021 begonnen haben.

§ 66b[1]) **Übergangsvorschrift aus Anlass des Endes des Übergangszeitraums nach dem Abkommen über den Austritt des Vereinigten Königreichs Großbritannien und Nordirland aus der Europäischen Union und der Europäischen Atomgemeinschaft.** Auszubildenden, die bis zum Ende des Übergangszeitraums nach Teil Vier des Abkommens über den Austritt des Vereinigten Königreichs Großbritannien und Nordirland aus der Europäischen Union und der Europäischen Atomgemeinschaft vom 24. Januar 2020 (ABl. L 29 vom 31.1.2020, S. 7) einen Ausbildungsabschnitt an einer Ausbildungsstätte im Vereinigten Königreich Großbritannien und Nordirland beginnen oder fortsetzen, wird Ausbildungsförderung nach § 5 Absatz 2 Satz 1 Nummer 3 noch bis zum Abschluss oder Abbruch dieses Ausbildungsabschnitts an einer dortigen Ausbildungsstätte nach Maßgabe der im Übrigen unverändert geltenden sonstigen Förderungsvoraussetzungen dieses Gesetzes gewährt.

§ 67 (weggefallen)

§ 68 (Inkrafttreten)

---

[1]) § 66b eingef. mWv 24.11.2020 durch G v. 12.11.2020 (BGBl. I S. 2416).

4. beim Ausbildungsverhältnis:
Ausbildungsberuf einschließlich Fachrichtung, ausbildungsintegrierendes duales Studium, Tag, Monat und Jahr des Abschlusses des Ausbildungsvertrages, Ausbildungsdauer, Tag, Monat und Jahr des vertraglich vereinbarten Beginns und Endes der Berufsausbildung, Tag, Monat und Jahr einer vorzeitigen Auflösung des Ausbildungsverhältnisses, Dauer der Probezeit, Verkürzung der Ausbildungsdauer, Teilzeitberufsausbildung, die bei Vertragsabschluss vereinbarte Vergütung für jedes Ausbildungsjahr, Art der Förderung bei überwiegend öffentlich, insbesondere auf Grund des Dritten Buches Sozialgesetzbuch[1]) geförderten Berufsausbildungsverhältnissen, Anschrift und Amtlicher Gemeindeschlüssel der Ausbildungsstätte, Wirtschaftszweig, Betriebsnummer der Ausbildungsstätte nach § 18i Absatz 1 oder § 18k Absatz 1 des Vierten Buches Sozialgesetzbuch[2]), Zugehörigkeit zum öffentlichen Dienst.

IV. In das Verzeichnis der Unternehmer nach § 90 Abs. 3 und 4 der Handwerksordnung werden die Personen nach § 90 Abs. 3 und 4 der Handwerksordnung mit den nach Abschnitt I Nr. 1 Buchstabe a und c geforderten Angaben für natürliche Personen sowie der Zeitpunkt der Gewerbeanmeldung eingetragen.

V. Über Personen, die von der Handwerkskammer als Sachverständige nach § 91 Absatz 1 Nummer 8 der Handwerksordnung öffentlich bestellt und vereidigt sind, sind folgende Daten zu verarbeiten, um sie insbesondere zum Zweck der Bekanntmachung und Vermittlung an Dritte zu nutzen:

a) Name, Geburtsname, Vorname, Geschlecht, Geburtsdatum, Wohnanschrift und elektronische Kontaktdaten – beispielsweise E-Mail-Adresse, Internetpräsenz, Telefaxnummer oder Festnetz- oder Mobilfunktelefonnummer;

b) das Handwerk oder die Handwerke sowie das handwerksähnliche Gewerbe oder die handwerksähnlichen Gewerbe, für die eine öffentliche Bestellung und Vereidigung zum Sachverständigen besteht;

c) die Stelle, die den Sachverständigen hinsichtlich seiner besonderen Sachkunde überprüft hat, sowie Art, Ort und Zeitpunkt der Sachkundeprüfung;

d) der Zeitpunkt der Bestellung.

[Nichtamtliche Zusammenstellung der zu den §§ 25, 45 und 51a erlassenen Ausbildungs- bzw. Meisterprüfungsverordnungen]

A. Auf Grund von § 25 erlassene Ausbildungsordnungen (alphabetisch nach Berufen geordnet)

– Augenoptiker v. 26.4.2011 (BGBl. I S. 698)
– Bäcker v. 21.4.2004 (BGBl. I S. 632), geänd. durch VO v. 8.2.2016 (BGBl. I S. 179)
– Bauwirtschaft v. 2.6.1999 (BGBl. I S. 1102), zuletzt geänd. durch VO v. 20.2.2009 (BGBl. I S. 399)
– Behälter- und Apparatebauer v. 2.1.2018 (BGBl. I S. 73)
– Böttcher v. 5.5.2010 (BGBl. I S. 601)
  Bogenmacher v. 16.7.2015 (BGBl. I S. 1280)
– Bootsbauer v. 8.6.2011 (BGBl. I S. 1058)
– Büchsenmacher v. 26.5.2010 (BGBl. I S. 677)
– Buchbinder v. 20.5.2011 (BGBl. I S. 966)
– Bürsten- und Pinselmacher v. 8.6.2017 (BGBl. I S. 1559)
– Chirurgiemechaniker v. 23.3.1989 (BGBl. I S. 572)
– Dachdecker v. 28.4.2016 (BGBl. I S. 994)
– Drechsler (Elfenbeinschnitzer) v. 7.12.1987 (BGBl. I S. 2521)
– Drucker v. 7.4.2011 (BGBl. I S. 570)
– Edelsteinschleifer v. 17.5.2018 (BGBl. I S. 636)
– Elektroniker v. 30.3.2021 (BGBl. I S. 662, 699)
– Elektromaschinenbauer v. 30.3.2021 (BGBl. I S. 662)
– Fahrzeugbaumechaniker v. 10.6.2014 (BGBl. I S. 714)

---

[1]) Gewerberecht Nr. 790.
[2]) Aichberger, SGB Nr. 4.

- Feinwerkmechaniker v. 7.7.2010 (BGBl. I S. 888)
- Flechtwerkgestalter v. 31.3.2006 (BGBl. I S. 595)
- Fleischer v. 23.3.2005 (BGBl. I S. 898), geänd. durch VO v. 30.12.2016 (BGBl. 2017 I S. 37)
- Fotograf v. 12.5.2009 (BGBl. I S. 1051)
- Friseur v. 21.5.2008 (BGBl. I S. 856), geänd. durch VO v. 30.4.2021 (BGBl. I S. 861)
- Gebäudereiniger v. 28.6.2019 (BGBl. I S. 892)
- Gebäudesystemintegrator v. 30.3.2021 (BGBl. I S. 662, 687)
- Geigenbauer v. 16.7.2015 (BGBl. I S. 1289)
- Gerüstbauer v. 26.5.2000 (BGBl. I S. 778)
- Glasapparatebauer v. 21.12.1983 (BGBl. I S. 1645)
- Glaser v. 5.7.2001 (BGBl. I S. 1551)
- Glasveredler v. 27.4.2004 (BGBl. I S. 661)
- Goldschmied v. 2.4.1992 (BGBl. I S. 756)
- Graveur v. 3.6.2016 (BGBl. I S. 1298)
- Handzuginstrumentenmacher v. 27.1.1997 (BGBl. I S. 100)
- Hörgeräteakustiker v. 28.4.2016 (BGBl. I S. 1012), geänd. durch VO v. 5.9.2016 (BGBl. I S. 2139)
- Holzbildhauer v. 27.1.1997 (BGBl. I S. 93)
- Holzblasinstrumentenmacher v. 27.1.1997 (BGBl. I S. 109)
- Keramiker v. 27.5.2009 (BGBl. I S. 1177), geänd. durch VO v. 15.11.2010 (BGBl. I S. 1540, ber. S. 363)
- Kerzenhersteller- und Wachsbildner v. 16.7.2015 (BGBl. I S. 1308)
- Klavier- und Cembalobauer idF der Bek. v. 29.12.2017 (BGBl. 2018 I S. 58)
- Klempner v. 21.6.2013 (BGBl. I S. 1614)
- Konditor v. 3.6.2003 (BGBl. I S. 790)
- Kürschner v. 13.2.1997 (BGBl. I S. 239)
- Land- und Baumaschinenmechatroniker v. 25.7.2008 (BGBl. I S. 1545), geänd. durch VO v. 19.6.2014 (BGBl. I S. 811)
- Lederherstellung und Gerbereitechnik v. 2.7.2015 (BGBl. I S. 1148)
- Maler und Lackierer v. 29.6.2021 (BGBl. I S. 2300)
- Maßschneider v. 15.4.2004 (BGBl. I S. 571), geänd. durch VO v. 9.5.2005 (BGBl. I S. 1292)
- Maßschuhmacher v. 17.5.2018 (BGBl. I S. 622)
- Mechaniker für Reifen- und Vulkanisationstechnik v. 12.5.2004 (BGBl. I S. 908)
- Mediengestalter Digital und Print v. 26.4.2013 (BGBl. I S. 1173), geänd. durch VO v. 5.2.2016 (BGBl. I S. 175)
- Metallbauer v. 25.7.2008 (BGBl. I S. 1468)
- Metallbildner v. 6.6.2016 (BGBl. I S. 1335)
- Metall- und Glockengießer v. 15.5.1998 (BGBl. I S. 996)
- Modellbauer v. 27.5.2009 (BGBl. I S. 1187, ber. S. 2888)
- Modist v. 15.4.2004 (BGBl. I S. 580)
- Ofen- und Luftheizungsbauer v. 6.4.2006 (BGBl. I S. 818)
- Orgel- und Harmoniumbauer v. 11.2.2019 (BGBl. I S. 92)
- Orthopädietechnik-Mechaniker v. 15.5.2013 (BGBl. I S. 1358)
- Orthopädieschuhmacher v. 16.7.2015 (BGBl. I S. 1298)
- Parkettleger v. 17.6.2002 (BGBl. I S. 1852)
- Präzisionswerkzeugmechaniker idF der Bek. v. 18.7.2018 (BGBl. I S. 1189)
- Raumausstatter v. 18.5.2004 (BGBl. I S. 980), zuletzt geänd. durch VO v. 9.5.2005 (BGBl. I S. 1285)
- Rollladen- und Sonnenschutzmechatroniker v. 3.5.2016 (BGBl. I S. 1123)
- Sanitär-, Heizungs- und Klimatechnikanlagenmechaniker v. 28.4.2016 (BGBl. I S. 1025)
- Sattler v. 23.3.2005 (BGBl. I S. 913), geänd. durch VO v. 14.2.2011 (BGBl. I S. 263)
- Schilder- und Lichtreklamehersteller v. 26.3.2012 (BGBl. I S. 494)

Handwerksordnung **Anh. HandwO 815**

- Schornsteinfeger v. 20.6.2012 (BGBl. I S. 1430)
- Segelmacher v. 5.5.2010 (BGBl. I S. 564)
- Seiler v. 22.5.2008 (BGBl. I S. 947)
- Siebdrucker v. 7.4.2011 (BGBl. I S. 590)
- Silberschmied v. 2.4.1992 (BGBl. I S. 770)
- Speiseeisfachkraft v. 5.6.2014 (BGBl. I S. 702), geänd. durch VO v. 26.2.2015 (BGBl. I S. 180)
- Steinmetz- und Steinbildhauer v. 13.4.2018 (BGBl. I S. 447)
- Textilgestalter v. 17.6.2011 (BGBl. I S. 1178), geänd. durch VO v. 25.7.2011 (BGBl. I S. 1527)
- Textilreiniger v. 17.6.2002 (BGBl. I S. 1923)
- Thermometermacher v. 27.5.1986 (BGBl. I S. 834)
- Tischler v. 25.1.2006 (BGBl. I S. 245)
- Uhrmacher v. 2.7.2001 (BGBl. I S. 1476, ber. S. 3230)
- Vergolder v. 26.5.1997 (BGBl. I S. 1241)
- Weintechnologe v. 15.5.2013 (BGBl. I S. 1369), geänd. durch VO v. 27.1.2014 (BGBl. I S. 90)
- Werksteinhersteller v. 13.7.2015 (BGBl. I S. 1168), zuletzt geänd. durch VO v. 30.3.2017 (BGBl. I S. 682)
- Zahntechniker v. 11.12.1997 (BGBl. I S. 3182)
- Zupfinstrumentenmacher v. 30.6.2014 (BGBl. I S. 875), geänd. durch VO v. 1.7.2015 (BGBl. I S. 1087)
- Zweiradmechatroniker v. 13.6.2014 (BGBl. I S. 731)

B. Auf Grund von § 45 erlassene Verordnungen über das Berufsbild und die Anforderungen in der Meisterprüfung
(alphabetisch nach Berufen geordnet)
- Augenoptiker v. 29.8.2005 (BGBl. I S. 2610), zuletzt geänd. durch VO v. 18.1.2022 (BGBl. I S. 39)
- Bäcker v. 28.2.1997 (BGBl. I S. 393), geänd. durch VO v. 18.1.2022 (BGBl. I S. 39)
- Betonstein- und Terrazzohersteller v. 16.2.2021 (BGBl. I S. 250), geänd. durch VO v. 18.1.2022 (BGBl. I S. 39)
- Bogenmacher v. 26.1.1998 (BGBl. I S. 221), geänd. durch VO v. 18.1.2022 (BGBl. I S. 39)
- Bootsbauer v. 26.4.2016 (BGBl. I S. 974), geänd. durch VO v. 18.1.2022 (BGBl. I S. 39)
- Brauer und Mälzer v. 15.8.1996 (BGBl. I S. 1329), geänd. durch VO v. 18.1.2022 (BGBl. I S. 39)
- Brunnenbauer v. 14.10.2005 (BGBl. I S. 3024), zuletzt geänd. durch VO v. 18.1.2022 (BGBl. I S. 39)
- Büchsenmacher v. 1.10.1981 (BGBl. I S. 1117), geänd. durch VO v. 18.1.2022 (BGBl. I S. 39)
- Bürsten- und Pinselmacher v. 17.11.2020 (BGBl. I S. 2443), geänd. durch VO v. 18.1.2022 (BGBl. I S. 39)
- Chirurgiemechaniker v. 27.7.2006 (BGBl. I S. 1731), zuletzt geänd. durch VO v. 18.1.2022 (BGBl. I S. 39)
- Dachdecker v. 23.5.2006 (BGBl. I S. 1263), zuletzt geänd. durch VO v. 18.1.2022 (BGBl. I S. 39)
- Drechsler (Elfenbeinschnitzer und Holzspielzeugmacher) v. 5.11.2001 (BGBl. I S. 2985), zuletzt geänd. durch VO v. 18.1.2022 (BGBl. I S. 39)
- Drucker (Buchdrucker) v. 16.8.1984 (BGBl. I S. 1148), geänd. durch VO v. 18.1.2022 (BGBl. I S. 39)
- Edelsteinschleiferausbildungsverordnung v. 17.5.2018 (BGBl. I S. 636)
- Elektromaschinenbauer v. 17.6.2002 (BGBl. I S. 2325), zuletzt geänd. durch VO v. 18.1.2022 (BGBl. I S. 39)
- Elektrotechniker v. 17.6.2002 (BGBl. I S. 2331), zuletzt geänd. durch VO v. 18.1.2022 (BGBl. I S. 39)
- Estrichleger v. 16.2.1995 (BGBl. I S. 214), zuletzt geänd. durch VO v. 18.1.2022 (BGBl. I S. 39)
- Feinwerkmechaniker v. 5.4.2001 (BGBl. I S. 487), zuletzt geänd. durch VO v. 18.1.2022 (BGBl. I S. 39)
- Fleischer v. 4.10.2012 (BGBl. I S. 2109), geänd. durch VO v. 18.1.2022 (BGBl. I S. 39)
- Flexograf v. 1.8.1994 (BGBl. I S. 2014), geänd. durch VO v. 18.1.2022 (BGBl. I S. 39)
- Fotograf v. 30.9.2019 (BGBl. I S. 1404), geänd. durch VO v. 18.1.2022 (BGBl. I S. 39)

815 HandwO Anh.   Handwerksordnung

- Friseur v. 19.4.2001 (BGBl. I S. 638), zuletzt geänd. durch VO v. 18.1.2022 (BGBl. I S. 39)
- Gebäudereiniger v. 17.11.2020 (BGBl. I S. 2437), geänd. durch VO v. 18.1.2022 (BGBl. I S. 39)
- Geigenbauer v. 26.1.1998 (BGBl. I S. 219), geänd. durch VO v. 18.1.2022 (BGBl. I S. 39)
- Gerüstbauer v. 12.12.2000 (BGBl. I S. 1694), zuletzt geänd. durch VO v. 18.1.2022 (BGBl. I S. 39)
- Glasapparatebauer v. 11.1.1990 (BGBl. I S. 104), geänd. durch VO v. 18.1.2022 (BGBl. I S. 39)
- Glaser v. 19.12.2014 (BGBl. I S. 2331), geänd. durch VO v. 18.1.2022 (BGBl. I S. 39)
- Glasveredler v. 2.5.1994 (BGBl. I S. 994), zuletzt geänd. durch VO v. 18.1.2022 (BGBl. I S. 39)
- Gold- und Silberschmied v. 8.5.2003 (BGBl. I S. 672), zuletzt geänd. durch VO v. 18.1.2022 (BGBl. I S. 39)
- Handzuginstrumentenmacher v. 6.3.1998 (BGBl. I S. 431), geänd. durch VO v. 18.1.2022 (BGBl. I S. 39)
- Holzbildhauer v. 10.4.1987 (BGBl. I S. 1192), geänd. durch VO v. 18.1.2022 (BGBl. I S. 39)
- Holzblasinstrumentenmacher v. 7.10.1997 (BGBl. I S. 2455), geänd. durch VO v. 18.1.2022 (BGBl. I S. 39)
- Hörgeräteakustiker v. 26.4.1994 (BGBl. I S. 895), zuletzt geänd. durch VO v. 18.1.2022 (BGBl. I S. 39)
- Informationstechniker v. 17.6.2002 (BGBl. I S. 2328), zuletzt geänd. durch VO v. 18.1.2022 (BGBl. I S. 39)
- Installateur- und Heizungsbauer v. 17.7.2002 (BGBl. I S. 2693), zuletzt geänd. durch VO v. 18.1.2022 (BGBl. I S. 39)
- Kälteanlagenbauer v. 16.7.2015 (BGBl. I S. 1276), geänd. durch VO v. 18.1.2022 (BGBl. I S. 39)
- Karosserie- und Fahrzeugbauer v. 17.12.2019 (BGBl. I S. 2836), geänd. durch VO v. 18.1.2022 (BGBl. I S. 39)
- Klavier- und Cembalobauer v. 17.12.2019 (BGBl. I S. 2842), geänd. durch VO v. 18.1.2022 (BGBl. I S. 39)
- Klempner v. 23.5.2006 (BGBl. I S. 1267), zuletzt geänd. durch VO v. 18.1.2022 (BGBl. I S. 39)
- Konditor v. 12.10.2006 (BGBl. I S. 2278), zuletzt geänd. durch VO v. 18.1.2022 (BGBl. I S. 39)
- Korbmacher v. 7.11.1993 (BGBl. I S. 1868), geänd. durch VO v. 18.1.2022 (BGBl. I S. 39)
- Kürschner v. 17.11.1994 (BGBl. I S. 3463), zuletzt geänd. durch VO v. 18.1.2022 (BGBl. I S. 39)
- Landmaschinenmechaniker v. 5.4.2001 (BGBl. I S. 490), zuletzt geänd. durch VO v. 18.1.2022 (BGBl. I S. 39)
- Maler und Lackierer v. 13.6.2005 (BGBl. I S. 1659), zuletzt geänd. durch VO v. 18.1.2022 (BGBl. I S. 39)
- Maurer u. Betonbauer v. 30.8.2004 (BGBl. I S. 2307), zuletzt geänd. durch VO v. 18.1.2022 (BGBl. I S. 39)
- Schneidwerkzeugmechanikermeisterverordnung v. 22.11.2011 (BGBl. I S. 2315), geänd. durch VO v. 18.1.2022 (BGBl. I S. 39)
- Metallbauer v. 22.3.2002 (BGBl. I S. 1224), zuletzt geänd. durch VO v. 18.1.2022 (BGBl. I S. 39)
- Metallbildner v. 17.9.2001 (BGBl. I S. 2432), zuletzt geänd. durch VO v. 18.1.2022 (BGBl. I S. 39)
- Modist v. 9.9.1994 (BGBl. I S. 2312), geänd. durch VO v. 18.1.2022 (BGBl. I S. 39)
- Ofen- und Luftheizungsbauer v. 5.3.2009 (BGBl. I S. 456), zuletzt geänd. durch VO v. 18.1.2022 (BGBl. I S. 39)
- Orgel- und Harmoniumbauer v. 23.7.1997 (BGBl. I S. 1915), zuletzt geänd. durch VO v. 18.1.2022 (BGBl. I S. 39)
- Orthopädiemechaniker und Bandagist v. 26.4.1994 (BGBl. I S. 904), zuletzt geänd. durch VO v. 18.1.2022 (BGBl. I S. 39)
- Orthopädieschuhmacher v. 24.6.2008 (BGBl. I S. 1096), zuletzt geänd. durch VO v. 18.1.2022 (BGBl. I S. 39)
- Parkettleger v. 25.5.2020 (BGBl. I S. 1078, ber. S. 1542), zuletzt geänd. durch VO v. 18.1.2022 (BGBl. I S. 39)
- Schneidwerkzeugmechanikermeisterverordnung v. 22.11.2011 (BGBl. I S. 2315), geänd. durch VO v. 18.1.2022 (BGBl. I S. 39)
- Schornsteinfeger v. 11.11.2015 (BGBl. I S. 1987), geänd. durch VO v. 18.1.2022 (BGBl. I S. 39)

Handwerksordnung Anh. **HandwO 815**

– Schriftsetzer (Buchdrucker) v. 13.6.1995 (BGBl. I S. 799), geänd. durch VO v. 18.1.2022 (BGBl. I S. 39)
– Segelmacher v. 5.7.1993 (BGBl. I S. 1138), geänd. durch VO v. 18.1.2022 (BGBl. I S. 39)
– Seiler v. 28.5.1997 (BGBl. I S. 1257), geänd. durch VO v. 18.1.2022 (BGBl. I S. 39)
– Steinmetz und Steinbildhauer v. 11.7.2008 (BGBl. I S. 1281), zuletzt geänd. durch VO v. 18.1.2022 (BGBl. I S. 39)
– Straßenbauer v. 17.2.2009 (BGBl. I S. 390), zuletzt geänd. durch VO v. 18.1.2022 (BGBl. I S. 39)
– Stuckateur v. 30.8.2004 (BGBl. I S. 2311), zuletzt geänd. durch VO v. 18.1.2022 (BGBl. I S. 39)
– Textilreiniger v. 16.9.1983 (BGBl. I S. 1179), geänd. durch VO v. 18.1.2022 (BGBl. I S. 39)
– Tischler v. 13.5.2008 (BGBl. I S. 826), zuletzt geänd. durch VO v. 18.1.2022 (BGBl. I S. 39)
– Thermometermacher v. 20.6.1989 (BGBl. I S. 1131), geänd. durch VO v. 18.1.2022 (BGBl. I S. 39)
– Vergolder v. 12.2.1990 (BGBl. I S. 283), geänd. durch VO v. 18.1.2022 (BGBl. I S. 39)
– Vulkaniseur v. 5.5.2006 (BGBl. I S. 1156), zuletzt geänd. durch VO v. 18.1.2022 (BGBl. I S. 39)
– Wachszieher v. 23.6.1987 (BGBl. I S. 1553), geänd. durch VO v. 18.1.2022 (BGBl. I S. 39)
– Wärme-, Kälte- und Schallschutzisolierer v. 3.6.1982 (BGBl. I S. 663), geänd. durch VO v. 18.1.2022 (BGBl. I S. 39)
– Weinküfer v. 16.10.1995 (BGBl. I S. 1418), geänd. durch VO v. 18.1.2022 (BGBl. I S. 39)
– Zahntechniker v. 8.5.2007 (BGBl. I S. 687), zuletzt geänd. durch VO v. 18.1.2022 (BGBl. I S. 39)
– Zimmerer v. 16.4.2008 (BGBl. I S. 743), zuletzt geänd. durch VO v. 18.1.2022 (BGBl. I S. 39)
– Zinngießer v. 8.1.1969 (BGBl. I S. 37)
– Zupfinstrumentenmacher v. 7.10.1997 (BGBl. I S. 2458), geänd. durch VO v. 18.1.2022 (BGBl. I S. 39)
– Zweiradmechanikermeisterverordnung v. 29.8.2005 (BGBl. I S. 2562), v. 28.1.2021 (BGBl. I S. 117)

C. Auf Grund von § 51a erlassene Verordnungen über das Berufsbild und die Anforderungen in der Meisterprüfung
(alphabetisch nach Berufen geordnet)

– Behälter- und Apparatebauer v. 30.4.2013 (BGBl. I S. 1203), zuletzt geänd. durch VO v. 18.1.2022 (BGBl. I S. 39)
– Buchbinder v. 5.5.2006 (BGBl. I S. 1152), zuletzt geänd. durch VO v. 18.1.2022 (BGBl. I S. 39)
– Fliesen-, Platten- u. Mosaikleger v. 10.3.2008 (BGBl. I S. 378), zuletzt geänd. durch VO v. 18.1.2022 (BGBl. I S. 39)
– Galvaniseur v. 12.9.2014 (BGBl. I S. 1522), geänd. durch VO v. 18.1.2022 (BGBl. I S. 39)
– Graveur v. 16.11.2005 (BGBl. I S. 3182), zuletzt geänd. durch VO v. 18.1.2022 (BGBl. I S. 39)
– Keramiker v. 13.1.2006 (BGBl. I S. 148), zuletzt geänd. durch VO v. 18.1.2022 (BGBl. I S. 39)
– Kosmetiker v. 16.1.2015 (BGBl. I S. 17), geänd. durch VO v. 18.1.2022 (BGBl. I S. 39)
– Müller v. 11.10.2012 (BGBl. I S. 2138), geänd. durch VO v. 18.1.2022 (BGBl. I S. 39)
– Modellbauer v. 27.12.2012 (BGBl. 2013 I S. 27), geänd. durch VO v. 18.1.2022 (BGBl. I S. 39)
– Raumausstatter v. 18.6.2008 (BGBl. I S. 1087), zuletzt geänd. durch VO v. 18.1.2022 (BGBl. I S. 39)
– Rolladen- u. Sonnenschutzmeister v. 22.1.2007 (BGBl. I S. 51), zuletzt geänd. durch VO v. 18.1.2022 (BGBl. I S. 39)
– Sattler und Feintäschner v. 15.8.2008 (BGBl. I S. 1733), zuletzt geänd. durch VO v. 18.1.2022 (BGBl. I S. 39)
– Schilder- und Lichtreklamehersteller v. 18.6.2007 (BGBl. I S. 1173), zuletzt geänd. durch VO v. 18.1.2022 (BGBl. I S. 39)
– Schneider v. 5.9.2006 (BGBl. I S. 2122), zuletzt geänd. durch VO v. 18.1.2022 (BGBl. I S. 39)
– Schuhmacher v. 3.3.2014 (BGBl. I S. 220), geänd. durch VO v. 18.1.2022 (BGBl. I S. 39)
– Siebdrucker v. 5.9.2006 (BGBl. I S. 2126), zuletzt geänd. durch VO v. 18.1.2022 (BGBl. I S. 39)
– Textilgestalter v. 26.4.2013 (BGBl. I S. 1169), geänd. durch VO v. 18.1.2022 (BGBl. I S. 39)
– Uhrmacher v. 1.11.2005 (BGBl. I S. 3122), zuletzt geänd. durch VO v. 18.1.2022 (BGBl. I S. 39)

820. Waffengesetz (WaffG)[1)2)3)4)]

Vom 11. Oktober 2002

(BGBl. I S. 3970, ber. S. 4592 und 2003 I S. 1957)

FNA 7133-4

geänd. durch Art. 3 G zur effektiveren Nutzung von Dateien im Bereich der Staatsanwaltschaften v. 10.9. 2004 (BGBl. I S. 2318), Art. 34 G zur Umbenennung des Bundesgrenzschutzes in Bundespolizei v. 21.6. 2005 (BGBl. I S. 1818), Art. 1 ÄndG v. 5.11.2007 (BGBl. I S. 2557), Art. 1 ÄndG v. 26.3.2008 (BGBl. I S. 426, geänd. durch G v. 17.7.2009, BGBl. I S. 2062), Art. 3 Abs. 5 Viertes G zur Änd. des SprengstoffG

[1)] Verkündet als Art. 1 Waffenrechts-NeuregelungsG v. 11.10.2002 (BGBl. I S. 3970); Inkrafttreten gem. Art. 19 Nr. 1 Satz 2 dieses G am 1.4.2003 mit Ausnahme der § 7 Abs. 2, § 22 Abs. 2, § 25 Abs. 1, § 27 Abs. 7 Satz 2, § 34 Abs. 6, § 36 Abs. 5, §§ 47, 48 Abs. 1, § 50 Abs. 2 und 3, § 55 Abs. 5 und 6 sowie des in Anl. 2 Abschnitt 1 Nr. 1.2.1 festgesetzten Verbots von Vorderschaftrepetierflinten, bei denen der Hinterschaft durch einen Pistolengriff ersetzt ist, die gem. Art. 19 Nr. 1 Satz 1 dieses G am 17.10.2002 in Kraft getreten sind.

[2)] Siehe hierzu ua die Allgemeine Waffengesetz-Verordnung (AWaffV) v. 27.10.2003 (BGBl. I S. 2123), zuletzt geänd. durch VO v. 1.9.2020 (BGBl. I S. 1977) und die Waffengesetz-Bund-Freistellungsverordnung - WaffGBundFreistV v. 30.11.2020 (BGBl. I S. 2610).

[3)] Zum Waffengesetz haben die Länder ua folgende Vorschriften erlassen:
- **Baden-Württemberg:** Durchführungsverordnung zum Waffengesetz – DVOWaffG v. 8.4.2003 (GBl. S. 166), zuletzt geänd. durch G v. 21.5.2019 (GBl. S. 161)
- **Bayern:** Verordnung zur Ausführung des Waffen- und Beschussrechts (AVWaffBeschR) v. 14.12.2010 (GVBl. S. 851), zuletzt geänd. durch V v. 26.3.2019 (GVBl. S. 98)
- **Berlin:** Verordnung zur Durchführung des Waffengesetzes (DVWaffG) v. 18.3.2003 (GVBl. S. 147), zuletzt geänd. durch VO v. 12.6.2007 (GVBl. S. 244)
- **Brandenburg:** Waffengesetzdurchführungsverordnung – WaffGDV v. 13.5.2019 (GVBl. II Nr. 37)
- **Bremen:** Verordnung zur Ausführung des Waffengesetzes v. 18.11.2003 (Brem.GBl. S. 387), zuletzt geänd. durch Bek. v. 20.10.2020 (Brem.GBl. S. 1172)
- **Hamburg:** Verordnung über die Freistellung vom Waffengesetz v. 27.9.2004 (HmbGVBl. S. 341), zuletzt geänd. durch VO v. 24.1.2006 (HmbGVBl. S. 63)
- **Hessen:** Verordnung zur Durchführung des Waffengesetzes v. 17.12.2007 (GVBl. I S. 926), zuletzt geänd. durch VO v. 22.6.2018 (GVBl. S. 340)
- **Mecklenburg-Vorpommern:** Waffenrechtsausführungslandesverordnung – WaffRAusfLVO M-V v. 4.8.2003 (GVOBl. M-V S. 407), geänd. durch VO v. 21.12.2006 (GVOBl. M-V S. 861)
- **Niedersachsen:** Verordnung zur Durchführung des Waffengesetzes (DVO-WaffG) v. 28.4.2014 (Nds. GVBl. S. 143), geänd. durch VO v. 15.4.2021 (Nds. GVBl. S. 190)
- **Nordrhein-Westfalen:** Verordnung zur Durchführung des Waffengesetzes v. 8.4.2003 (GV. NRW. S. 217), zuletzt geänd. durch VO v. 27.6.2014 (GV. NRW. S. 376), Ausführungsgesetz zum Waffengesetz des Landes Nordrhein-Westfalen v. 17.12.2009 (GV. NRW. S. 863), geänd. durch G v. 2.10.2014 (GV. NRW. S. 622)
- **Rheinland-Pfalz:** Landesverordnung zur Durchführung des Waffengesetzes v. 26.4.2005 (GVBl. S. 148), geänd. durch VO v. 24.5.2007 (GVBl. S. 93)
- **Saarland:** Verordnung zur Durchführung des Waffengesetzes (DVWaffG) v. 20.12.1976 (Amtsbl. S. 1184), zuletzt geänd. durch VO v. 20.3.2019 (Amtsbl. I S. 314)
- **Sachsen:** Sächsische Waffengesetzdurchführungsverordnung – SächsWaffGDVO v. 30.8.2017 (SächsGVBl. S. 502), zuletzt geänd. durch VO v. 8.10.2020 (SächsGVBl. S. 530)
- **Sachsen-Anhalt:** Waffen- und Beschussrechts-Verordnung (WaffBeschR-VO) v. 18.6.2004 (GVBl. LSA S. 344), zuletzt geänd. durch VO v. 14.4.2020 (GVBl. LSA S. 188), Verordnung zur Übertragung von Verordnungsermächtigungen nach dem Waffengesetz v. 14.4.2020 (GVBl. LSA S. 189)
- **Schleswig-Holstein:** Landesverordnung zur Ausführung des Waffengesetzes v. 30.6.2004 (GVOBl. Schl.-H. S. 229), zuletzt geänd. durch VO v. 16.1.2019 (GVOBl. Schl.-H. S. 30)
- **Thüringen:** Thüringer Verordnung zur Durchführung des Waffengesetzes v. 10.12.2004 (GVBl. S. 896), zuletzt geänd. durch AO v. 7.8.2013 (GVBl. S. 206)

[4)] Siehe ferner ua die Allgemeine Verwaltungsvorschrift zum Waffengesetz (WaffVwV) v. 5.3.2012 (BAnz. Nr. 47a S. 1), die Allgemeine Verwaltungsvorschrift des Bundesministers der Justiz zum Waffengesetz (WaffVwV-BMJ) v. 30.12.1980 (BAnz. 1981 Beil. Nr. 34a), die Allgemeine Verwaltungsvorschrift des Bundesministeriums der Verteidigung zum Waffengesetz (WaffVwV-BMVg) v. 17.12.2004 (VMBl 2005 S. 36) und die Verwaltungsvorschrift der Deutschen Bundesbank zum Waffengesetz v. 13.12.2019 (BAnz AT 10.01.2020 B4).

v. 17.7.2009 (BGBl. I S. 2062), Art. 1b G zum Vorschlag für eine VO des Rates über die Erweiterung des Geltungsbereichs der VO (EU) Nr. 1214/2011 über den gewerbsmäßigen grenzüberschreitenden Straßentransport von Euro-Bargeld zwischen Mitgliedstaaten des Euroraums v. 25.11.2012 (BGBl. II S. 1381), Art. 2 G zur Einführung eines Zulassungsverfahrens für Bewachungsunternehmen auf Seeschiffen v. 4.3.2013 (BGBl. I S. 362), Art. 2 Abs. 84, Art. 3 Abs. 14 und Art. 4 Abs. 65 G zur Strukturreform des Gebührenrechts des Bundes v. 7.8.2013 (BGBl. I S. 3154, geänd. durch G v. 18.7.2016, BGBl. I S. 1666), Art. 288 Zehnte ZuständigkeitsanpassungsVO v. 31.8.2015 (BGBl. I S. 1474), Art. 2, Art. 3 Abs. 13, Art. 4 Abs. 62, Art. 5 Abs. 4 G zur Aktualisierung der Strukturreform des Gebührenrechts des Bundes v. 18.7.2016 (BGBl. I S. 1666), Art. 107 G zum Abbau verzichtbarer Anordnungen der Schriftform im Verwaltungsrecht des Bundes v. 29.3.2017 (BGBl. I S. 626), Art. 6 Abs. 34 G zur Reform der strafrechtlichen Vermögensabschöpfung v. 13.4.2017 (BGBl. I S. 872), Art. 1 Zweites G zur Änd. des WaffenG und weiterer Vorschriften v. 30.6.2017 (BGBl. I S. 2133), Art. 7 Zweites Datenschutz-Anpassungs- und Umsetzungsgesetz EU v. 20.11.2019 (BGBl. I S. 1626), Art. 1 Drittes Waffenrechtsänderungsgesetz v. 17.2.2020 (BGBl. I S. 166, geänd. durch G v. 22.4.2020, BGBl. I S. 840) und Art. 228 Elfte ZuständigkeitsanpassungsVO v. 19.6.2020 (BGBl. I S. 1328)

Inhaltsübersicht[2]

Abschnitt 1. Allgemeine Bestimmungen

§ 1	Gegenstand und Zweck des Gesetzes, Begriffsbestimmungen
§ 2	Grundsätze des Umgangs mit Waffen oder Munition, Waffenliste
§ 3	Umgang mit Waffen oder Munition durch Kinder und Jugendliche

Abschnitt 2. Umgang mit Waffen oder Munition

Unterabschnitt 1. Allgemeine Voraussetzungen für Waffen- und Munitionserlaubnisse

§ 4	Voraussetzungen für eine Erlaubnis
§ 5	Zuverlässigkeit
§ 6	Persönliche Eignung
§ 7	Sachkunde
§ 8	Bedürfnis, allgemeine Grundsätze
§ 9	Inhaltliche Beschränkungen, Nebenbestimmungen und Anordnungen

Unterabschnitt 2. Erlaubnisse für einzelne Arten des Umgangs mit Waffen oder Munition, Ausnahmen

§ 10	Erteilung von Erlaubnissen zum Erwerb, Besitz, Führen und Schießen
§ 11	Erwerb und Besitz von Schusswaffen oder Munition mit Bezug zu einem anderen Mitgliedstaat
§ 12	Ausnahmen von den Erlaubnispflichten

Unterabschnitt 3. Besondere Erlaubnistatbestände für bestimmte Personengruppen

§ 13	Erwerb und Besitz von Schusswaffen und Munition durch Jäger, Führen und Schießen zu Jagdzwecken
§ 14	Erwerb und Besitz von Schusswaffen und Munition durch Sportschützen
§ 15	Schießsportverbände, schießsportliche Vereine
§ 15a	Sportordnungen
§ 15b	Fachbeirat Schießsport
§ 16	Erwerb und Besitz von Schusswaffen und Munition durch Brauchtumsschützen, Führen von Waffen und Schießen zur Brauchtumspflege
§ 17	Erwerb und Besitz von Schusswaffen oder Munition durch Waffen- oder Munitionssammler
§ 18	Erwerb und Besitz von Schusswaffen oder Munition durch Waffen- oder Munitionssachverständige
§ 19	Erwerb und Besitz von Schusswaffen und Munition, Führen von Schusswaffen durch gefährdete Personen
§ 20	Erwerb und Besitz von Schusswaffen durch Erwerber infolge eines Erbfalls

Unterabschnitt 4. Besondere Erlaubnistatbestände für Waffenherstellung, Waffenhandel, Schießstätten, Bewachungsunternehmer

§ 21	Gewerbsmäßige Waffenherstellung, Waffenhandel
§ 21a	Stellvertretungserlaubnis

---

[1] Änderung obsolet, da § 50 seit 1.10.2019 außer Kraft.
[2] Inhaltsübersicht geänd. mWv 1.4.2008 und mWv 1.1.2010 durch G v. 26.3.2008 (BGBl. I S. 426); geänd. mWv 25.7.2009 durch G v. 17.7.2009 (BGBl. I S. 2062); geänd. mWv 13.3.2013 durch G v. 4.3.2013 (BGBl. I S. 362); geänd. mWv 15.8.2013 durch G v. 7.8.2013 (BGBl. I S. 3154); geänd. mWv 1.10.2019 und geänd. mWv 1.10.2021 durch G v. 18.7.2016 (BGBl. I S. 1666); geänd. mWv 1.7.2017 durch G v. 13.4.2017 (BGBl. I S. 872); geänd. mWv 6.7.2017 durch G v. 30.6.2017 (BGBl. I S. 2133); geänd. mWv 20.2.2020 und mWv 1.9.2020 durch G v. 17.2.2020 (BGBl. I S. 166).

Waffengesetz **WaffG 820**

§ 22	Fachkunde
§ 23	(weggefallen)
§ 24	Kennzeichnungspflicht, Markenanzeigepflicht
§ 25	Verordnungsermächtigungen
§ 25a	Anordnungen zur Kennzeichnung
§ 26	Nichtgewerbsmäßige Waffenherstellung
§ 27	Schießstätten, Schießen durch Minderjährige auf Schießstätten
§ 27a	Sicherheitstechnische Prüfung von Schießstätten; Verordnungsermächtigung
§ 28	Erwerb, Besitz und Führen von Schusswaffen und Munition durch Bewachungsunternehmer und ihr Bewachungspersonal
§ 28a	Erwerb, Besitz und Führen von Schusswaffen und Munition durch Bewachungsunternehmen und ihr Bewachungspersonal für Bewachungsaufgaben nach § 31 Absatz 1 der Gewerbeordnung

Unterabschnitt 5. Verbringen und Mitnahme von Waffen oder Munition in den, durch den oder aus dem Geltungsbereich des Gesetzes

§ 29	Verbringen von Waffen oder Munition in den, durch den oder aus dem Geltungsbereich dieses Gesetzes
§ 30	Allgemeine Erlaubnis zum Verbringen von Waffen oder Munition aus dem Geltungsbereich dieses Gesetzes in andere Mitgliedstaaten
§ 31	(weggefallen)
§ 32	Mitnahme von Waffen oder Munition in den, durch den oder aus dem Geltungsbereich des Gesetzes, Europäischer Feuerwaffenpass
§ 33	Anmelde- und Nachweispflichten, Befugnisse der Überwachungsbehörden beim Verbringen oder der Mitnahme von Waffen oder Munition in den, durch den oder aus dem Geltungsbereich dieses Gesetzes

Unterabschnitt 6. Obhutspflichten, Anzeige-, Hinweis- und Nachweispflichten

§ 34	Überlassen von Waffen oder Munition, Prüfung der Erwerbsberechtigung, Anzeigepflicht
§ 35	Werbung, Hinweispflichten, Handelsverbote
§ 36	Aufbewahrung von Waffen oder Munition
§ 37	Anzeigepflichten der gewerblichen Waffenhersteller und Waffenhändler
§ 37a	Anzeigepflichten der Inhaber einer Waffenbesitzkarte oder einer gleichgestellten anderen Erlaubnis zum Erwerb und Besitz und der Inhaber einer nichtgewerbsmäßigen Waffenherstellungserlaubnis
§ 37b	Anzeige der Vernichtung, der Unbrauchbarmachung und des Abhandenkommens
§ 37c	Anzeigepflichten bei Inbesitznahme
§ 37d	Anzeige von unbrauchbar gemachten Schusswaffen
§ 37e	Ausnahmen von der Anzeigepflicht
§ 37f	Inhalt der Anzeigen

(Fortsetzung nächstes Blatt)

880. Gesetz über Naturschutz und Landschaftspflege (Bundesnaturschutzgesetz – BNatSchG)[1)2)3)]

Vom 29. Juli 2009

(BGBl. I S. 2542)

FNA 791-9

geänd. durch Art. 3 G über Maßnahmen zur Beschleunigung des Netzausbaus Elektrizitätsnetze v. 28.7. 2011 (BGBl. I S. 1690), Art. 2 G zur Umsetzung der Meeresstrategie-RahmenRL sowie zur Änd. des WaStrG und des KrW-/AbfG v. 6.10.2011 (BGBl. I S. 1986), Art. 2 45. StrafrechtsänderungsG zur Umsetzung der RL des Europäischen Parlaments und des Rates über den strafrechtlichen Schutz der Umwelt v. 6.12.2011 (BGBl. I S. 2557), Art. 5 Pflanzenschutz-NeuordnungsG v. 6.2.2012 (BGBl. I S. 148), Art. 7 G zur Änd. des Umwelt-RechtsbehelfsG und anderer umweltrechtlicher Vorschriften v. 21.1.2013 (BGBl. I S. 95), Art. 2 Abs. 24 G zur Modernisierung des Außenwirtschaftsrechts v. 6.6.2013 (BGBl. I S. 1482), Art. 2 Abs. 124, Art. 4 Abs. 100 G zur Strukturreform des Gebührenrechts des Bundes v. 7.8.2013 (BGBl. I S. 3154, geänd. durch G v. 18.7.2016, BGBl. I S. 1666), Art. 421 Zehnte ZuständigkeitsanpassungsVO v. 31.8.2015 (BGBl. I S. 1474), Art. 4 Abs. 96 G zur Aktualisierung der Strukturreform des Gebührenrechts des Bundes v. 18.7.2016 (BGBl. I S. 1666), Art. 2 G zur Änd. wasser- und naturschutzrechtlicher Vorschriften zur Untersagung und zur Risikominimierung bei den Verfahren der Fracking-Technologie v. 4.8.2016 (BGBl. I S. 1972), Art. 19 G zur Einführung von Ausschreibungen für Strom aus erneuerbaren Energien und zu weiteren Änd. des Rechts der erneuerbaren Energien v. 13.10. 2016 (BGBl. I S. 2258), Art. 4 G zur Anpassung des Umwelt-RechtsbehelfsG und anderer Vorschriften an europa- und völkerrechtliche Vorgaben v. 29.5.2017 (BGBl. I S. 1298), Art. 3 HochwasserschutzG II v. 30.6.2017 (BGBl. I S. 2193), Art. 7 G zur effektiveren und praxistauglicheren Ausgestaltung des Strafverfahrens v. 17.8.2017 (BGBl. I S. 3202), Art. 1 G zur Durchführung der VO (EU) Nr. 1143/2014 über invasive gebietsfremde Arten v. 8.9.2017 (BGBl. I S. 3370), Art. 1 G v. 15.9.2017 (BGBl. I S. 3434), Art. 8 G zur Beschleunigung des Energieleitungsausbaus v. 13.5.2019 (BGBl. I S. 706), Art. 1 Zweites ÄndG v. 4.3.2020 (BGBl. I S. 440), Art. 290 Elfte ZuständigkeitsanpassungsVO v. 19.6.2020 (BGBl. I S. 1328), Art. 5 G zur Änd. des UmweltschadensG, des UmweltinformationsG und weiterer umweltrechtlicher Vorschriften v. 25.2.2021 (BGBl. I S. 306), Art. 10 KitafinanzhilfenänderungsG v. 25.6.2021 (BGBl. I S. 2020), Art. 114 PersonengesellschaftsrechtsmodernisierungsG (MoPeG) v. 10.8.2021 (BGBl. I S. 3436) und Art. 1 G zum Schutz der Insektenvielfalt in Deutschland und zur Änd. weiterer Vorschriften v. 18.8.2021 (BGBl. I S. 3908)

Zur Ausführung und Durchführung des BNatSchG haben die **Länder** ua folgende Vorschriften erlassen:
- **Baden-Württemberg:** NaturschutzG v. 23.6.2015 (GBl. S. 585), zuletzt geänd. durch G v. 17.12.2020 (GBl. S. 1233)
- **Bayern:** Bayerisches NaturschutzG v. 23.2.2011 (GVBl. S. 82), zuletzt geänd. durch G v. 23.6.2021 (GVBl. S. 352)
- **Berlin:** Berliner NaturschutzG v. 29.5.2013 (GVBl. S. 140), zuletzt geänd. durch G v. 27.9.2021 (GVBl. S. 1166)

[1)] Verkündet als Art. 1 G v. 29.7.2009 (BGBl. I S. 2542); Inkrafttreten gem. Art. 27 dieses G am 1.3. 2010.

[2)] **Amtl. Anm. zum MantelG:** Dieses Gesetz dient der Umsetzung
- Richtlinie 79/409/EWG des Rates vom 2. April 1979 über die Erhaltung der wildlebenden Vogelarten (ABl. L 103 vom 25.4.1979, S. 1), die zuletzt durch die Richtlinie 2008/102/EG (ABl. L 323 vom 3.12. 2008, S. 31) geändert worden ist,
- Richtlinie 83/129/EWG des Rates vom 28. März 1983 betreffend die Einfuhr in die Mitgliedstaaten von Fellen bestimmter Jungrobben und Waren daraus (ABl. L 91 vom 9.4.1983, S. 30), die zuletzt durch die Richtlinie 89/370/EWG (ABl. L 163 vom 14.6.1989, S. 37) geändert worden ist,
- Richtlinie 92/43/EWG des Rates vom 21. Mai 1992 zur Erhaltung der natürlichen Lebensräume sowie der wildlebenden Tiere und Pflanzen (ABl. L 206 vom 22.7.1992, S. 7), die zuletzt durch die Richtlinie 2006/105/EG (ABl. L 363 vom 20.12.2006, S. 368) geändert worden ist,
- Richtlinie 1999/22/EG des Rates vom 29. März 1999 über die Haltung von Wildtieren in Zoos (ABl. L 94 vom 9.4.1999, S. 24).

[3)] Die Änderung durch G v. 10.8.2021 (BGBl. I S. 3436) tritt erst **mWv 1.1.2024**, die Änderungen durch G v. 18.8.2021 (BGBl. I S. 3908) treten teilweise erst **mit noch nicht bestimmtem Datum** in Kraft und sind insoweit im Text noch nicht berücksichtigt

- **Brandenburg:** Brandenburgisches NaturschutzausführungsG v. 21.1.2013 (GVBl. I Nr. 3, ber. Nr. 21), zuletzt geänd. durch G v. 25.9.2020 (GVBl. I Nr. 28)
- **Bremen:** Bremisches G über Naturschutz und Landschaftspflege v. 27.4.2010 (Brem.GBl. S. 315), zuletzt geänd. durch G v. 30.3.2021 (Brem.GBl. S. 300)
- **Hamburg:** Hamburgisches AusführungsG des BundesnaturschutzG v. 11.5.2010 (HmbGVBl. S. 350), zuletzt geänd. durch G v. 24.1.2020 (HmbGVBl. S. 92)
- **Hessen:** Hessisches NaturschutzG v. 20.12.2010 (GVBl. I S. 629), zuletzt geänd. durch G v. 7.5.2020 (GVBl. S. 318)
- **Mecklenburg-Vorpommern:** Naturschutzausführungsg v. 23.2.2010 (GVOBl. M-V S. 66), zuletzt geänd. durch G v. 5.7.2018 (GVOBl. M-V S. 221)
- **Niedersachsen:** Nds. AusführungsG zum Bundesnaturschutzgesetz v. 19.2.2010 (Nds. GVBl. S. 104), zuletzt geänd. durch G v. 11.11.2020 (Nds. GVBl. S. 451)
- **Nordrhein-Westfalen:** LandschaftsG idF der Bek. v. 21.7.2000 (GV. NRW. S. 568), zuletzt geänd. durch G v. 4.5.2021 (GV. NRW. S. 560)
- **Rheinland-Pfalz:** LandesnaturschutzG v. 6.10.2015 (GVBl. S. 283), zuletzt geänd. durch G v. 26.6.2020 (GVBl. S. 287)
- **Saarland:** Saarländisches NaturschutzG v. 5.4.2006 (Amtsbl. S. 726), zuletzt geänd. durch G v. 8.12.2021 (Amtsbl. I S. 2629)
- **Sachsen:** Sächsisches NaturschutzG v. 6.6.2013 (SächsGVBl. S. 451), zuletzt geänd. durch G v. 9.2.2021 (SächsGVBl. S. 243)
- **Sachsen-Anhalt:** NaturschutzG des Landes Sachsen-Anhalt v. 10.12.2010 (GVBl. LSA S. 569), zuletzt geänd. durch G v. 28.10.2019 (GVBl. LSA S. 346)
- **Schleswig-Holstein:** LandesnaturschutzG v. 24.2.2010 (GVOBl. Schl.-H. S. 301, ber. S. 486), zuletzt geänd. durch G v. 13.11.2019 (GVOBl. Schl.-H. S. 425)
- **Thüringen:** Thüringer NaturschutzG v. 30.7.2019 (GVBl. S. 323), geänd. durch G v. 30.7.2019 (GVBl. S. 323).

Inhaltsübersicht[1)]

Kapitel 1. Allgemeine Vorschriften

§ 1	Ziele des Naturschutzes und der Landschaftspflege
§ 2	Verwirklichung der Ziele
§ 3	Zuständigkeiten, Aufgaben und Befugnisse, vertragliche Vereinbarungen, Zusammenarbeit der Behörden
§ 4	Funktionssicherung bei Flächen für öffentliche Zwecke
§ 5	Land-, Forst- und Fischereiwirtschaft
§ 6	Beobachtung von Natur und Landschaft
§ 7	Begriffsbestimmungen

Kapitel 2. Landschaftsplanung

§ 8	Allgemeiner Grundsatz
§ 9	Aufgaben und Inhalte der Landschaftsplanung; Ermächtigung zum Erlass von Rechtsverordnungen
§ 10	Landschaftsprogramme und Landschaftsrahmenpläne
§ 11	Landschaftspläne und Grünordnungspläne
§ 12	Zusammenwirken der Länder bei der Planung

Kapitel 3. Allgemeiner Schutz von Natur und Landschaft

§ 13	Allgemeiner Grundsatz
§ 14	Eingriffe in Natur und Landschaft
§ 15	Verursacherpflichten, Unzulässigkeit von Eingriffen; Ermächtigung zum Erlass von Rechtsverordnungen
§ 16	Bevorratung von Kompensationsmaßnahmen
§ 17	Verfahren; Ermächtigung zum Erlass von Rechtsverordnungen
§ 18	Verhältnis zum Baurecht
§ 19	Schäden an bestimmten Arten und natürlichen Lebensräumen

---

[1)] Inhaltsübersicht geänd. mWv 5.2.2012 durch G v. 28.7.2011 (BGBl. I S. 1690); geänd. mWv 13.6.2012 durch G v. 6.12.2011 (BGBl. I S. 2557); geänd. mWv 1.10.2021 durch G v. 18.7.2016 (BGBl. I S. 1666); geänd. mWv 16.9.2017 durch G v. 8.9.2017 (BGBl. I S. 3370); geänd. mWv 29.9.2017 durch G v. 15.9.2017 (BGBl. I S. 3434); geänd. mWv 13.3.2020 durch G v. 4.3.2020 (BGBl. I S. 440); geänd. mWv 1.3.2022 durch G v. 18.8.2021 (BGBl. I S. 3908).

Bundesnaturschutzgesetz

Kapitel 4. Schutz bestimmter Teile von Natur und Landschaft
Abschnitt 1. Biotopverbund und Biotopvernetzung; geschützte Teile von Natur und Landschaft

§ 20	Allgemeine Grundsätze
§ 21	Biotopverbund, Biotopvernetzung
§ 22	Erklärung zum geschützten Teil von Natur und Landschaft
§ 23	Naturschutzgebiete
§ 24	Nationalparke, Nationale Naturmonumente
§ 25	Biosphärenreservate
§ 26	Landschaftsschutzgebiete
§ 27	Naturparke
§ 28	Naturdenkmäler
§ 29	Geschützte Landschaftsbestandteile
§ 30	Gesetzlich geschützte Biotope
§ 30a	Ausbringung von Biozidprodukten

Abschnitt 2. Netz „Natura 2000"

§ 31	Aufbau und Schutz des Netzes „Natura 2000"
§ 32	Schutzgebiete
§ 33	Allgemeine Schutzvorschriften
§ 34	Verträglichkeit und Unzulässigkeit von Projekten; Ausnahmen
§ 35	Gentechnisch veränderte Organismen
§ 36	Pläne

Kapitel 5. Schutz der wild lebenden Tier- und Pflanzenarten, ihrer Lebensstätten und Biotope
Abschnitt 1. Allgemeine Vorschriften

§ 37	Aufgaben des Artenschutzes
§ 38	Allgemeine Vorschriften für den Arten-, Lebensstätten- und Biotopschutz

Abschnitt 2. Allgemeiner Artenschutz

§ 39	Allgemeiner Schutz wild lebender Tiere und Pflanzen; Ermächtigung zum Erlass von Rechtsverordnungen
§ 40	Ausbringen von Pflanzen und Tieren
§ 40a	Maßnahmen gegen invasive Arten
§ 40b	Nachweispflicht und Einziehung bei invasiven Arten
§ 40c	Genehmigungen
§ 40d	Aktionsplan zu Pfaden invasiver Arten
§ 40e	Managementmaßnahmen
§ 40f	Beteiligung der Öffentlichkeit
§ 41	Vogelschutz an Energiefreileitungen
§ 41a	Schutz von Tieren und Pflanzen vor nachteiligen Auswirkungen von Beleuchtungen
§ 42	Zoos
§ 43	Tiergehege

Abschnitt 3. Besonderer Artenschutz

§ 44	Vorschriften für besonders geschützte und bestimmte andere Tier- und Pflanzenarten
§ 45	Ausnahmen; Ermächtigung zum Erlass von Rechtsverordnungen
§ 45a	Umgang mit dem Wolf
§ 46	Nachweispflicht
§ 47	Einziehung und Beschlagnahme

Abschnitt 4. Zuständige Behörden, Verbringen von Tieren und Pflanzen

§ 48	Zuständige Behörden für den Schutz von Exemplaren wild lebender Tier- und Pflanzenarten durch Überwachung des Handels
§ 48a	Zuständige Behörden in Bezug auf invasive Arten
§ 49	Mitwirkung der Zollbehörden
§ 50	Anmeldepflicht bei der Ein-, Durch- und Ausfuhr oder dem Verbringen aus Drittstaaten
§ 51	Inverwahrungnahme, Beschlagnahme und Einziehung durch die Zollbehörden
§ 51a	Überwachung des Verbringens invasiver Arten in die Union

Abschnitt 5. Auskunfts- und Zutrittsrecht; Gebühren und Auslagen

§ 52	Auskunfts- und Zutrittsrecht
§ 53	(weggefallen)

Abschnitt 6. Ermächtigungen

§ 54 Ermächtigung zum Erlass von Rechtsverordnungen und Verwaltungsvorschriften
§ 55 Durchführung gemeinschaftsrechtlicher oder internationaler Vorschriften; Ermächtigung zum Erlass von Rechtsverordnungen

Kapitel 6. Meeresnaturschutz

§ 56 Geltungs- und Anwendungsbereich
§ 56a Bevorratung von Kompensationsmaßnahmen
§ 57 Geschützte Meeresgebiete im Bereich der deutschen ausschließlichen Wirtschaftszone und des Festlandsockels; Ermächtigung zum Erlass von Rechtsverordnungen
§ 58 Zuständige Behörden; Gebühren und Auslagen; Ermächtigung zum Erlass von Rechtsverordnungen

Kapitel 7. Erholung in Natur und Landschaft

§ 59 Betreten der freien Landschaft
§ 60 Haftung
§ 61 Freihaltung von Gewässern und Uferzonen
§ 62 Bereitstellen von Grundstücken

Kapitel 8. Mitwirkung von anerkannten Naturschutzvereinigungen

§ 63 Mitwirkungsrechte
§ 64 Rechtsbehelfe

Kapitel 9. Eigentumsbindung, Befreiungen

§ 65 Duldungspflicht
§ 66 Vorkaufsrecht
§ 67 Befreiungen
§ 68 Beschränkungen des Eigentums; Entschädigung und Ausgleich

Kapitel 10. Bußgeld- und Strafvorschriften

§ 69 Bußgeldvorschriften
§ 70 Verwaltungsbehörde
§ 71 Strafvorschriften
§ 71a Strafvorschriften
§ 72 Einziehung
§ 73 Befugnisse der Zollbehörden

Kapitel 11. Übergangs- und Überleitungsvorschrift

§ 74 Übergangs- und Überleitungsregelungen

Kapitel 1. Allgemeine Vorschriften

§ 1[1]**) Ziele des Naturschutzes und der Landschaftspflege.** (1) Natur und Landschaft sind auf Grund ihres eigenen Wertes und als Grundlage für Leben und Gesundheit des Menschen auch in Verantwortung für die künftigen Generationen im besiedelten und unbesiedelten Bereich nach Maßgabe der nachfolgenden Absätze so zu schützen, dass

1. die biologische Vielfalt,

2. die Leistungs- und Funktionsfähigkeit des Naturhaushalts einschließlich der Regenerationsfähigkeit und nachhaltigen Nutzungsfähigkeit der Naturgüter sowie

3. die Vielfalt, Eigenart und Schönheit sowie der Erholungswert von Natur und Landschaft

auf Dauer gesichert sind; der Schutz umfasst auch die Pflege, die Entwicklung und, soweit erforderlich, die Wiederherstellung von Natur und Landschaft (allgemeiner Grundsatz).

---

[1]) § 1 Abs. 3 Nr. 4 und 5 geänd., Abs. 4 Nr. 2 eingef., bish. Nr. 2 wird Nr. 3, neue Nr. 3 und Abs. 5 Satz 2 geänd., Abs. 6 neu gef., Abs. 7 angef. mWv 1.3.2022 durch G v. 18.8.2021 (BGBl. I S. 3908).

(2) Zur dauerhaften Sicherung der biologischen Vielfalt sind entsprechend dem jeweiligen Gefährdungsgrad insbesondere
1. lebensfähige Populationen wild lebender Tiere und Pflanzen einschließlich ihrer Lebensstätten zu erhalten und der Austausch zwischen den Populationen sowie Wanderungen und Wiederbesiedelungen zu ermöglichen,
2. Gefährdungen von natürlich vorkommenden Ökosystemen, Biotopen und Arten entgegenzuwirken,
3. Lebensgemeinschaften und Biotope mit ihren strukturellen und geografischen Eigenheiten in einer repräsentativen Verteilung zu erhalten; bestimmte Landschaftsteile sollen der natürlichen Dynamik überlassen bleiben.

(3) Zur dauerhaften Sicherung der Leistungs- und Funktionsfähigkeit des Naturhaushalts sind insbesondere
1. die räumlich abgrenzbaren Teile seines Wirkungsgefüges im Hinblick auf die prägenden biologischen Funktionen, Stoff- und Energieflüsse sowie landschaftlichen Strukturen zu schützen; Naturgüter, die sich nicht erneuern, sind sparsam und schonend zu nutzen; sich erneuernde Naturgüter dürfen nur so genutzt werden, dass sie auf Dauer zur Verfügung stehen,
2. Böden so zu erhalten, dass sie ihre Funktion im Naturhaushalt erfüllen können; nicht mehr genutzte versiegelte Flächen sind zu renaturieren, oder, soweit eine Entsiegelung nicht möglich oder nicht zumutbar ist, der natürlichen Entwicklung zu überlassen,
3. Meeres- und Binnengewässer vor Beeinträchtigungen zu bewahren und ihre natürliche Selbstreinigungsfähigkeit und Dynamik zu erhalten; dies gilt insbesondere für natürliche und naturnahe Gewässer einschließlich ihrer Ufer, Auen und sonstigen Rückhalteflächen; Hochwasserschutz hat auch durch natürliche oder naturnahe Maßnahmen zu erfolgen; für den vorsorgenden Grundwasserschutz sowie für einen ausgeglichenen Niederschlags-Abflusshaushalt ist auch durch Maßnahmen des Naturschutzes und der Landschaftspflege Sorge zu tragen,
4. Luft und Klima auch durch Maßnahmen des Naturschutzes und der Landschaftspflege zu schützen; dies gilt insbesondere für Flächen mit günstiger lufthygienischer oder klimatischer Wirkung wie Frisch- und Kaltluftentstehungsgebiete, Luftaustauschbahnen oder Freiräume im besiedelten Bereich; dem Aufbau einer nachhaltigen Energieversorgung insbesondere durch zunehmende Nutzung erneuerbarer Energien kommt eine besondere Bedeutung zu,
5. wild lebende Tiere und Pflanzen, ihre Lebensgemeinschaften sowie ihre Biotope und Lebensstätten auch im Hinblick auf ihre jeweiligen Funktionen im Naturhaushalt, einschließlich ihrer Stoffumwandlungs- und Bestäubungsleistungen, zu erhalten,
6. der Entwicklung sich selbst regulierender Ökosysteme auf hierfür geeigneten Flächen Raum und Zeit zu geben.

(4) Zur dauerhaften Sicherung der Vielfalt, Eigenart und Schönheit sowie des Erholungswertes von Natur und Landschaft sind insbesondere
1. Naturlandschaften und historisch gewachsene Kulturlandschaften, auch mit ihren Kultur-, Bau- und Bodendenkmälern, vor Verunstaltung, Zersiedelung und sonstigen Beeinträchtigungen zu bewahren,
2. Vorkommen von Tieren und Pflanzen sowie Ausprägungen von Biotopen und Gewässern auch im Hinblick auf ihre Bedeutung für das Natur- und Landschaftserlebnis zu bewahren und zu entwickeln,

3. zum Zweck der Erholung in der freien Landschaft nach ihrer Beschaffenheit und Lage geeignete Flächen vor allem im besiedelten und siedlungsnahen Bereich sowie großflächige Erholungsräume zu schützen und zugänglich zu machen.

(5) ¹Großflächige, weitgehend unzerschnittene Landschaftsräume sind vor weiterer Zerschneidung zu bewahren. ²Die erneute Inanspruchnahme bereits bebauter Flächen sowie die Bebauung unbebauter Flächen im beplanten und unbeplanten Innenbereich, soweit sie nicht als Grünfläche oder als anderer Freiraum für die Verwirklichung der Ziele des Naturschutzes und der Landschaftspflege vorgesehen oder erforderlich sind, hat Vorrang vor der Inanspruchnahme von Freiflächen im Außenbereich. ³Verkehrswege, Energieleitungen und ähnliche Vorhaben sollen landschaftsgerecht geführt, gestaltet und so gebündelt werden, dass die Zerschneidung und die Inanspruchnahme der Landschaft sowie Beeinträchtigungen des Naturhaushalts vermieden oder so gering wie möglich gehalten werden. ⁴Beim Aufsuchen und bei der Gewinnung von Bodenschätzen, bei Abgrabungen und Aufschüttungen sind dauernde Schäden des Naturhaushalts und Zerstörungen wertvoller Landschaftsteile zu vermeiden; unvermeidbare Beeinträchtigungen von Natur und Landschaft sind insbesondere durch Förderung natürlicher Sukzession, Renaturierung, naturnahe Gestaltung, Wiedernutzbarmachung oder Rekultivierung auszugleichen oder zu mindern.

(6) Freiräume im besiedelten und siedlungsnahen Bereich einschließlich ihrer Bestandteile, wie Grünzüge, Parkanlagen, Kleingartenanlagen und sonstige Grünflächen, Wälder, Waldränder und andere Gehölzstrukturen einschließlich Einzelbäume, Fluss- und Bachläufe mit ihren Uferzonen und Auenbereichen, stehende Gewässer und ihre Uferzonen, gartenbau- und landwirtschaftlich genutzte Flächen, Flächen für natürliche Entwicklungsprozesse, Naturerfahrungsräume sowie naturnahe Bereiche im Umfeld von Verkehrsflächen und anderen Nutzungen einschließlich wegebegleitender Säume, sind zu erhalten und dort, wo sie nicht in ausreichendem Maße und hinreichender Qualität vorhanden sind, neu zu schaffen oder zu entwickeln.

(7) Den Zielen des Naturschutzes und der Landschaftspflege können auch Maßnahmen dienen, die den Zustand von Biotopen und Arten durch Nutzung, Pflege oder das Ermöglichen ungelenkter Sukzession auf einer Fläche nur für einen begrenzten Zeitraum verbessern.

§ 2[1]) **Verwirklichung der Ziele.** (1) Jeder soll nach seinen Möglichkeiten zur Verwirklichung der Ziele des Naturschutzes und der Landschaftspflege beitragen und sich so verhalten, dass Natur und Landschaft nicht mehr als nach den Umständen unvermeidbar beeinträchtigt werden.

(2) Die Behörden des Bundes und der Länder haben im Rahmen ihrer Zuständigkeit die Verwirklichung der Ziele des Naturschutzes und der Landschaftspflege zu unterstützen.

(3) Die Ziele des Naturschutzes und der Landschaftspflege sind zu verwirklichen, soweit es im Einzelfall möglich, erforderlich und unter Abwägung aller sich aus § 1 Absatz 1 ergebenden Anforderungen untereinander und gegen die sonstigen Anforderungen der Allgemeinheit an Natur und Landschaft angemessen ist.

---

[1]) § 2 Abs. 7 und 8 angef. mWv 1.3.2022 durch G v. 18.8.2021 (BGBl. I S. 3908).

(4) Bei der Bewirtschaftung von Grundflächen im Eigentum oder Besitz der öffentlichen Hand sollen die Ziele des Naturschutzes und der Landschaftspflege in besonderer Weise berücksichtigt werden.

(5) ¹Die europäischen Bemühungen auf dem Gebiet des Naturschutzes und der Landschaftspflege werden insbesondere durch Aufbau und Schutz des Netzes „Natura 2000" unterstützt. ²Die internationalen Bemühungen auf dem Gebiet des Naturschutzes und der Landschaftspflege werden insbesondere durch den Schutz des Kultur- und Naturerbes im Sinne des Übereinkommens vom 16. November 1972 zum Schutz des Kultur- und Naturerbes der Welt (BGBl. 1977 II S. 213, 215) unterstützt.

(6) ¹Das allgemeine Verständnis für die Ziele des Naturschutzes und der Landschaftspflege ist mit geeigneten Mitteln zu fördern. ²Erziehungs-, Bildungs- und Informationsträger klären auf allen Ebenen über die Bedeutung von Natur und Landschaft, über deren Bewirtschaftung und Nutzung sowie über die Aufgaben des Naturschutzes und der Landschaftspflege auf und wecken das Bewusstsein für einen verantwortungsvollen Umgang mit Natur und Landschaft.

(7) ¹Der Bereitschaft privater Personen, Unternehmen und Einrichtungen der öffentlichen Hand zur Mitwirkung und Zusammenarbeit kommt bei der Verwirklichung der Ziele des Naturschutzes und der Landschaftspflege eine besondere Bedeutung zu. ²Soweit sich der Zustand von Biotopen und Arten aufgrund freiwilliger Maßnahmen wie vertraglicher Vereinbarungen oder der Teilnahme an öffentlichen Programmen zur Bewirtschaftungsbeschränkung auf einer Fläche verbessert, ist dieser Beitrag bei behördlichen Entscheidungen nach diesem Gesetz oder nach dem Naturschutzrecht der Länder im Zusammenhang mit der Wiederaufnahme einer Nutzung oder einer sonstigen Änderung des Zustandes dieser Fläche, auch zur Förderung der allgemeinen Kooperationsbereitschaft, begünstigend zu berücksichtigen.

(8) ¹Für Naturschutzgebiete, Nationalparke, Nationale Naturmonumente, Naturdenkmäler, Gebiete von gemeinschaftlicher Bedeutung im Sinne des § 7 Absatz 1 Nummer 6 und gesetzlich geschützte Biotope im Sinne des § 30 können die Länder freiwillige Vereinbarungen zur Förderung der Biodiversität und zu einer nachhaltigen Bewirtschaftungsweise anbieten. ²Als freiwillige Vereinbarung nach Satz 1 gelten insbesondere von den Landesregierungen mit den Verbänden der Landwirtschaft und des Naturschutzes geschlossene Grundsatzvereinbarungen und Maßnahmenpakete für den Naturschutz. ³Bestandteil freiwilliger Vereinbarungen nach Satz 1 können auch finanzielle Anreize durch Förderung oder Ausgleich sein.

§ 3 Zuständigkeiten, Aufgaben und Befugnisse, vertragliche Vereinbarungen, Zusammenarbeit der Behörden. (1) Die für Naturschutz und Landschaftspflege zuständigen Behörden im Sinne dieses Gesetzes sind

1. die nach Landesrecht für Naturschutz und Landschaftspflege zuständigen Behörden oder
2. das Bundesamt für Naturschutz, soweit ihm nach diesem Gesetz Zuständigkeiten zugewiesen werden.

(2) Die für Naturschutz und Landschaftspflege zuständigen Behörden überwachen die Einhaltung der Vorschriften dieses Gesetzes und der auf Grund dieses Gesetzes erlassenen Vorschriften und treffen nach pflichtgemäßem Ermessen die im Einzelfall erforderlichen Maßnahmen, um deren Einhaltung sicherzustellen, soweit nichts anderes bestimmt ist.

(3) Bei Maßnahmen des Naturschutzes und der Landschaftspflege soll vorrangig geprüft werden, ob der Zweck mit angemessenem Aufwand auch durch vertragliche Vereinbarungen erreicht werden kann.

(4) ¹Mit der Ausführung landschaftspflegerischer und -gestalterischer Maßnahmen sollen die zuständigen Behörden nach Möglichkeit land- und forstwirtschaftliche Betriebe, Vereinigungen, in denen Gemeinden oder Gemeindeverbände, Landwirte und Vereinigungen, die im Schwerpunkt die Ziele des Naturschutzes und der Landschaftspflege fördern, gleichberechtigt vertreten sind (Landschaftspflegeverbände), anerkannte Naturschutzvereinigungen oder Träger von Naturparken beauftragen. ²Hoheitliche Befugnisse können nicht übertragen werden.

(5) ¹Die Behörden des Bundes und der Länder haben die für Naturschutz und Landschaftspflege zuständigen Behörden bereits bei der Vorbereitung aller öffentlichen Planungen und Maßnahmen, die die Belange des Naturschutzes und der Landschaftspflege berühren können, hierüber zu unterrichten und ihnen Gelegenheit zur Stellungnahme zu geben, soweit nicht eine weiter gehende Form der Beteiligung vorgesehen ist. ²Die Beteiligungspflicht nach Satz 1 gilt für die für Naturschutz und Landschaftspflege zuständigen Behörden entsprechend, soweit Planungen und Maßnahmen des Naturschutzes und der Landschaftspflege den Aufgabenbereich anderer Behörden berühren können.

(6) Die für Naturschutz und Landschaftspflege zuständigen Behörden gewährleisten einen frühzeitigen Austausch mit Betroffenen und der interessierten Öffentlichkeit über ihre Planungen und Maßnahmen.

(7) Aufgaben nach diesem Gesetz obliegen einer Gemeinde oder einem Gemeindeverband nur, wenn der Gemeinde oder dem Gemeindeverband die Aufgaben durch Landesrecht übertragen worden sind.

§ 4 Funktionssicherung bei Flächen für öffentliche Zwecke.

¹Bei Maßnahmen des Naturschutzes und der Landschaftspflege ist auf Flächen, die ausschließlich oder überwiegend Zwecken

1. der Verteidigung, einschließlich der Erfüllung internationaler Verpflichtungen und des Schutzes der Zivilbevölkerung,
2. der Bundespolizei,
3. des öffentlichen Verkehrs als öffentliche Verkehrswege,
4. der See- oder Binnenschifffahrt,
5. der Versorgung, einschließlich der hierfür als schutzbedürftig erklärten Gebiete, und der Entsorgung,
6. des Schutzes vor Überflutung durch Hochwasser oder
7. der Telekommunikation

dienen oder in einem verbindlichen Plan für die genannten Zwecke ausgewiesen sind, die bestimmungsgemäße Nutzung zu gewährleisten. ²Die Ziele des Naturschutzes und der Landschaftspflege sind zu berücksichtigen.

§ 5[1)] Land-, Forst- und Fischereiwirtschaft.

(1) Bei Maßnahmen des Naturschutzes und der Landschaftspflege ist die besondere Bedeutung einer natur- und landschaftsverträglichen Land-, Forst- und Fischereiwirtschaft für die Erhaltung der Kultur- und Erholungslandschaft zu berücksichtigen.

[1)] § 5 Abs. 2 Nr. 6 neu gef. mWv 14.2.2012 durch G v. 6.2.2012 (BGBl. I S. 148); Abs. 2 Nr. 6 neu gef. mWv 1.4.2018 durch G v. 15.9.2017 (BGBl. I S. 3434).

(2) Bei der landwirtschaftlichen Nutzung sind neben den Anforderungen, die sich aus den für die Landwirtschaft geltenden Vorschriften und aus § 17 Absatz 2 des Bundes-Bodenschutzgesetzes[1]) ergeben, insbesondere die folgenden Grundsätze der guten fachlichen Praxis zu beachten:

1. die Bewirtschaftung muss standortangepasst erfolgen und die nachhaltige Bodenfruchtbarkeit und langfristige Nutzbarkeit der Flächen muss gewährleistet werden;
2. die natürliche Ausstattung der Nutzfläche (Boden, Wasser, Flora, Fauna) darf nicht über das zur Erzielung eines nachhaltigen Ertrages erforderliche Maß hinaus beeinträchtigt werden;
3. die zur Vernetzung von Biotopen erforderlichen Landschaftselemente sind zu erhalten und nach Möglichkeit zu vermehren;
4. die Tierhaltung hat in einem ausgewogenen Verhältnis zum Pflanzenbau zu stehen und schädliche Umweltauswirkungen sind zu vermeiden;
5. auf erosionsgefährdeten Hängen, in Überschwemmungsgebieten, auf Standorten mit hohem Grundwasserstand sowie auf Moorstandorten ist ein Grünlandumbruch zu unterlassen;
6. die Anwendung von Düngemitteln und Pflanzenschutzmitteln hat nach Maßgabe des landwirtschaftlichen Fachrechtes zu erfolgen; es sind eine Dokumentation über die Anwendung von Düngemitteln nach Maßgabe des § 10 der Düngeverordnung vom 26. Mai 2017 (BGBl. I S. 1305) in der jeweils geltenden Fassung sowie eine Dokumentation über die Anwendung von Pflanzenschutzmitteln nach Maßgabe des Artikels 67 Absatz 1 Satz 2 der Verordnung (EG) Nr. 1107/2009 des Europäischen Parlaments und des Rates vom 21. Oktober 2009 über das Inverkehrbringen von Pflanzenschutzmitteln und zur Aufhebung der Richtlinien 79/117/EWG und 91/414/EWG des Rates (ABl. L 309 vom 24.11.2009, S. 1) zu führen.

(3) [1]Bei der forstlichen Nutzung des Waldes ist das Ziel zu verfolgen, naturnahe Wälder aufzubauen und diese ohne Kahlschläge nachhaltig zu bewirtschaften. [2]Ein hinreichender Anteil standortheimischer Forstpflanzen ist einzuhalten.

(4) [1]Bei der fischereiwirtschaftlichen Nutzung der oberirdischen Gewässer sind diese einschließlich ihrer Uferzonen als Lebensstätten und Lebensräume für heimische Tier- und Pflanzenarten zu erhalten und zu fördern. [2]Der Besatz dieser Gewässer mit nichtheimischen Tierarten ist grundsätzlich zu unterlassen. [3]Bei Fischzuchten und Teichwirtschaften der Binnenfischerei sind Beeinträchtigungen der heimischen Tier- und Pflanzenarten auf das zur Erzielung eines nachhaltigen Ertrages erforderliche Maß zu beschränken.

§ 6[2]) **Beobachtung von Natur und Landschaft.** (1) Der Bund und die Länder beobachten im Rahmen ihrer Zuständigkeiten Natur und Landschaft (allgemeiner Grundsatz).

(2) Die Beobachtung dient der gezielten und fortlaufenden Ermittlung, Beschreibung und Bewertung des Zustands von Natur und Landschaft und ihrer Veränderungen einschließlich der Ursachen und Folgen dieser Veränderungen.

(3) Die Beobachtung umfasst insbesondere

---

[1]) Nr. **299**.
[2]) § 6 Abs. 3 Nr. 2 geänd., Nr. 3 angef. mWv 14.10.2011 durch G v. 6.10.2011 (BGBl. I S. 1986); Abs. 3 Nr. 3 geänd. Nr. 4 angef. mWv 16.9.2017 durch G v. 8.9.2017 (BGBl. I S. 3370).

1. den Zustand von Landschaften, Biotopen und Arten zur Erfüllung völkerrechtlicher Verpflichtungen,
2. den Erhaltungszustand der natürlichen Lebensraumtypen und Arten von gemeinschaftlichem Interesse einschließlich des unbeabsichtigten Fangs oder Tötens der Tierarten, die in Anhang IV Buchstabe a der Richtlinie 92/43/EWG des Rates vom 21. Mai 1992 zur Erhaltung der natürlichen Lebensräume sowie der wildlebenden Tiere und Pflanzen (ABl. L 206 vom 22.7.1992, S. 7), die zuletzt durch die Richtlinie 2006/105/EG (ABl. L 363 vom 20.12.2006, S. 368) geändert worden ist, aufgeführt sind, sowie der europäischen Vogelarten und ihrer Lebensräume; dabei sind die prioritären natürlichen Lebensraumtypen und prioritären Arten besonders zu berücksichtigen,
3. den Zustand weiterer in Anhang III Tabelle 1 der Richtlinie 2008/56/EG des Europäischen Parlaments und des Rates vom 17. Juni 2008 zur Schaffung eines Ordnungsrahmens für Maßnahmen der Gemeinschaft im Bereich der Meeresumwelt (Meeresstrategie-Rahmenrichtlinie) (ABl. L 164 vom 25.6.2008, S. 19) aufgeführter Biotoptypen und sonstiger biologischer Merkmale,
4. das Vorkommen invasiver Arten gemäß § 7 Absatz 2 Nummer 9 Buchstabe a nach Maßgabe des Artikels 14 der Verordnung (EU) Nr. 1143/2014 des Europäischen Parlaments und des Rates vom 22. Oktober 2014 über die Prävention und das Management der Einbringung und Ausbreitung invasiver gebietsfremder Arten (ABl. L 317 vom 4.11.2014, S. 35).

(4) ¹Die zuständigen Behörden des Bundes und der Länder unterstützen sich bei der Beobachtung. ²Sie sollen ihre Beobachtungsmaßnahmen aufeinander abstimmen.

(5) Das Bundesamt für Naturschutz nimmt die Aufgaben des Bundes auf dem Gebiet der Beobachtung von Natur und Landschaft wahr, soweit in Rechtsvorschriften nichts anderes bestimmt ist.

(6) Rechtsvorschriften über die Geheimhaltung, über den Schutz personenbezogener Daten sowie über den Schutz von Betriebs- und Geschäftsgeheimnissen bleiben unberührt.

§ 7[1]) Begriffsbestimmungen.
(1) Für dieses Gesetz gelten folgende Begriffsbestimmungen:
1. biologische Vielfalt
   die Vielfalt der Tier- und Pflanzenarten einschließlich der innerartlichen Vielfalt sowie die Vielfalt an Formen von Lebensgemeinschaften und Biotopen;
2. Naturhaushalt
   die Naturgüter Boden, Wasser, Luft, Klima, Tiere und Pflanzen sowie das Wirkungsgefüge zwischen ihnen;
3. Erholung
   natur- und landschaftsverträglich ausgestaltetes Natur- und Freizeiterleben einschließlich natur- und landschaftsverträglicher sportlicher Betätigung in der

---

[1]) § 7 Abs. 1 Nr. 7, 9, Abs. 2 Nr. 12, 13 Buchst. a, Abs. 3 Nr. 3 geänd. mWv 13.6.2012 durch G v. 6.12.2011 (BGBl. I S. 2557); Abs. 1 Nr. 9 geänd., Nr. 10 angef. mWv 1.8.2013 durch G v. 21.1.2013 (BGBl. I S. 95); Abs. 4 geänd. mWv 8.9.2015 durch VO v. 31.8.2015 (BGBl. I S. 1474); Abs. 2 Nr. 7 und 8 aufgeh., Nr. 9 neu gef. mWv 16.9.2017 durch G v. 8.9.2017 (BGBl. I S. 3370); Abs. 4 geänd. mWv 27.6.2020 durch VO v. 19.6.2020 (BGBl. I S. 1328).

Bundesnaturschutzgesetz § 7 BNatSchG 880

freien Landschaft, soweit dadurch die sonstigen Ziele des Naturschutzes und der Landschaftspflege nicht beeinträchtigt werden;
4. natürliche Lebensraumtypen von gemeinschaftlichem Interesse
die in Anhang I der Richtlinie 92/43/EWG aufgeführten Lebensraumtypen;
5. prioritäre natürliche Lebensraumtypen
die in Anhang I der Richtlinie 92/43/EWG mit dem Zeichen (*) gekennzeichneten Lebensraumtypen;
6. Gebiete von gemeinschaftlicher Bedeutung
die in die Liste nach Artikel 4 Absatz 2 Unterabsatz 3 der Richtlinie 92/43/EWG aufgenommenen Gebiete, auch wenn ein Schutz im Sinne des § 32 Absatz 2 bis 4 noch nicht gewährleistet ist;
7. Europäische Vogelschutzgebiete
Gebiete im Sinne des Artikels 4 Absatz 1 und 2 der Richtlinie 2009/147/EG des Europäischen Parlaments und des Rates vom 30. November 2009 über die Erhaltung der wildlebenden Vogelarten (ABl. L 20 vom 26.1.2010, S. 7), wenn ein Schutz im Sinne des § 32 Absatz 2 bis 4 bereits gewährleistet ist;
8. Natura 2000-Gebiete
Gebiete von gemeinschaftlicher Bedeutung und Europäische Vogelschutzgebiete;
9. Erhaltungsziele
Ziele, die im Hinblick auf die Erhaltung oder Wiederherstellung eines günstigen Erhaltungszustands eines natürlichen Lebensraumtyps von gemeinschaftlichem Interesse, einer in Anhang II der Richtlinie 92/43/EWG oder in Artikel 4 Absatz 2 oder Anhang I der Richtlinie 2009/147/EG aufgeführten Art für ein Natura 2000-Gebiet festgelegt sind;
10. günstiger Erhaltungszustand
Zustand im Sinne von Artikel 1 Buchstabe e und i der Richtlinie 92/43/EWG und von Artikel 2 Nummer 4 der Richtlinie 2004/35/EG des Europäischen Parlaments und des Rates vom 21. April 2004 über Umwelthaftung zur Vermeidung und Sanierung von Umweltschäden (ABl. L 143 vom 30.4.2004, S. 56), die zuletzt durch die Richtlinie 2009/31/EG (ABl. L 140 vom 5.6.2009, S. 114) geändert worden ist.

(2) [1] Für dieses Gesetz gelten folgende weitere Begriffsbestimmungen:
1. Tiere
   a) wild lebende, gefangene oder gezüchtete und nicht herrenlos gewordene sowie tote Tiere wild lebender Arten,
   b) Eier, auch im leeren Zustand, sowie Larven, Puppen und sonstige Entwicklungsformen von Tieren wild lebender Arten,
   c) ohne Weiteres erkennbare Teile von Tieren wild lebender Arten und
   d) ohne Weiteres erkennbar aus Tieren wild lebender Arten gewonnene Erzeugnisse;
2. Pflanzen
   a) wild lebende, durch künstliche Vermehrung gewonnene sowie tote Pflanzen wild lebender Arten,
   b) Samen, Früchte oder sonstige Entwicklungsformen von Pflanzen wild lebender Arten,
   c) ohne Weiteres erkennbare Teile von Pflanzen wild lebender Arten und
   d) ohne Weiteres erkennbar aus Pflanzen wild lebender Arten gewonnene Erzeugnisse;

als Pflanzen im Sinne dieses Gesetzes gelten auch Flechten und Pilze;
3. Art
jede Art, Unterart oder Teilpopulation einer Art oder Unterart; für die Bestimmung einer Art ist ihre wissenschaftliche Bezeichnung maßgebend;
4. Biotop
Lebensraum einer Lebensgemeinschaft wild lebender Tiere und Pflanzen;
5. Lebensstätte
regelmäßiger Aufenthaltsort der wild lebenden Individuen einer Art;
6. Population
eine biologisch oder geografisch abgegrenzte Zahl von Individuen einer Art;
7., 8. *(aufgehoben)*
9. invasive Art
eine invasive gebietsfremde Art im Sinne des Artikels 3 Nummer 2 der Verordnung (EU) Nr. 1143/2014
   a) die in der Unionsliste nach Artikel 4 Absatz 1 der Verordnung (EU) Nr. 1143/2014 aufgeführt ist,
   b) für die Dringlichkeitsmaßnahmen nach Artikel 10 Absatz 4 oder für die Durchführungsrechtsakte nach Artikel 11 Absatz 2 Satz 2 der Verordnung (EU) Nr. 1143/2014 in Kraft sind, soweit die Verordnung (EU) Nr. 1143/2014 nach den genannten Rechtsvorschriften anwendbar ist oder
   c) die in einer Rechtsverordnung nach § 54 Absatz 4 Satz 1 Nummer 1 oder Nummer 3 aufgeführt ist;
10. Arten von gemeinschaftlichem Interesse
die in Anhang II, IV oder V der Richtlinie 92/43/EWG aufgeführten Tier- und Pflanzenarten;
11. prioritäre Arten
die in Anhang II der Richtlinie 92/43/EWG mit dem Zeichen (*) gekennzeichneten Tier- und Pflanzenarten;
12. europäische Vogelarten
in Europa natürlich vorkommende Vogelarten im Sinne des Artikels 1 der Richtlinie 2009/147/EG;
13. besonders geschützte Arten
   a) Tier- und Pflanzenarten, die in Anhang A oder Anhang B der Verordnung (EG) Nr. 338/97 des Rates vom 9. Dezember 1996 über den Schutz von Exemplaren wildlebender Tier- und Pflanzenarten durch Überwachung des Handels (ABl. L 61 vom 3.3.1997, S. 1, L 100 vom 17.4.1997, S. 72, L 298 vom 1.11.1997, S. 70, L 113 vom 27.4.2006, S. 26), die zuletzt durch die Verordnung (EG) Nr. 709/2010 (ABl. L 212 vom 12.8.2010, S. 1) geändert worden ist, aufgeführt sind,
   b) nicht unter Buchstabe a fallende
      aa) Tier- und Pflanzenarten, die in Anhang IV der Richtlinie 92/43/EWG aufgeführt sind,
      bb) europäische Vogelarten,
   c) Tier- und Pflanzenarten, die in einer Rechtsverordnung nach § 54 Absatz 1 aufgeführt sind;
14. streng geschützte Arten
besonders geschützte Arten, die
   a) in Anhang A der Verordnung (EG) Nr. 338/97,
   b) in Anhang IV der Richtlinie 92/43/EWG,

c) in einer Rechtsverordnung nach § 54 Absatz 2 aufgeführt sind;

15. gezüchtete Tiere
Tiere, die in kontrollierter Umgebung geboren oder auf andere Weise erzeugt und deren Elterntiere rechtmäßig erworben worden sind;

16. künstlich vermehrte Pflanzen
Pflanzen, die aus Samen, Gewebekulturen, Stecklingen oder Teilungen unter kontrollierten Bedingungen herangezogen worden sind;

17. Anbieten
Erklärung der Bereitschaft zu verkaufen oder zu kaufen und ähnliche Handlungen, einschließlich der Werbung, der Veranlassung zur Werbung oder der Aufforderung zu Verkaufs- oder Kaufverhandlungen;

18. Inverkehrbringen
das Anbieten, Vorrätighalten zur Abgabe, Feilhalten und jedes Abgeben an andere;

19. rechtmäßig
in Übereinstimmung mit den jeweils geltenden Rechtsvorschriften zum Schutz der betreffenden Art im jeweiligen Staat sowie mit Rechtsakten der Europäischen Gemeinschaft auf dem Gebiet des Artenschutzes und dem Übereinkommen vom 3. März 1973 über den internationalen Handel mit gefährdeten Arten freilebender Tiere und Pflanzen (BGBl. 1975 II S. 773, 777) – Washingtoner Artenschutzübereinkommen – im Rahmen ihrer jeweiligen räumlichen und zeitlichen Geltung oder Anwendbarkeit;

20. Mitgliedstaat
ein Staat, der Mitglied der Europäischen Union ist;

21. Drittstaat
ein Staat, der nicht Mitglied der Europäischen Union ist.

(3) Soweit in diesem Gesetz auf Anhänge der

1. Verordnung (EG) Nr. 338/97,
2. Verordnung (EWG) Nr. 3254/91 des Rates vom 4. November 1991 zum Verbot von Tellereisen in der Gemeinschaft und der Einfuhr von Pelzen und Waren von bestimmten Wildtierarten aus Ländern, die Tellereisen oder den internationalen humanen Fangnormen nicht entsprechende Fangmethoden anwenden (ABl. L 308 vom 9.11.1991, S. 1),
3. Richtlinien 92/43/EWG und 2009/147/EG,
4. Richtlinie 83/129/EWG des Rates vom 28. März 1983 betreffend die Einfuhr in die Mitgliedstaaten von Fellen bestimmter Jungrobben und Waren daraus (ABl. L 91 vom 9.4.1983, S. 30), die zuletzt durch die Richtlinie 89/370/EWG (ABl. L 163 vom 14.6.1989, S. 37) geändert worden ist,

oder auf Vorschriften der genannten Rechtsakte verwiesen wird, in denen auf Anhänge Bezug genommen wird, sind die Anhänge jeweils in der sich aus den Veröffentlichungen im Amtsblatt Teil L der Europäischen Union ergebenden geltenden Fassung maßgeblich.

(4) Das Bundesministerium für Umwelt, Naturschutz und nukleare Sicherheit gibt die besonders geschützten und die streng geschützten Arten sowie den Zeitpunkt ihrer jeweiligen Unterschutzstellung bekannt.

(5) [1] Wenn besonders geschützte Arten bereits auf Grund der bis zum 8. Mai 1998 geltenden Vorschriften unter besonderem Schutz standen, gilt als Zeitpunkt der Unterschutzstellung derjenige, der sich aus diesen Vorschriften ergibt. [2] Ent-

sprechendes gilt für die streng geschützten Arten, soweit sie nach den bis zum 8. Mai 1998 geltenden Vorschriften als vom Aussterben bedroht bezeichnet waren.

Kapitel 2. Landschaftsplanung

§ 8 Allgemeiner Grundsatz. Die Ziele des Naturschutzes und der Landschaftspflege werden als Grundlage vorsorgenden Handelns im Rahmen der Landschaftsplanung überörtlich und örtlich konkretisiert und die Erfordernisse und Maßnahmen zur Verwirklichung dieser Ziele dargestellt und begründet.

§ 9[1)] Aufgaben und Inhalte der Landschaftsplanung; Ermächtigung zum Erlass von Rechtsverordnungen. (1) Die Landschaftsplanung hat die Aufgabe, die Ziele des Naturschutzes und der Landschaftspflege für den jeweiligen Planungsraum zu konkretisieren und die Erfordernisse und Maßnahmen zur Verwirklichung dieser Ziele auch für die Planungen und Verwaltungsverfahren aufzuzeigen, deren Entscheidungen sich auf Natur und Landschaft im Planungsraum auswirken können.

(2) [1]Inhalte der Landschaftsplanung sind die Darstellung und Begründung der konkretisierten Ziele des Naturschutzes und der Landschaftspflege und der ihrer Verwirklichung dienenden Erfordernisse und Maßnahmen. [2]Darstellung und Begründung erfolgen nach Maßgabe der §§ 10 und 11 in Landschaftsprogrammen, Landschaftsrahmenplänen, Landschaftsplänen sowie Grünordnungsplänen.

(3) [1]Die Pläne sollen Angaben enthalten über

1. den vorhandenen und den zu erwartenden Zustand von Natur und Landschaft,
2. die konkretisierten Ziele des Naturschutzes und der Landschaftspflege,
3. die Beurteilung des vorhandenen und zu erwartenden Zustands von Natur und Landschaft nach Maßgabe dieser Ziele einschließlich der sich daraus ergebenden Konflikte,
4. die Erfordernisse und Maßnahmen zur Umsetzung der konkretisierten Ziele des Naturschutzes und der Landschaftspflege, insbesondere
    a) zur Vermeidung, Minderung oder Beseitigung von Beeinträchtigungen von Natur und Landschaft,
    b) zum Schutz bestimmter Teile von Natur und Landschaft im Sinne des Kapitels 4 sowie der Biotope, Lebensgemeinschaften und Lebensstätten der Tiere und Pflanzen wild lebender Arten,
    c) auf Flächen, die wegen ihres Zustands, ihrer Lage oder ihrer natürlichen Entwicklungsmöglichkeit für künftige Maßnahmen des Naturschutzes und der Landschaftspflege, insbesondere zur Kompensation von Eingriffen in Natur und Landschaft sowie zum Einsatz natur- und landschaftsbezogener Fördermittel besonders geeignet sind,
    d) zum Aufbau und Schutz eines Biotopverbunds, der Biotopvernetzung und des Netzes „Natura 2000",
    e) zum Schutz, zur Qualitätsverbesserung und zur Regeneration von Böden, Gewässern, Luft und Klima,

---

[1)] § 9 Abs. 5 Satz 2 geänd. mWv 14.10.2011 durch G v. 6.10.2011 (BGBl. I S. 1986); Abs. 3 Satz 3 geänd. mWv 8.9.2015 durch VO v. 31.8.2015 (BGBl. I S. 1474); Abs. 3 Satz 3 geänd. mWv 27.6.2020 durch VO v. 19.6.2020 (BGBl. I S. 1328); Abs. 3 Satz 1 Nr. 4 Buchst. g geänd., Buchst. h angef. mWv 1.3.2022 durch G v. 18.8.2021 (BGBl. I S. 3908).

f) zur Erhaltung und Entwicklung von Vielfalt, Eigenart und Schönheit sowie des Erholungswertes von Natur und Landschaft,

g) zur Erhaltung und Entwicklung von Freiräumen im besiedelten und unbesiedelten Bereich,

h) zur Sicherung und Förderung der biologischen Vielfalt im Planungsraum einschließlich ihrer Bedeutung für das Naturerlebnis.

²Auf die Verwertbarkeit der Darstellungen der Landschaftsplanung für die Raumordnungspläne und Bauleitpläne ist Rücksicht zu nehmen. ³Das Bundesministerium für Umwelt, Naturschutz und nukleare Sicherheit wird ermächtigt, durch Rechtsverordnung mit Zustimmung des Bundesrates die für die Darstellung der Inhalte zu verwendenden Planzeichen zu regeln.

(4) ¹Die Landschaftsplanung ist fortzuschreiben, sobald und soweit dies im Hinblick auf Erfordernisse und Maßnahmen im Sinne des Absatzes 3 Satz 1 Nummer 4 erforderlich ist, insbesondere weil wesentliche Veränderungen von Natur und Landschaft im Planungsraum eingetreten, vorgesehen oder zu erwarten sind. ²Die Fortschreibung kann als sachlicher oder räumlicher Teilplan erfolgen, sofern die Umstände, die die Fortschreibung begründen, sachlich oder räumlich begrenzt sind.

(5) ¹In Planungen und Verwaltungsverfahren sind die Inhalte der Landschaftsplanung zu berücksichtigen. ²Insbesondere sind die Inhalte der Landschaftsplanung für die Beurteilung der Umweltverträglichkeit und der Verträglichkeit im Sinne des § 34 Absatz 1 dieses Gesetzes sowie bei der Aufstellung der Maßnahmenprogramme im Sinne der §§ 45h und 82 des Wasserhaushaltsgesetzes[1]) heranzuziehen. ³Soweit den Inhalten der Landschaftsplanung in den Entscheidungen nicht Rechnung getragen werden kann, ist dies zu begründen.

§ 10[2]) Landschaftsprogramme und Landschaftsrahmenpläne. (1) ¹Die überörtlichen konkretisierten Ziele, Erfordernisse und Maßnahmen des Naturschutzes und der Landschaftspflege werden für den Bereich eines Landes im Landschaftsprogramm oder für Teile des Landes in Landschaftsrahmenplänen dargestellt. ²Die Ziele der Raumordnung sind zu beachten; die Grundsätze und sonstigen Erfordernisse der Raumordnung sind zu berücksichtigen.

(2) ¹Landschaftsprogramme können aufgestellt werden. ²Landschaftsrahmenpläne sind für alle Teile des Landes aufzustellen, soweit nicht ein Landschaftsprogramm seinen Inhalten und seinem Konkretisierungsgrad nach einem Landschaftsrahmenplan entspricht.

(3) Die konkretisierten Ziele, Erfordernisse und Maßnahmen des Naturschutzes und der Landschaftspflege sind, soweit sie raumbedeutsam sind, in der Abwägung nach § 7 Absatz 2 des Raumordnungsgesetzes[3]) zu berücksichtigen.

(4) ¹Landschaftsrahmenpläne und Landschaftsprogramme im Sinne des Absatzes 2 Satz 2 sind mindestens alle zehn Jahre fortzuschreiben. ²Mindestens alle zehn Jahre ist zu prüfen, ob und in welchem Umfang eine Aufstellung oder Fortschreibung sonstiger Landschaftsprogramme erforderlich ist.

(5) ¹Die landschaftsplanerischen Inhalte werden eigenständig erarbeitet und dargestellt. ² Im Übrigen richten sich die Zuständigkeit, das Verfahren der Aufstellung

---

[1]) Nr. **845**.
[2]) § 10 Abs. 4 neu gef., Abs. 5 angef. mWv 1.3.2022 durch G v. 18.8.2021 (BGBl. I S. 3908).
[3]) Nr. **340**.

und das Verhältnis von Landschaftsprogrammen und Landschaftsrahmenplänen zu Raumordnungsplänen nach § 13 des Raumordnungsgesetzes nach Landesrecht.

§ 11[1]) **Landschaftspläne und Grünordnungspläne.** (1) ¹Die für die örtliche Ebene konkretisierten Ziele, Erfordernisse und Maßnahmen des Naturschutzes und der Landschaftspflege werden auf der Grundlage der Landschaftsrahmenpläne für die Gebiete der Gemeinden in Landschaftsplänen, für Teile eines Gemeindegebiets in Grünordnungsplänen dargestellt. ²Die Ziele der Raumordnung sind zu beachten; die Grundsätze und sonstigen Erfordernisse der Raumordnung sind zu berücksichtigen. ³Die Pläne sollen die in § 9 Absatz 3 genannten Angaben enthalten, soweit dies für die Darstellung der für die örtliche Ebene konkretisierten Ziele, Erfordernisse und Maßnahmen erforderlich ist. ⁴Abweichende Vorschriften der Länder zum Inhalt von Landschafts- und Grünordnungsplänen sowie Vorschriften zu deren Rechtsverbindlichkeit bleiben unberührt.

(2) Landschaftspläne sind aufzustellen, sobald und soweit dies im Hinblick auf Erfordernisse und Maßnahmen im Sinne des § 9 Absatz 3 Satz 1 Nummer 4 erforderlich ist, insbesondere weil wesentliche Veränderungen von Natur und Landschaft im Planungsraum eingetreten, vorgesehen oder zu erwarten sind.

(3) Die in den Landschaftsplänen für die örtliche Ebene konkretisierten Ziele, Erfordernisse und Maßnahmen des Naturschutzes und der Landschaftspflege sind in der Abwägung nach § 1 Absatz 7 des Baugesetzbuches[2]) zu berücksichtigen und können als Darstellungen oder Festsetzungen nach den §§ 5 und 9 des Baugesetzbuches in die Bauleitpläne aufgenommen werden.

(4) Landschaftspläne sind mindestens alle zehn Jahre daraufhin zu prüfen, ob und in welchem Umfang mit Blick auf die in Absatz 2 Satz 1 genannten Kriterien eine Fortschreibung erforderlich ist.

(5) Werden in den Ländern Berlin, Bremen und Hamburg die örtlichen Erfordernisse und Maßnahmen des Naturschutzes und der Landschaftspflege in Landschaftsrahmenplänen oder Landschaftsprogrammen dargestellt, so ersetzen diese die Landschaftspläne.

(6) ¹Grünordnungspläne können aufgestellt werden. ²Insbesondere können sie aufgestellt werden zur

1. Freiraumsicherung und -pflege einschließlich der Gestaltung des Ortsbildes sowie Entwicklung der grünen Infrastruktur in Wohn-, Gewerbe- und sonstigen baulich genutzten Gebieten,
2. Gestaltung, Pflege und Entwicklung von Parks und anderen Grünanlagen, Gewässern mit ihren Uferbereichen, urbanen Wäldern oder anderen größeren Freiräumen mit besonderer Bedeutung für die siedlungsbezogene Erholung sowie des unmittelbaren Stadt- bzw. Ortsrandes,
3. Gestaltung, Pflege und Entwicklung von Teilräumen bestimmter Kulturlandschaften mit ihren jeweiligen Kulturlandschaftselementen sowie von Bereichen mit einer besonderen Bedeutung für die Erholung in der freien Landschaft.

³Besteht ein Landschaftsplan, so sind Grünordnungspläne aus diesem zu entwickeln.

---

[1]) § 11 Abs. 2 Satz 2 aufgeh., Abs. 4 eingef., bish. Abs. 4 wird Abs. 5, Abs. 6 eingef., bish. Abs. 5 wird Abs. 7 und neu gef. mWv 1.3.2022 durch G v. 18.8.2021 (BGBl. I S. 3908).
[2]) Nr. **300**.

(7) ¹Die Inhalte der Landschaftspläne und Grünordnungspläne werden eigenständig erarbeitet und dargestellt. ²Im Übrigen richten sich die Zuständigkeit und das Verfahren zur Aufstellung und Durchführung nach Landesrecht.

§ 12 Zusammenwirken der Länder bei der Planung. ¹Bei der Aufstellung und Fortschreibung von Programmen und Plänen nach den §§ 10 und 11 für Gebiete, die an andere Länder angrenzen, sind deren entsprechende Programme und Pläne zu berücksichtigen. ²Soweit dies erforderlich ist, stimmen sich die Länder untereinander ab.

Kapitel 3. Allgemeiner Schutz von Natur und Landschaft

§ 13 Allgemeiner Grundsatz. ¹Erhebliche Beeinträchtigungen von Natur und Landschaft sind vom Verursacher vorrangig zu vermeiden. ²Nicht vermeidbare erhebliche Beeinträchtigungen sind durch Ausgleichs- oder Ersatzmaßnahmen oder, soweit dies nicht möglich ist, durch einen Ersatz in Geld zu kompensieren.

§ 14 Eingriffe in Natur und Landschaft. (1) Eingriffe in Natur und Landschaft im Sinne dieses Gesetzes sind Veränderungen der Gestalt oder Nutzung von Grundflächen oder Veränderungen des mit der belebten Bodenschicht in Verbindung stehenden Grundwasserspiegels, die die Leistungs- und Funktionsfähigkeit des Naturhaushalts oder das Landschaftsbild erheblich beeinträchtigen können.

(2) ¹Die land-, forst- und fischereiwirtschaftliche Bodennutzung ist nicht als Eingriff anzusehen, soweit dabei die Ziele des Naturschutzes und der Landschaftspflege berücksichtigt werden. ²Entspricht die land-, forst- und fischereiwirtschaftliche Bodennutzung den in § 5 Absatz 2 bis 4 dieses Gesetzes genannten Anforderungen sowie den sich aus § 17 Absatz 2 des Bundes-Bodenschutzgesetzes[1)] und dem Recht der Land-, Forst- und Fischereiwirtschaft ergebenden Anforderungen an die gute fachliche Praxis, widerspricht sie in der Regel nicht den Zielen des Naturschutzes und der Landschaftspflege.

(3) Nicht als Eingriff gilt die Wiederaufnahme einer land-, forst- und fischereiwirtschaftlichen Bodennutzung, wenn sie zeitweise eingeschränkt oder unterbrochen war

1. auf Grund vertraglicher Vereinbarungen oder auf Grund der Teilnahme an öffentlichen Programmen zur Bewirtschaftungsbeschränkung und wenn die Wiederaufnahme innerhalb von zehn Jahren nach Auslaufen der Einschränkung oder Unterbrechung erfolgt,
2. auf Grund der Durchführung von vorgezogenen Kompensationsmaßnahmen, die vorgezogene Maßnahme aber nicht für eine Kompensation in Anspruch genommen wird.

§ 15[2)] Verursacherpflichten, Unzulässigkeit von Eingriffen; Ermächtigung zum Erlass von Rechtsverordnungen. (1) ¹Der Verursacher eines Eingriffs ist verpflichtet, vermeidbare Beeinträchtigungen von Natur und Landschaft

---

[1)] Nr. 299.
[2)] § 15 Abs. 7 Satz 1 einl. Satzteil und Satz 2 geänd. mWv 8.9.2015 durch VO v. 31.8.2015 (BGBl. I S. 1474); Abs. 7 Satz 1 neu gef. (Änd. von Satz 2 bereits durch VO v. 31.8.2015, BGBl. I S. 1474 ausgeführt) mWv 11.2.2017 durch G v. 4.8.2016 (BGBl. I S. 1972); Abs. 8 angef. mWv 1.12.2019 durch G v. 13.5.2019 (BGBl. I S. 706); Abs. 7 Satz 1 einl. Satzteil und Satz 2 geänd. mWv 27.6.2020 durch VO v. 19.6.2020 (BGBl. I S. 1328).

zu unterlassen. ²Beeinträchtigungen sind vermeidbar, wenn zumutbare Alternativen, den mit dem Eingriff verfolgten Zweck am gleichen Ort ohne oder mit geringeren Beeinträchtigungen von Natur und Landschaft zu erreichen, gegeben sind. ³Soweit Beeinträchtigungen nicht vermieden werden können, ist dies zu begründen.

(2) ¹Der Verursacher ist verpflichtet, unvermeidbare Beeinträchtigungen durch Maßnahmen des Naturschutzes und der Landschaftspflege auszugleichen (Ausgleichsmaßnahmen) oder zu ersetzen (Ersatzmaßnahmen). ²Ausgeglichen ist eine Beeinträchtigung, wenn und sobald die beeinträchtigten Funktionen des Naturhaushalts in gleichartiger Weise wiederhergestellt sind und das Landschaftsbild landschaftsgerecht wiederhergestellt oder neu gestaltet ist. ³Ersetzt ist eine Beeinträchtigung, wenn und sobald die beeinträchtigten Funktionen des Naturhaushalts in dem betroffenen Naturraum in gleichwertiger Weise hergestellt sind und das Landschaftsbild landschaftsgerecht neu gestaltet ist. ⁴Festlegungen von Entwicklungs- und Wiederherstellungsmaßnahmen für Gebiete im Sinne des § 20 Absatz 2 Nummer 1 bis 4 und in Bewirtschaftungsplänen nach § 32 Absatz 5, von Maßnahmen nach § 34 Absatz 5 und § 44 Absatz 5 Satz 3 dieses Gesetzes sowie von Maßnahmen in Maßnahmenprogrammen im Sinne des § 82 des Wasserhaushaltsgesetzes¹⁾ stehen der Anerkennung solcher Maßnahmen als Ausgleichs- und Ersatzmaßnahmen nicht entgegen. ⁵Bei der Festsetzung von Art und Umfang der Ausgleichs- und Ersatzmaßnahmen sind die Programme und Pläne nach den §§ 10 und 11 zu berücksichtigen.

(3) ¹Bei der Inanspruchnahme von land- oder forstwirtschaftlich genutzten Flächen für Ausgleichs- und Ersatzmaßnahmen ist auf agrarstrukturelle Belange Rücksicht zu nehmen, insbesondere sind für die landwirtschaftliche Nutzung besonders geeignete Böden nur im notwendigen Umfang in Anspruch zu nehmen. ²Es ist vorrangig zu prüfen, ob der Ausgleich oder Ersatz auch durch Maßnahmen zur Entsiegelung, durch Maßnahmen zur Wiedervernetzung von Lebensräumen oder durch Bewirtschaftungs- oder Pflegemaßnahmen, die der dauerhaften Aufwertung des Naturhaushalts oder des Landschaftsbildes dienen, erbracht werden kann, um möglichst zu vermeiden, dass Flächen aus der Nutzung genommen werden.

(4) ¹Ausgleichs- und Ersatzmaßnahmen sind in dem jeweils erforderlichen Zeitraum zu unterhalten und rechtlich zu sichern. ²Der Unterhaltungszeitraum ist durch die zuständige Behörde im Zulassungsbescheid festzusetzen. ³Verantwortlich für Ausführung, Unterhaltung und Sicherung der Ausgleichs- und Ersatzmaßnahmen ist der Verursacher oder dessen Rechtsnachfolger.

(5) Ein Eingriff darf nicht zugelassen oder durchgeführt werden, wenn die Beeinträchtigungen nicht zu vermeiden oder nicht in angemessener Frist auszugleichen oder zu ersetzen sind und die Belange des Naturschutzes und der Landschaftspflege bei der Abwägung aller Anforderungen an Natur und Landschaft anderen Belangen im Range vorgehen.

(6) ¹Wird ein Eingriff nach Absatz 5 zugelassen oder durchgeführt, obwohl die Beeinträchtigungen nicht zu vermeiden oder nicht in angemessener Frist auszugleichen oder zu ersetzen sind, hat der Verursacher Ersatz in Geld zu leisten. ²Die Ersatzzahlung bemisst sich nach den durchschnittlichen Kosten der nicht durchführbaren Ausgleichs- und Ersatzmaßnahmen einschließlich der erforderlichen durchschnittlichen Kosten für deren Planung und Unterhaltung sowie die

---

¹⁾ Nr. **845**.

Flächenbereitstellung unter Einbeziehung der Personal- und sonstigen Verwaltungskosten. ³Sind diese nicht feststellbar, bemisst sich die Ersatzzahlung nach Dauer und Schwere des Eingriffs unter Berücksichtigung der dem Verursacher daraus erwachsenden Vorteile. ⁴Die Ersatzzahlung ist von der zuständigen Behörde im Zulassungsbescheid oder, wenn der Eingriff von einer Behörde durchgeführt wird, vor der Durchführung des Eingriffs festzusetzen. ⁵Die Zahlung ist vor der Durchführung des Eingriffs zu leisten. ⁶Es kann ein anderer Zeitpunkt für die Zahlung festgelegt werden; in diesem Fall soll eine Sicherheitsleistung verlangt werden. ⁷Die Ersatzzahlung ist zweckgebunden für Maßnahmen des Naturschutzes und der Landschaftspflege möglichst in dem betroffenen Naturraum zu verwenden, für die nicht bereits nach anderen Vorschriften eine rechtliche Verpflichtung besteht.

(7) ¹Das Bundesministerium für Umwelt, Naturschutz und nukleare Sicherheit wird ermächtigt, im Einvernehmen mit dem Bundesministerium für Ernährung und Landwirtschaft, dem Bundesministerium für Verkehr und digitale Infrastruktur und dem Bundesministerium für Wirtschaft und Energie durch Rechtsverordnung mit Zustimmung des Bundesrates das Nähere zur Kompensation von Eingriffen zu regeln, insbesondere

1. zu Inhalt, Art und Umfang von Ausgleichs- und Ersatzmaßnahmen einschließlich Maßnahmen zur Entsiegelung, zur Wiedervernetzung von Lebensräumen und zur Bewirtschaftung und Pflege sowie zur Festlegung diesbezüglicher Standards, insbesondere für vergleichbare Eingriffsarten,

2. die Höhe der Ersatzzahlung und das Verfahren zu ihrer Erhebung.

²Solange und soweit das Bundesministerium für Umwelt, Naturschutz und nukleare Sicherheit von seiner Ermächtigung keinen Gebrauch macht, richtet sich das Nähere zur Kompensation von Eingriffen nach Landesrecht, soweit dieses den vorstehenden Absätzen nicht widerspricht.

(8) ¹Das Bundesministerium für Umwelt, Naturschutz und nukleare Sicherheit wird ermächtigt, im Einvernehmen mit dem Bundesministerium für Ernährung und Landwirtschaft, dem Bundesministerium für Verkehr und digitale Infrastruktur und dem Bundesministerium für Wirtschaft und Energie durch Rechtsverordnung[1]) ohne Zustimmung des Bundesrates das Nähere zur Vermeidung von Beeinträchtigungen im Sinne von Absatz 1 Satz 1 sowie zur Kompensation von Eingriffen im Sinne von Absatz 7 Satz 1 zu regeln, soweit die Verordnung und Vorschriften dieses Kapitels ausschließlich durch die Bundesverwaltung, insbesondere bundeseigene Verwaltung oder bundesunmittelbare Körperschaften oder Anstalten des öffentlichen Rechts, ausgeführt werden. ²Die Rechtsverordnung ist bis zum 1. März 2020 dem Bundestag zuzuleiten. ³Sie kann durch Beschluss des Bundestages geändert oder abgelehnt werden. ⁴Der Beschluss des Bundestages wird dem Bundesministerium für Umwelt, Naturschutz und nukleare Sicherheit zugeleitet. ⁵Das Bundesministerium für Umwelt, Naturschutz und nukleare Sicherheit ist bei der Verkündung der Rechtsverordnung an den Beschluss gebunden. ⁶Hat sich der Bundestag nach Ablauf von drei Sitzungswochen seit Eingang einer Rechtsverordnung nicht mit ihr befasst, so wird die unveränderte Rechtsverordnung dem Bundesministerium für Umwelt, Naturschutz und nukleare Sicherheit zur Verkündung zugeleitet. ⁷Absatz 7 Satz 2 ist entsprechend anzuwenden.

---

[1]) Siehe die BundeskompensationsVO v. 14.5.2020 (BGBl. I S. 1088).

§ 16[1] Bevorratung von Kompensationsmaßnahmen.

(1) ¹Maßnahmen des Naturschutzes und der Landschaftspflege, die im Hinblick auf zu erwartende Eingriffe durchgeführt worden sind, sind als Ausgleichs- oder Ersatzmaßnahmen anzuerkennen, soweit

1. die Voraussetzungen des § 15 Absatz 2 erfüllt sind,
2. sie ohne rechtliche Verpflichtung durchgeführt wurden,
3. dafür keine öffentlichen Fördermittel in Anspruch genommen wurden,
4. sie Programmen und Plänen nach den §§ 10 und 11 nicht widersprechen und
5. eine Dokumentation des Ausgangszustands der Flächen vorliegt; Vorschriften der Länder zu den Anforderungen an die Dokumentation bleiben unberührt.

²Absatz 1 Satz 1 Nummer 3 ist nicht auf durchgeführte oder zugelassene Maßnahmen des Naturschutzes und der Landschaftspflege anzuwenden, die der Kompensation von zu erwartenden Eingriffen durch Maßnahmen des Küsten- oder Hochwasserschutzes dienen und durch Träger von Küsten- oder Hochwasserschutzvorhaben durchgeführt werden oder durchgeführt worden sind.

(2) ¹Die Bevorratung von vorgezogenen Ausgleichs- und Ersatzmaßnahmen mittels Ökokonten, Flächenpools oder anderer Maßnahmen, insbesondere die Erfassung, Bewertung oder Buchung vorgezogener Ausgleichs- und Ersatzmaßnahmen in Ökokonten, deren Genehmigungsbedürftigkeit und Handelbarkeit sowie der Übergang der Verantwortung nach § 15 Absatz 4 auf Dritte, die vorgezogene Ausgleichs- und Ersatzmaßnahmen durchführen, richtet sich nach Landesrecht. ²Im Bereich der deutschen ausschließlichen Wirtschaftszone und des Festlandsockels richtet sich die Bevorratung nach § 56a.

§ 17 Verfahren; Ermächtigung zum Erlass von Rechtsverordnungen.

(1) Bedarf ein Eingriff nach anderen Rechtsvorschriften einer behördlichen Zulassung oder einer Anzeige an eine Behörde oder wird er von einer Behörde durchgeführt, so hat diese Behörde zugleich die zur Durchführung des § 15 erforderlichen Entscheidungen und Maßnahmen im Benehmen mit der für Naturschutz und Landschaftspflege zuständigen Behörde zu treffen, soweit nicht nach Bundes- oder Landesrecht eine weiter gehende Form der Beteiligung vorgeschrieben ist oder die für Naturschutz und Landschaftspflege zuständige Behörde selbst entscheidet.

(2) Soll bei Eingriffen, die von Behörden des Bundes zugelassen oder durchgeführt werden, von der Stellungnahme der für Naturschutz und Landschaftspflege zuständigen Behörde abgewichen werden, entscheidet hierüber die fachlich zuständige Behörde des Bundes im Benehmen mit der obersten Landesbehörde für Naturschutz und Landschaftspflege, soweit nicht eine weiter gehende Form der Beteiligung vorgesehen ist.

(3) ¹Für einen Eingriff, der nicht von einer Behörde durchgeführt wird und der keiner behördlichen Zulassung oder Anzeige nach anderen Rechtsvorschriften bedarf, ist eine Genehmigung der für Naturschutz und Landschaftspflege zuständigen Behörde erforderlich. ²Die Genehmigung ist schriftlich zu beantragen. ³Die Genehmigung ist zu erteilen, wenn die Anforderungen des § 15 erfüllt sind. ⁴Die für Naturschutz und Landschaftspflege zuständige Behörde trifft die zur Durchführung des § 15 erforderlichen Entscheidungen und Maßnahmen.

---

[1] § 16 Abs. 1 Satz 2 angef. mWv 5.1.2018 durch G v. 30.6.2017 (BGBl. I S. 2193); Abs. 2 Satz 2 angef. mWv 29.9.2017 durch G v. 15.9.2017 (BGBl. I S. 3434).

(4) ¹Vom Verursacher eines Eingriffs sind zur Vorbereitung der Entscheidungen und Maßnahmen zur Durchführung des § 15 in einem nach Art und Umfang des Eingriffs angemessenen Umfang die für die Beurteilung des Eingriffs erforderlichen Angaben zu machen, insbesondere über

1. Ort, Art, Umfang und zeitlichen Ablauf des Eingriffs sowie
2. die vorgesehenen Maßnahmen zur Vermeidung, zum Ausgleich und zum Ersatz der Beeinträchtigungen von Natur und Landschaft einschließlich Angaben zur tatsächlichen und rechtlichen Verfügbarkeit der für Ausgleich und Ersatz benötigten Flächen.

²Die zuständige Behörde kann die Vorlage von Gutachten verlangen, soweit dies zur Beurteilung der Auswirkungen des Eingriffs und der Ausgleichs- und Ersatzmaßnahmen erforderlich ist. ³Bei einem Eingriff, der auf Grund eines nach öffentlichem Recht vorgesehenen Fachplans vorgenommen werden soll, hat der Planungsträger die erforderlichen Angaben nach Satz 1 im Fachplan oder in einem landschaftspflegerischen Begleitplan in Text und Karte darzustellen. ⁴Dieser soll auch Angaben zu den zur Sicherung des Zusammenhangs des Netzes „Natura 2000" notwendigen Maßnahmen nach § 34 Absatz 5 und zu vorgezogenen Ausgleichsmaßnahmen nach § 44 Absatz 5 enthalten, sofern diese Vorschriften für das Vorhaben von Belang sind. ⁵Der Begleitplan ist Bestandteil des Fachplans.

(5) ¹Die zuständige Behörde kann die Leistung einer Sicherheit bis zur Höhe der voraussichtlichen Kosten für die Ausgleichs- oder Ersatzmaßnahmen verlangen, soweit dies erforderlich ist, um die Erfüllung der Verpflichtungen nach § 15 zu gewährleisten. ²Auf Sicherheitsleistungen sind die §§ 232 bis 240 des Bürgerlichen Gesetzbuches¹⁾ anzuwenden.

(6) ¹Die Ausgleichs- und Ersatzmaßnahmen und die dafür in Anspruch genommenen Flächen werden in einem Kompensationsverzeichnis erfasst. ²Hierzu übermitteln die nach den Absätzen 1 und 3 zuständigen Behörden der für die Führung des Kompensationsverzeichnisses zuständigen Stelle die erforderlichen Angaben.

(7) ¹Die nach Absatz 1 oder Absatz 3 zuständige Behörde prüft die frist- und sachgerechte Durchführung der Vermeidungs- sowie der festgesetzten Ausgleichs- und Ersatzmaßnahmen einschließlich der erforderlichen Unterhaltungsmaßnahmen. ²Hierzu kann sie vom Verursacher des Eingriffs die Vorlage eines Berichts verlangen.

(8) ¹Wird ein Eingriff ohne die erforderliche Zulassung oder Anzeige vorgenommen, soll die zuständige Behörde die weitere Durchführung des Eingriffs untersagen. ²Soweit nicht auf andere Weise ein rechtmäßiger Zustand hergestellt werden kann, soll sie entweder Maßnahmen nach § 15 oder die Wiederherstellung des früheren Zustands anordnen. ³§ 19 Absatz 4 ist zu beachten.

(9) ¹Die Beendigung oder eine länger als ein Jahr dauernde Unterbrechung eines Eingriffs ist der zuständigen Behörde anzuzeigen. ²Eine nur unwesentliche Weiterführung des Eingriffs steht einer Unterbrechung gleich. ³Wird der Eingriff länger als ein Jahr unterbrochen, kann die Behörde den Verursacher verpflichten, vorläufige Maßnahmen zur Sicherung der Ausgleichs- und Ersatzmaßnahmen durchzuführen oder, wenn der Abschluss des Eingriffs in angemessener Frist nicht zu erwarten ist, den Eingriff in dem bis dahin vorgenommenen Umfang zu kompensieren.

---

¹⁾ Habersack, Deutsche Gesetze Nr. 20.

(10) Handelt es sich bei einem Eingriff um ein Vorhaben, das nach dem Gesetz über die Umweltverträglichkeitsprüfung[1]) einer Umweltverträglichkeitsprüfung unterliegt, so muss das Verfahren, in dem Entscheidungen nach § 15 Absatz 1 bis 5 getroffen werden, den Anforderungen des genannten Gesetzes entsprechen.

(11) [1] Die Landesregierungen werden ermächtigt, durch Rechtsverordnung das Nähere zu dem in den Absätzen 1 bis 10 geregelten Verfahren einschließlich des Kompensationsverzeichnisses zu bestimmen. [2] Sie können die Ermächtigung nach Satz 1 durch Rechtsverordnung auf andere Landesbehörden übertragen.

§ 18 Verhältnis zum Baurecht. (1) Sind auf Grund der Aufstellung, Änderung, Ergänzung oder Aufhebung von Bauleitplänen oder von Satzungen nach § 34 Absatz 4 Satz 1 Nummer 3 des Baugesetzbuches[2]) Eingriffe in Natur und Landschaft zu erwarten, ist über die Vermeidung, den Ausgleich und den Ersatz nach den Vorschriften des Baugesetzbuches zu entscheiden.

(2) [1] Auf Vorhaben in Gebieten mit Bebauungsplänen nach § 30 des Baugesetzbuches, während der Planaufstellung nach § 33 des Baugesetzbuches und im Innenbereich nach § 34 des Baugesetzbuches sind die §§ 14 bis 17 nicht anzuwenden. [2] Für Vorhaben im Außenbereich nach § 35 des Baugesetzbuches sowie für Bebauungspläne, soweit sie eine Planfeststellung ersetzen, bleibt die Geltung der §§ 14 bis 17 unberührt.

(3) [1] Entscheidungen über Vorhaben nach § 35 Absatz 1 und 4 des Baugesetzbuches und über die Errichtung von baulichen Anlagen nach § 34 des Baugesetzbuches ergehen im Benehmen mit den für Naturschutz und Landschaftspflege zuständigen Behörden. [2] Äußert sich in den Fällen des § 34 des Baugesetzbuches die für Naturschutz und Landschaftspflege zuständige Behörde nicht binnen eines Monats, kann die für die Entscheidung zuständige Behörde davon ausgehen, dass Belange des Naturschutzes und der Landschaftspflege von dem Vorhaben nicht berührt werden. [3] Das Benehmen ist nicht erforderlich bei Vorhaben in Gebieten mit Bebauungsplänen und während der Planaufstellung nach den §§ 30 und 33 des Baugesetzbuches sowie in Gebieten mit Satzungen nach § 34 Absatz 4 Satz 1 Nummer 3 des Baugesetzbuches.

(4) [1] Ergeben sich bei Vorhaben nach § 34 des Baugesetzbuches im Rahmen der Herstellung des Benehmens nach Absatz 3 Anhaltspunkte dafür, dass das Vorhaben eine Schädigung im Sinne des § 19 Absatz 1 Satz 1 verursachen kann, ist dies auch dem Vorhabenträger mitzuteilen. [2] Auf Antrag des Vorhabenträgers hat die für die Erteilung der Zulassung zuständige Behörde im Benehmen mit der für Naturschutz und Landschaftspflege zuständigen Behörde die Entscheidungen nach § 15 zu treffen, soweit sie der Vermeidung, dem Ausgleich oder dem Ersatz von Schädigungen nach § 19 Absatz 1 Satz 1 dienen; in diesen Fällen gilt § 19 Absatz 1 Satz 2. [3] Im Übrigen bleibt Absatz 2 Satz 1 unberührt.

§ 19[3]) **Schäden an bestimmten Arten und natürlichen Lebensräumen.**

(1) [1] Eine Schädigung von Arten und natürlichen Lebensräumen im Sinne des Umweltschadensgesetzes[4]) ist jeder Schaden, der erhebliche nachteilige Auswirkungen auf die Erreichung oder Beibehaltung des günstigen Erhaltungszustands dieser Lebensräume oder Arten hat. [2] Abweichend von Satz 1 liegt keine Schädi-

---

[1]) Nr. **295**.
[2]) Nr. **300**.
[3]) § 19 Abs. 2 Nr. 1, Abs. 3 Nr. 1 und Abs. 4 geänd. mWv 1.8.2013 durch G v. 21.1.2013 (BGBl. I S. 95); Abs. 5 Satz 2 Nr. 2 geänd. mWv 1.9.2021 durch G v. 25.2.2021 (BGBl. I S. 306).
[4]) G idF der Bek. v. 5.3.2021 (BGBl. I S. 346), **Sartorius III Nr. 310.**

gung vor bei zuvor ermittelten nachteiligen Auswirkungen von Tätigkeiten einer verantwortlichen Person, die von der zuständigen Behörde nach den §§ 34, 35, 45 Absatz 7 oder § 67 Absatz 2 oder, wenn eine solche Prüfung nicht erforderlich ist, nach § 15 oder auf Grund der Aufstellung eines Bebauungsplans nach § 30 oder § 33 des Baugesetzbuches[1]) genehmigt wurden oder zulässig sind.

(2) Arten im Sinne des Absatzes 1 sind die Arten, die in

1. Artikel 4 Absatz 2 oder Anhang I der Richtlinie 2009/147/EG oder
2. den Anhängen II und IV der Richtlinie 92/43/EWG

aufgeführt sind.

(3) Natürliche Lebensräume im Sinne des Absatzes 1 sind die

1. Lebensräume der Arten, die in Artikel 4 Absatz 2 oder Anhang I der Richtlinie 2009/147/EG oder in Anhang II der Richtlinie 92/43/EWG aufgeführt sind,
2. natürlichen Lebensraumtypen von gemeinschaftlichem Interesse sowie
3. Fortpflanzungs- und Ruhestätten der in Anhang IV der Richtlinie 92/43/EWG aufgeführten Arten.

(4) Hat eine verantwortliche Person nach dem Umweltschadensgesetz eine Schädigung geschützter Arten oder natürlicher Lebensräume verursacht, so trifft sie die erforderlichen Sanierungsmaßnahmen gemäß Anhang II Nummer 1 der Richtlinie 2004/35/EG.

(5) [1]Ob Auswirkungen nach Absatz 1 erheblich sind, ist mit Bezug auf den Ausgangszustand unter Berücksichtigung der Kriterien des Anhangs I der Richtlinie 2004/35/EG zu ermitteln. [2]Eine erhebliche Schädigung liegt dabei in der Regel nicht vor bei

1. nachteiligen Abweichungen, die geringer sind als die natürlichen Fluktuationen, die für den betreffenden Lebensraum oder die betreffende Art als normal gelten,
2. nachteiligen Abweichungen, die auf natürliche Ursachen zurückzuführen sind oder aber auf eine äußere Einwirkung im Zusammenhang mit der normalen Bewirtschaftung der betreffenden Gebiete, die den Aufzeichnungen über den Lebensraum oder den Dokumenten über die Erhaltungsziele oder der früheren Bewirtschaftungsweise der jeweiligen Eigentümer oder Betreiber entspricht,
3. einer Schädigung von Arten oder Lebensräumen, die sich nachweislich ohne äußere Einwirkung in kurzer Zeit so weit regenerieren werden, dass entweder der Ausgangszustand erreicht wird oder aber allein auf Grund der Dynamik der betreffenden Art oder des Lebensraums ein Zustand erreicht wird, der im Vergleich zum Ausgangszustand als gleichwertig oder besser zu bewerten ist.

Kapitel 4. Schutz bestimmter Teile von Natur und Landschaft

Abschnitt 1. Biotopverbund und Biotopvernetzung; geschützte Teile von Natur und Landschaft

§ 20 Allgemeine Grundsätze. (1) Es wird ein Netz verbundener Biotope (Biotopverbund) geschaffen, das mindestens 10 Prozent der Fläche eines jeden Landes umfassen soll.

(2) Teile von Natur und Landschaft können geschützt werden

1. nach Maßgabe des § 23 als Naturschutzgebiet,

---

[1]) Nr. **300**.

2. nach Maßgabe des § 24 als Nationalpark oder als Nationales Naturmonument,
3. als Biosphärenreservat,
4. nach Maßgabe des § 26 als Landschaftsschutzgebiet,
5. als Naturpark,
6. als Naturdenkmal oder
7. als geschützter Landschaftsbestandteil.

(3) Die in Absatz 2 genannten Teile von Natur und Landschaft sind, soweit sie geeignet sind, Bestandteile des Biotopverbunds.

§ 21 Biotopverbund, Biotopvernetzung. (1) ¹Der Biotopverbund dient der dauerhaften Sicherung der Populationen wild lebender Tiere und Pflanzen einschließlich ihrer Lebensstätten, Biotope und Lebensgemeinschaften sowie der Bewahrung, Wiederherstellung und Entwicklung funktionsfähiger ökologischer Wechselbeziehungen. ²Er soll auch zur Verbesserung des Zusammenhangs des Netzes „Natura 2000" beitragen.

(2) ¹Der Biotopverbund soll länderübergreifend erfolgen. ²Die Länder stimmen sich hierzu untereinander ab.

(3) ¹Der Biotopverbund besteht aus Kernflächen, Verbindungsflächen und Verbindungselementen. ²Bestandteile des Biotopverbunds sind
1. Nationalparke und Nationale Naturmonumente,
2. Naturschutzgebiete, Natura 2000-Gebiete und Biosphärenreservate oder Teile dieser Gebiete,
3. gesetzlich geschützte Biotope im Sinne des § 30,
4. weitere Flächen und Elemente, einschließlich solcher des Nationalen Naturerbes, des Grünen Bandes sowie Teilen von Landschaftsschutzgebieten und Naturparken,

wenn sie zur Erreichung des in Absatz 1 genannten Zieles geeignet sind.

(4) Die erforderlichen Kernflächen, Verbindungsflächen und Verbindungselemente sind durch Erklärung zu geschützten Teilen von Natur und Landschaft im Sinne des § 20 Absatz 2, durch planungsrechtliche Festlegungen, durch langfristige vertragliche Vereinbarungen oder andere geeignete Maßnahmen rechtlich zu sichern, um den Biotopverbund dauerhaft zu gewährleisten.

(5) ¹Unbeschadet des § 30 sind die oberirdischen Gewässer einschließlich ihrer Randstreifen, Uferzonen und Auen als Lebensstätten und Biotope für natürlich vorkommende Tier- und Pflanzenarten zu erhalten. ²Sie sind so weiterzuentwickeln, dass sie ihre großräumige Vernetzungsfunktion auf Dauer erfüllen können.

(6) Auf regionaler Ebene sind insbesondere in von der Landwirtschaft geprägten Landschaften zur Vernetzung von Biotopen erforderliche lineare und punktförmige Elemente, insbesondere Hecken und Feldraine sowie Trittsteinbiotope, zu erhalten und dort, wo sie nicht in ausreichendem Maße vorhanden sind, zu schaffen (Biotopvernetzung).

§ 22[1)2)] **Erklärung zum geschützten Teil von Natur und Landschaft.**

(1) ¹Die Unterschutzstellung von Teilen von Natur und Landschaft erfolgt durch Erklärung. ²Die Erklärung bestimmt den Schutzgegenstand, den Schutz-

---

[1)] § 22 Abs. 3 Satz 4 geänd. mWv 14.10.2011 durch G v. 6.10.2011 (BGBl. I S. 1986); Abs. 5 geänd. mWv 8.9.2015 durch VO v. 31.8.2015 (BGBl. I S. 1474); Abs. 5 geänd. mWv 27.6.2020 durch VO v.

zweck, die zur Erreichung des Schutzzwecks notwendigen Gebote und Verbote, und, soweit erforderlich, die Pflege-, Entwicklungs- und Wiederherstellungsmaßnahmen oder enthält die erforderlichen Ermächtigungen hierzu. [3]Schutzgebiete können in Zonen mit einem entsprechend dem jeweiligen Schutzzweck abgestuften Schutz gegliedert werden; hierbei kann auch die für den Schutz notwendige Umgebung einbezogen werden.

(2) [1]Soweit in den Absätzen 2a und 2b nichts Näheres bestimmt ist, richten sich Form und Verfahren der Unterschutzstellung, die Beachtlichkeit von Form- und Verfahrensfehlern und die Möglichkeit ihrer Behebung sowie die Fortgeltung bestehender Erklärungen zum geschützten Teil von Natur und Landschaft nach Landesrecht. [2]Die Unterschutzstellung kann auch länderübergreifend erfolgen.

(2a) [1]Erklärungen zur Unterschutzstellung nach Absatz 1, die

1. durch Gesetz, Rechtsverordnung oder Satzung erfolgt sind und
2. mit Vorgaben der Richtlinie 2001/42/EG des Europäischen Parlaments und des Rates vom 27. Juni 2001 über die Prüfung der Umweltauswirkungen bestimmter Pläne und Programme (ABl. L 197 vom 21.7.2001, S. 30) unvereinbar sind, weil eine danach erforderliche Strategische Umweltprüfung nicht durchgeführt wurde,

gelten fort, wenn sich die Unvereinbarkeit mit diesen Vorgaben aus einer Entscheidung des Gerichtshofes der Europäischen Union ergibt und soweit und solange nach der Entscheidung eine Fortgeltung zulässig ist. [2]Die zur Beseitigung der Unvereinbarkeit mit den Vorgaben der Richtlinie 2001/42/EG erforderlichen Handlungen müssen im Rahmen eines ergänzenden Verfahrens unverzüglich nachgeholt werden. [3]Die Erklärung zur Unterschutzstellung muss, sofern sich infolge der nachgeholten Handlungen dafür eine Erforderlichkeit ergibt, angepasst werden. [4]Für die Nachholung der erforderlichen Handlungen nach Satz 2 und Anpassungen nach Satz 3 gelten die Bestimmungen dieses Gesetzes sowie des Gesetzes über die Umweltverträglichkeitsprüfung[1]) oder entsprechender landesrechtlicher Vorschriften entsprechend. [5]Der Zeitraum, innerhalb dessen die erforderlichen Handlungen nach Satz 2 und Anpassungen nach Satz 3 nachgeholt werden müssen, richtet sich nach der Entscheidung des Gerichtshofes der Europäischen Union und hat nur den Zeitraum zu umfassen, der zwingend notwendig ist, um Maßnahmen zu treffen, die die Beseitigung der Unvereinbarkeit mit den Vorgaben der Richtlinie 2001/42/EG ermöglichen. [6]Sind die erforderlichen Handlungen nach Satz 2 und Anpassungen nach Satz 3 innerhalb der Frist nach Satz 5 nachgeholt, ist die Unvereinbarkeit mit den Vorgaben der Richtlinie 2001/42/EG geheilt. [7]Sind die erforderlichen Handlungen nach Satz 2 und Anpassungen nach Satz 3 bei Ablauf der Frist nach Satz 5 nicht nachgeholt worden, tritt die Erklärung zur Unterschutzstellung außer Kraft.

(Fortsetzung der Anm. von voriger Seite)
19.6.2020 (BGBl. I S. 1328); Abs. 2 Satz 1 geänd., Abs. 2a und 2b eingef. mWv 30.6.2021 durch G v. 25.6.2021 (BGBl. I S. 2020).

[2]) Zur Änd. durch Art. 10 KitafinanzhilfenÄndG v. 25.6.2021 (BGBl. I S. 2020) siehe Art. 11 Abs. 4 dieses G: „Artikel 10 tritt am 31. Dezember 2026 außer Kraft. Eine bis zu diesem Zeitpunkt erfolgte Heilung nach oder entsprechend § 22 Absatz 2a Satz 6 bleibt wirksam."

Die Aufhebung der *Änderungsvorschrift* des Art. 10 KitafinanzhilfenÄndG hat allerdings keine Auswirkungen auf die im BNatSchG als *Stammvorschrift* vorgenommenen Änderungen (vgl. Rdnr. 680 des Handbuchs der Rechtsförmlichkeit des BMJ).

[1]) Nr. **295**.

(2b) ¹Absatz 2a findet auch Anwendung auf Erklärungen zur Unterschutzstellung nach der rahmenrechtlichen Vorschrift des § 22 Absatz 1 und 2 des Bundesnaturschutzgesetzes in der bis zum 28. Februar 2010 geltenden Fassung sowie nach ausfüllendem Landesrecht. ²Pläne zur Durchführung von Pflege-, Entwicklungs- und Wiederherstellungsmaßnahmen im Sinne des Absatzes 1 Satz 2 bleiben gültig.

(3) ¹Teile von Natur und Landschaft, deren Schutz beabsichtigt ist, können für einen Zeitraum von bis zu zwei Jahren einstweilig sichergestellt werden, wenn zu befürchten ist, dass durch Veränderungen oder Störungen der beabsichtigte Schutzzweck gefährdet wird. ²Die einstweilige Sicherstellung kann unter den Voraussetzungen des Satzes 1 einmalig bis zu weiteren zwei Jahren verlängert werden. ³In dem einstweilig sichergestellten Teil von Natur und Landschaft sind Handlungen und Maßnahmen nach Maßgabe der Sicherstellungserklärung verboten, die geeignet sind, den Schutzgegenstand nachteilig zu verändern. ⁴Die einstweilige Sicherstellung ist ganz oder teilweise aufzuheben, wenn ihre Voraussetzungen nicht mehr oder nicht mehr in vollem Umfang gegeben sind. ⁵Absatz 2 gilt entsprechend.

(4) ¹Geschützte Teile von Natur und Landschaft sind zu registrieren und zu kennzeichnen. ²Das Nähere richtet sich nach Landesrecht.

(5) Die Erklärung zum Nationalpark oder Nationalen Naturmonument einschließlich ihrer Änderung ergeht im Benehmen mit dem Bundesministerium für Umwelt, Naturschutz und nukleare Sicherheit und dem Bundesministerium für Verkehr und digitale Infrastruktur.

§ 23[1] **Naturschutzgebiete.** (1) Naturschutzgebiete sind rechtsverbindlich festgesetzte Gebiete, in denen ein besonderer Schutz von Natur und Landschaft in ihrer Ganzheit oder in einzelnen Teilen erforderlich ist

1. zur Erhaltung, Entwicklung oder Wiederherstellung von Lebensstätten, Biotopen oder Lebensgemeinschaften bestimmter wild lebender Tier- und Pflanzenarten,
2. aus wissenschaftlichen, naturgeschichtlichen oder landeskundlichen Gründen oder
3. wegen ihrer Seltenheit, besonderen Eigenart oder hervorragenden Schönheit.

(2) ¹Alle Handlungen, die zu einer Zerstörung, Beschädigung oder Veränderung des Naturschutzgebiets oder seiner Bestandteile oder zu einer nachhaltigen Störung führen können, sind nach Maßgabe näherer Bestimmungen verboten. ²Soweit es der Schutzzweck erlaubt, können Naturschutzgebiete der Allgemeinheit zugänglich gemacht werden.

(3) In Naturschutzgebieten ist die Errichtung von Anlagen zur Durchführung von Gewässerbenutzungen im Sinne des § 9 Absatz 2 Nummer 3 und 4 des Wasserhaushaltsgesetzes[2] verboten.

(4) ¹In Naturschutzgebieten ist im Außenbereich nach § 35 des Baugesetzbuches[3] die Neuerrichtung von Beleuchtungen an Straßen und Wegen sowie von beleuchteten oder lichtemittierenden Werbeanlagen verboten. ²Von dem Verbot des Satzes 1 kann auf Antrag eine Ausnahme zugelassen werden, soweit
1. die Schutzzwecke des Gebietes nicht beeinträchtigt werden können oder

---

[1] § 23 Abs. 3 angef. mWv 11.2.2017 durch G v. 4.8.2016 (BGBl. I S. 1972); Abs. 4 angef. mWv 1.3.2022 durch G v. 18.8.2021 (BGBl. I S. 3908).
[2] Nr. **845**.
[3] Nr. **300**.

2. dies aus Gründen der Verkehrssicherheit oder anderer Interessen der öffentlichen Sicherheit erforderlich ist.

³ Weitergehende Schutzvorschriften, insbesondere solche des § 41a und einer auf Grund von § 54 Absatz 4d erlassenen Rechtsverordnung sowie solche des Landesrechts, bleiben unberührt.

§ 24[1]) **Nationalparke, Nationale Naturmonumente.** (1) Nationalparke sind rechtsverbindlich festgesetzte einheitlich zu schützende Gebiete, die
1. großräumig, weitgehend unzerschnitten und von besonderer Eigenart sind,
2. in einem überwiegenden Teil ihres Gebiets die Voraussetzungen eines Naturschutzgebiets erfüllen und
3. sich in einem überwiegenden Teil ihres Gebiets in einem vom Menschen nicht oder wenig beeinflussten Zustand befinden oder geeignet sind, sich in einen Zustand zu entwickeln oder in einen Zustand entwickelt zu werden, der einen möglichst ungestörten Ablauf der Naturvorgänge in ihrer natürlichen Dynamik gewährleistet.

(2) ¹ Nationalparke haben zum Ziel, in einem überwiegenden Teil ihres Gebiets den möglichst ungestörten Ablauf der Naturvorgänge in ihrer natürlichen Dynamik zu gewährleisten. ² Soweit es der Schutzzweck erlaubt, sollen Nationalparke auch der wissenschaftlichen Umweltbeobachtung, der naturkundlichen Bildung und dem Naturerlebnis der Bevölkerung dienen.

(3) ¹ Nationalparke sind unter Berücksichtigung ihres besonderen Schutzzwecks sowie der durch die Großräumigkeit und Besiedlung gebotenen Ausnahmen wie Naturschutzgebiete zu schützen. ² § 23 Absatz 3 und 4 gilt in Nationalparken entsprechend.

(4) ¹ Nationale Naturmonumente sind rechtsverbindlich festgesetzte Gebiete, die
1. aus wissenschaftlichen, naturgeschichtlichen, kulturhistorischen oder landeskundlichen Gründen und
2. wegen ihrer Seltenheit, Eigenart oder Schönheit

von herausragender Bedeutung sind. ² Nationale Naturmonumente sind wie Naturschutzgebiete zu schützen.

§ 25[2]) **Biosphärenreservate.** (1) Biosphärenreservate sind einheitlich zu schützende und zu entwickelnde Gebiete, die
1. großräumig und für bestimmte Landschaftstypen charakteristisch sind,
2. in wesentlichen Teilen ihres Gebiets die Voraussetzungen eines Naturschutzgebiets, im Übrigen überwiegend eines Landschaftsschutzgebiets erfüllen,
3. vornehmlich der Erhaltung, Entwicklung oder Wiederherstellung einer durch hergebrachte vielfältige Nutzung geprägten Landschaft und der darin historisch gewachsenen Arten- und Biotopvielfalt, einschließlich Wild- und früherer Kulturformen wirtschaftlich genutzter oder nutzbarer Tier- und Pflanzenarten, dienen und
4. beispielhaft der Entwicklung und Erprobung von die Naturgüter besonders schonenden Wirtschaftsweisen dienen.

---

[1]) § 24 Abs. 3 Satz 2 angef. mWv 11.2.2017 durch G v. 4.8.2016 (BGBl. I S. 1972); Abs. 3 Satz 2 neu gef. mWv 1.3.2022 durch G v. 18.8.2021 (BGBl. I S. 3908).
[2]) § 25 Abs. 3 Satz 2 angef. mWv 1.3.2022 durch G v. 18.8.2021 (BGBl. I S. 3908).

(2) Biosphärenreservate dienen, soweit es der Schutzzweck erlaubt, auch der Forschung und der Beobachtung von Natur und Landschaft sowie der Bildung für nachhaltige Entwicklung.

(3) [1] Biosphärenreservate sind unter Berücksichtigung der durch die Großräumigkeit und Besiedlung gebotenen Ausnahmen über Kernzonen, Pflegezonen und Entwicklungszonen zu entwickeln und wie Naturschutzgebiete oder Landschaftsschutzgebiete zu schützen. [2] § 23 Absatz 4 gilt in Kern- und Pflegezonen von Biosphärenreservaten entsprechend.

(4) Biosphärenreservate können auch als Biosphärengebiete oder Biosphärenregionen bezeichnet werden.

§ 26 Landschaftsschutzgebiete. (1) Landschaftsschutzgebiete sind rechtsverbindlich festgesetzte Gebiete, in denen ein besonderer Schutz von Natur und Landschaft erforderlich ist
1. zur Erhaltung, Entwicklung oder Wiederherstellung der Leistungs- und Funktionsfähigkeit des Naturhaushalts oder der Regenerationsfähigkeit und nachhaltigen Nutzungsfähigkeit der Naturgüter, einschließlich des Schutzes von Lebensstätten und Lebensräumen bestimmter wild lebender Tier- und Pflanzenarten,
2. wegen der Vielfalt, Eigenart und Schönheit oder der besonderen kulturhistorischen Bedeutung der Landschaft oder
3. wegen ihrer besonderen Bedeutung für die Erholung.

(2) In einem Landschaftsschutzgebiet sind unter besonderer Beachtung des § 5 Absatz 1 und nach Maßgabe näherer Bestimmungen alle Handlungen verboten, die den Charakter des Gebiets verändern oder dem besonderen Schutzzweck zuwiderlaufen.

§ 27[1)] **Naturparke.** (1) Naturparke sind einheitlich zu entwickelnde und zu pflegende Gebiete, die
1. großräumig sind,
2. überwiegend Landschaftsschutzgebiete oder Naturschutzgebiete sind,
3. sich wegen ihrer landschaftlichen Voraussetzungen für die Erholung besonders eignen und in denen ein nachhaltiger Tourismus angestrebt wird,
4. nach den Erfordernissen der Raumordnung für Erholung vorgesehen sind,
5. der Erhaltung, Entwicklung oder Wiederherstellung einer durch vielfältige Nutzung geprägten Landschaft und ihrer Arten- und Biotopvielfalt dienen und in denen zu diesem Zweck eine dauerhaft umweltgerechte Landnutzung angestrebt wird und
6. besonders dazu geeignet sind, eine nachhaltige Regionalentwicklung zu fördern.

(2) Naturparke sollen auch der Bildung für nachhaltige Entwicklung dienen.

(3) Naturparke sollen entsprechend ihren in Absatz 1 beschriebenen Zwecken unter Beachtung der Ziele des Naturschutzes und der Landschaftspflege geplant, gegliedert, erschlossen und weiterentwickelt werden.

[1)] § 27 Abs. 2 eingef., bish. Abs. 2 wird Abs. 3 mWv 1.4.2018 durch G v. 15.9.2017 (BGBl. I S. 3434).

§ 28 Naturdenkmäler. (1) Naturdenkmäler sind rechtsverbindlich festgesetzte Einzelschöpfungen der Natur oder entsprechende Flächen bis zu fünf Hektar, deren besonderer Schutz erforderlich ist
1. aus wissenschaftlichen, naturgeschichtlichen oder landeskundlichen Gründen oder
2. wegen ihrer Seltenheit, Eigenart oder Schönheit.

(2) Die Beseitigung des Naturdenkmals sowie alle Handlungen, die zu einer Zerstörung, Beschädigung oder Veränderung des Naturdenkmals führen können, sind nach Maßgabe näherer Bestimmungen verboten.

§ 29 Geschützte Landschaftsbestandteile. (1) ¹Geschützte Landschaftsbestandteile sind rechtsverbindlich festgesetzte Teile von Natur und Landschaft, deren besonderer Schutz erforderlich ist
1. zur Erhaltung, Entwicklung oder Wiederherstellung der Leistungs- und Funktionsfähigkeit des Naturhaushalts,
2. zur Belebung, Gliederung oder Pflege des Orts- oder Landschaftsbildes,
3. zur Abwehr schädlicher Einwirkungen oder
4. wegen ihrer Bedeutung als Lebensstätten bestimmter wild lebender Tier- und Pflanzenarten.

²Der Schutz kann sich für den Bereich eines Landes oder für Teile des Landes auf den gesamten Bestand an Alleen, einseitigen Baumreihen, Bäumen, Hecken oder anderen Landschaftsbestandteilen erstrecken.

(2) ¹Die Beseitigung des geschützten Landschaftsbestandteils sowie alle Handlungen, die zu einer Zerstörung, Beschädigung oder Veränderung des geschützten Landschaftsbestandteils führen können, sind nach Maßgabe näherer Bestimmungen verboten. ²Für den Fall der Bestandsminderung kann die Verpflichtung zu einer angemessenen und zumutbaren Ersatzpflanzung oder zur Leistung von Ersatz in Geld vorgesehen werden.

(3) Vorschriften des Landesrechts über den gesetzlichen Schutz von Alleen bleiben unberührt.

§ 30¹⁾ Gesetzlich geschützte Biotope. (1) Bestimmte Teile von Natur und Landschaft, die eine besondere Bedeutung als Biotope haben, werden gesetzlich geschützt (allgemeiner Grundsatz).

(2) ¹Handlungen, die zu einer Zerstörung oder einer sonstigen erheblichen Beeinträchtigung folgender Biotope führen können, sind verboten:
1. natürliche oder naturnahe Bereiche fließender und stehender Binnengewässer einschließlich ihrer Ufer und der dazugehörigen uferbegleitenden natürlichen oder naturnahen Vegetation sowie ihrer natürlichen oder naturnahen Verlandungsbereiche, Altarme und regelmäßig überschwemmten Bereiche,
2. Moore, Sümpfe, Röhrichte, Großseggenrieder, seggen- und binsenreiche Nasswiesen, Quellbereiche, Binnenlandsalzstellen,
3. offene Binnendünen, offene natürliche Block-, Schutt- und Geröllhalden, Lehm- und Lösswände, Zwergstrauch-, Ginster- und Wacholderheiden, Borst-

---

¹⁾ § 30 Abs. 2 Satz 1 Nr. 5 geänd., Satz 3 angef. mWv 1.4.2018 durch G v. 15.9.2017 (BGBl. I S. 3434); Abs. 2 Satz 1 Nr. 6 geänd., Nr. 7 und Satz 4 angef., Abs. 8 geänd. mWv 1.3.2022 durch G v. 18.8.2021 (BGBl. I S. 3908).

grasrasen, Trockenrasen, Schwermetallrasen, Wälder und Gebüsche trockenwarmer Standorte,
4. Bruch-, Sumpf- und Auenwälder, Schlucht-, Blockhalden- und Hangschuttwälder, subalpine Lärchen- und Lärchen-Arvenwälder,
5. offene Felsbildungen, Höhlen sowie naturnahe Stollen, alpine Rasen sowie Schneetälchen und Krummholzgebüsche,
6. Fels- und Steilküsten, Küstendünen und Strandwälle, Strandseen, Boddengewässer mit Verlandungsbereichen, Salzwiesen und Wattflächen im Küstenbereich, Seegraswiesen und sonstige marine Makrophytenbestände, Riffe, sublitorale Sandbänke, Schlickgründe mit bohrender Bodenmegafauna sowie artenreiche Kies-, Grobsand- und Schillgründe im Meeres- und Küstenbereich,
7. magere Flachland-Mähwiesen und Berg-Mähwiesen nach Anhang I der Richtlinie 92/43/EWG, Streuobstwiesen, Steinriegel und Trockenmauern.

[2] Die Verbote des Satzes 1 gelten auch für weitere von den Ländern gesetzlich geschützte Biotope. [3] Satz 1 Nummer 5 gilt nicht für genutzte Höhlen- und Stollenbereiche sowie für Maßnahmen zur Verkehrssicherung von Höhlen und naturnahen Stollen. [4] Satz 1 Nummer 7 gilt nicht für die Unterhaltung von Funktionsgrünland auf Flugbetriebsflächen.

(3) Von den Verboten des Absatzes 2 kann auf Antrag eine Ausnahme zugelassen werden, wenn die Beeinträchtigungen ausgeglichen werden können.

(4) [1] Sind auf Grund der Aufstellung, Änderung oder Ergänzung von Bebauungsplänen Handlungen im Sinne des Absatzes 2 zu erwarten, kann auf Antrag der Gemeinde über eine erforderliche Ausnahme oder Befreiung von den Verboten des Absatzes 2 vor der Aufstellung des Bebauungsplans entschieden werden. [2] Ist eine Ausnahme zugelassen oder eine Befreiung gewährt worden, bedarf es für die Durchführung eines im Übrigen zulässigen Vorhabens keiner weiteren Ausnahme oder Befreiung, wenn mit der Durchführung des Vorhabens innerhalb von sieben Jahren nach Inkrafttreten des Bebauungsplans begonnen wird.

(5) Bei gesetzlich geschützten Biotopen, die während der Laufzeit einer vertraglichen Vereinbarung oder der Teilnahme an öffentlichen Programmen zur Bewirtschaftungsbeschränkung entstanden sind, gilt Absatz 2 nicht für die Wiederaufnahme einer zulässigen land-, forst-, oder fischereiwirtschaftlichen Nutzung innerhalb von zehn Jahren nach Beendigung der betreffenden vertraglichen Vereinbarung oder der Teilnahme an den betreffenden öffentlichen Programmen.

(6) Bei gesetzlich geschützten Biotopen, die auf Flächen entstanden sind, bei denen eine zulässige Gewinnung von Bodenschätzen eingeschränkt oder unterbrochen wurde, gilt Absatz 2 nicht für die Wiederaufnahme der Gewinnung innerhalb von fünf Jahren nach der Einschränkung oder Unterbrechung.

(7) [1] Die gesetzlich geschützten Biotope werden registriert und die Registrierung wird in geeigneter Weise öffentlich zugänglich gemacht. [2] Die Registrierung und deren Zugänglichkeit richten sich nach Landesrecht.

(8) Weiter gehende Schutzvorschriften einschließlich der Bestimmungen über Ausnahmen und Befreiungen sowie bestehende landesrechtliche Regelungen, die die in Absatz 2 Satz 1 Nummer 7 genannten Biotope betreffen, bleiben unberührt.

§ 30a[1]) Ausbringung von Biozidprodukten. [1] Außerhalb geschlossener Räume ist in Naturschutzgebieten, Nationalparken, Nationalen Naturmonumenten,

---

[1]) § 30a eingef. mWv 1.3.2022 durch G v. 18.8.2021 (BGBl. I S. 3908).

Kern- und Pflegezonen von Biosphärenreservaten, Naturdenkmälern sowie in gesetzlich geschützten Biotopen verboten:
1. der flächige Einsatz von Biozidprodukten der Produktart 18 (Insektizide, Akarizide und Produkte gegen andere Arthropoden) des Anhangs V der Verordnung (EU) Nr. 528/2012 des Europäischen Parlaments und des Rates vom 22. Mai 2012 über die Bereitstellung auf dem Markt und die Verwendung von Biozidprodukten (ABl. L 167 vom 27.6.2012, S. 1; L 303 vom 20.11.2015, S. 109; L 280 vom 28.10.2017, S. 57), die zuletzt durch die Delegierte Verordnung (EU) 2019/1825 (ABl. L 279 vom 31.10.2019, S. 19) geändert worden ist,
2. das Auftragen von Biozidprodukten der Produktart 8 (Holzschutzmittel) des Anhangs V der Verordnung (EU) Nr. 528/2012 durch Spritzen oder Sprühen.

²Die für Naturschutz und Landschaftspflege zuständige Behörde kann im Einzelfall auf Antrag Ausnahmen von dem Verbot des Satzes 1 Nummer 1 zulassen, soweit dies zum Schutz der Gesundheit von Mensch und Tier erforderlich ist. ³Die Länder können unter den Voraussetzungen nach Satz 2 Ausnahmen für bestimmte Fallgruppen auch in durch Erklärung im Sinne von § 22 Absatz 1 zulassen. ⁴§ 34 und weitergehende Schutzvorschriften des Landesrechts sowie Maßnahmen zur Bekämpfung von Gesundheitsschädlingen nach den Vorschriften des Infektionsschutzgesetzes vom 20. Juli 2000 (BGBl. I S. 1045), das zuletzt durch Artikel 1 des Gesetzes vom 28. Mai 2021 (BGBl. I S. 1174) geändert worden ist, in der jeweils geltenden Fassung oder nach den auf der Grundlage des Infektionsschutzgesetzes erlassenen Verordnungen der Länder bleiben unberührt.

Abschnitt 2. Netz „Natura 2000"

§ 31[1] **Aufbau und Schutz des Netzes „Natura 2000".** Der Bund und die Länder erfüllen die sich aus den Richtlinien 92/43/EWG und 2009/147/EG ergebenden Verpflichtungen zum Aufbau und Schutz des zusammenhängenden europäischen ökologischen Netzes „Natura 2000" im Sinne des Artikels 3 der Richtlinie 92/43/EWG.

§ 32[2)3)] **Schutzgebiete.** (1) ¹Die Länder wählen die Gebiete, die der Kommission nach Artikel 4 Absatz 1 der Richtlinie 92/43/EWG und Artikel 4 Absatz 1 und 2 der Richtlinie 2009/147/EG zu benennen sind, nach den in diesen Vorschriften genannten Maßgaben aus. ²Sie stellen das Benehmen mit dem Bundesministerium für Umwelt, Naturschutz und nukleare Sicherheit her. ³Dieses beteiligt die anderen fachlich betroffenen Bundesministerien und benennt die ausgewählten Gebiete der Kommission. ⁴Es übermittelt der Kommission gleichzeitig Schätzungen über eine finanzielle Beteiligung der Gemeinschaft, die zur Erfüllung der Verpflichtungen nach Artikel 6 Absatz 1 der Richtlinie 92/43/EWG einschließlich der Zahlung eines finanziellen Ausgleichs insbesondere für die Land- und Forstwirtschaft erforderlich ist.

(2) Die in die Liste nach Artikel 4 Absatz 2 Unterabsatz 3 der Richtlinie 92/43/EWG aufgenommenen Gebiete sind nach Maßgabe des Artikels 4 Absatz 4 dieser

---

[1]) § 31 geänd. mWv 1.8.2013 durch G v. 21.1.2013 (BGBl. I S. 95).
[2]) § 32 Abs. 1 Satz 1, Abs. 2 geänd. mWv 1.8.2013 durch G v. 21.1.2013 (BGBl. I S. 95); Abs. 1 Satz 2 geänd. mWv 8.9.2015 durch VO v. 31.8.2015 (BGBl. I S. 1474); Abs. 1 Satz 2 geänd. mWv 27.6.2020 durch VO v. 19.6.2020 (BGBl. I S. 1328); Abs. 7 angef. mWv 30.6.2021 durch G v. 25.6.2021 (BGBl. I S. 2020).
[3]) Zur Änd. durch Art. 10 KitafinanzhilfenÄndG v. 25.6.2021 (BGBl. I S. 2020) siehe die Anm. zu § 22.

Richtlinie und die nach Artikel 4 Absatz 1 und 2 der Richtlinie 2009/147/EG benannten Gebiete entsprechend den jeweiligen Erhaltungszielen zu geschützten Teilen von Natur und Landschaft im Sinne des § 20 Absatz 2 zu erklären.

(3) ¹Die Schutzerklärung bestimmt den Schutzzweck entsprechend den jeweiligen Erhaltungszielen und die erforderlichen Gebietsbegrenzungen. ²Es soll dargestellt werden, ob prioritäre natürliche Lebensraumtypen oder prioritäre Arten zu schützen sind. ³Durch geeignete Gebote und Verbote sowie Pflege- und Entwicklungsmaßnahmen ist sicherzustellen, dass den Anforderungen des Artikels 6 der Richtlinie 92/43/EWG entsprochen wird. ⁴Weiter gehende Schutzvorschriften bleiben unberührt.

(4) Die Unterschutzstellung nach den Absätzen 2 und 3 kann unterbleiben, soweit nach anderen Rechtsvorschriften einschließlich dieses Gesetzes und gebietsbezogener Bestimmungen des Landesrechts, nach Verwaltungsvorschriften, durch die Verfügungsbefugnis eines öffentlichen oder gemeinnützigen Trägers oder durch vertragliche Vereinbarungen ein gleichwertiger Schutz gewährleistet ist.

(5) Für Natura 2000-Gebiete können Bewirtschaftungspläne selbständig oder als Bestandteil anderer Pläne aufgestellt werden.

(6) Die Auswahl und die Erklärung von Gebieten im Sinne des Absatzes 1 Satz 1 und des Absatzes 2 im Bereich der deutschen ausschließlichen Wirtschaftszone und des Festlandsockels zu geschützten Teilen von Natur und Landschaft im Sinne des § 20 Absatz 2 richten sich nach § 57.

(7) ¹Für Schutzerklärungen im Sinne der Absätze 2 und 3, für den Schutz nach anderen Rechtsvorschriften im Sinne von Absatz 4 sowie für Pläne im Sinne von Absatz 5 gilt § 22 Absatz 2a und 2b entsprechend. ²Dies gilt auch für Schutzerklärungen nach § 33 Absatz 2 bis 4 des Bundesnaturschutzgesetzes in der bis zum 28. Februar 2010 geltenden Fassung.

§ 33[1]) **Allgemeine Schutzvorschriften.** (1) ¹Alle Veränderungen und Störungen, die zu einer erheblichen Beeinträchtigung eines Natura 2000-Gebiets in seinen für die Erhaltungsziele oder den Schutzzweck maßgeblichen Bestandteilen führen können, sind unzulässig. ²Die für Naturschutz und Landschaftspflege zuständige Behörde kann unter den Voraussetzungen des § 34 Absatz 3 bis 5 Ausnahmen von dem Verbot des Satzes 1 sowie von Verboten im Sinne des § 32 Absatz 3 zulassen.

(1a) ¹In Natura 2000-Gebieten ist die Errichtung von Anlagen zu folgenden Zwecken verboten:
1. zum Aufbrechen von Schiefer-, Ton- oder Mergelgestein oder von Kohleflözgestein unter hydraulischem Druck zur Aufsuchung oder Gewinnung von Erdgas,
2. zur untertägigen Ablagerung von Lagerstättenwasser, das bei Maßnahmen nach Nummer 1 anfällt.

²§ 34 findet insoweit keine Anwendung.

(2) ¹Bei einem Gebiet im Sinne des Artikels 5 Absatz 1 der Richtlinie 92/43/EWG gilt während der Konzertierungsphase bis zur Beschlussfassung des Rates Absatz 1 Satz 1 im Hinblick auf die in ihm vorkommenden prioritären natürlichen Lebensraumtypen und prioritären Arten entsprechend. ²Die §§ 34 und 36 finden keine Anwendung.

---

[1]) § 33 Abs. 1a eingef. mWv 11.2.2017 durch G v. 4.8.2016 (BGBl. I S. 1972).

§ 34[1]) Verträglichkeit und Unzulässigkeit von Projekten; Ausnahmen.

(1) [1] Projekte sind vor ihrer Zulassung oder Durchführung auf ihre Verträglichkeit mit den Erhaltungszielen eines Natura 2000-Gebiets zu überprüfen, wenn sie einzeln oder im Zusammenwirken mit anderen Projekten oder Plänen geeignet sind, das Gebiet erheblich zu beeinträchtigen, und nicht unmittelbar der Verwaltung des Gebiets dienen. [2] Soweit ein Natura 2000-Gebiet ein geschützter Teil von Natur und Landschaft im Sinne des § 20 Absatz 2 ist, ergeben sich die Maßstäbe für die Verträglichkeit aus dem Schutzzweck und den dazu erlassenen Vorschriften, wenn hierbei die jeweiligen Erhaltungsziele bereits berücksichtigt wurden. [3] Der Projektträger hat die zur Prüfung der Verträglichkeit sowie der Voraussetzungen nach den Absätzen 3 bis 5 erforderlichen Unterlagen vorzulegen.

(2) Ergibt die Prüfung der Verträglichkeit, dass das Projekt zu erheblichen Beeinträchtigungen des Gebiets in seinen für die Erhaltungsziele oder den Schutzzweck maßgeblichen Bestandteilen führen kann, ist es unzulässig.

(3) Abweichend von Absatz 2 darf ein Projekt nur zugelassen oder durchgeführt werden, soweit es

1. aus zwingenden Gründen des überwiegenden öffentlichen Interesses, einschließlich solcher sozialer oder wirtschaftlicher Art, notwendig ist und
2. zumutbare Alternativen, den mit dem Projekt verfolgten Zweck an anderer Stelle ohne oder mit geringeren Beeinträchtigungen zu erreichen, nicht gegeben sind.

(4) [1] Können von dem Projekt im Gebiet vorkommende prioritäre natürliche Lebensraumtypen oder prioritäre Arten betroffen werden, können als zwingende Gründe des überwiegenden öffentlichen Interesses nur solche im Zusammenhang mit der Gesundheit des Menschen, der öffentlichen Sicherheit, einschließlich der Verteidigung und des Schutzes der Zivilbevölkerung, oder den maßgeblich günstigen Auswirkungen des Projekts auf die Umwelt geltend gemacht werden. [2] Sonstige Gründe im Sinne des Absatzes 3 Nummer 1 können nur berücksichtigt werden, wenn die zuständige Behörde zuvor über das Bundesministerium für Umwelt, Naturschutz und nukleare Sicherheit eine Stellungnahme der Kommission eingeholt hat.

(5) [1] Soll ein Projekt nach Absatz 3, auch in Verbindung mit Absatz 4, zugelassen oder durchgeführt werden, sind die zur Sicherung des Zusammenhangs des Netzes „Natura 2000" notwendigen Maßnahmen vorzusehen. [2] Die zuständige Behörde unterrichtet die Kommission über das Bundesministerium für Umwelt, Naturschutz und nukleare Sicherheit über die getroffenen Maßnahmen.

(6) [1] Bedarf ein Projekt im Sinne des Absatzes 1 Satz 1, das nicht von einer Behörde durchgeführt wird, nach anderen Rechtsvorschriften keiner behördlichen Entscheidung oder Anzeige an eine Behörde, so ist es der für Naturschutz und Landschaftspflege zuständigen Behörde anzuzeigen. [2] Diese kann die Durchführung des Projekts zeitlich befristen oder anderweitig beschränken, um die Einhaltung der Voraussetzungen der Absätze 1 bis 5 sicherzustellen. [3] Trifft die Behörde innerhalb eines Monats nach Eingang der Anzeige keine Entscheidung, kann mit der Durchführung des Projekts begonnen werden. [4] Wird mit der Durchführung eines Projekts ohne die erforderliche Anzeige begonnen, kann die Behörde die vorläufige Einstellung anordnen. [5] Liegen im Fall des Absatzes 2 die Voraussetzungen der Absätze 3 bis 5 nicht vor, hat die Behörde die Durchführung des

---

[1]) § 34 Abs. 4 Satz 2 und Abs. 5 Satz 2 geänd. mWv 8.9.2015 durch VO v. 31.8.2015 (BGBl. I S. 1474); Abs. 4 Satz 2 und Abs. 5 Satz 2 geänd. mWv 27.6.2020 durch VO v. 19.6.2020 (BGBl. I S. 1328).

Projekts zu untersagen. ⁶Die Sätze 1 bis 5 sind nur insoweit anzuwenden, als Schutzvorschriften der Länder, einschließlich der Vorschriften über Ausnahmen und Befreiungen, keine strengeren Regelungen für die Zulässigkeit von Projekten enthalten.

(7) ¹Für geschützte Teile von Natur und Landschaft im Sinne des § 20 Absatz 2 und gesetzlich geschützte Biotope im Sinne des § 30 sind die Absätze 1 bis 6 nur insoweit anzuwenden, als die Schutzvorschriften, einschließlich der Vorschriften über Ausnahmen und Befreiungen, keine strengeren Regelungen für die Zulässigkeit von Projekten enthalten. ²Die Verpflichtungen nach Absatz 4 Satz 2 zur Beteiligung der Kommission und nach Absatz 5 Satz 2 zur Unterrichtung der Kommission bleiben unberührt.

(8) Die Absätze 1 bis 7 gelten mit Ausnahme von Bebauungsplänen, die eine Planfeststellung ersetzen, nicht für Vorhaben im Sinne des § 29 des Baugesetzbuches[1]) in Gebieten mit Bebauungsplänen nach § 30 des Baugesetzbuches und während der Planaufstellung nach § 33 des Baugesetzbuches.

§ 35 Gentechnisch veränderte Organismen. Auf

1. Freisetzungen gentechnisch veränderter Organismen im Sinne des § 3 Nummer 5 des Gentechnikgesetzes und
2. die land-, forst- und fischereiwirtschaftliche Nutzung von rechtmäßig in Verkehr gebrachten Produkten, die gentechnisch veränderte Organismen enthalten oder aus solchen bestehen, sowie den sonstigen, insbesondere auch nicht erwerbswirtschaftlichen, Umgang mit solchen Produkten, der in seinen Auswirkungen den vorgenannten Handlungen vergleichbar ist, innerhalb eines Natura 2000-Gebiets

ist § 34 Absatz 1 und 2 entsprechend anzuwenden.

§ 36 Pläne. ¹Auf

1. Linienbestimmungen nach § 16 des Bundesfernstraßengesetzes[2]) und § 13 des Bundeswasserstraßengesetzes[3]) sowie
2. Pläne, die bei behördlichen Entscheidungen zu beachten oder zu berücksichtigen sind

ist § 34 Absatz 1 bis 5 entsprechend anzuwenden. ²Bei Raumordnungsplänen im Sinne des § 3 Absatz 1 Nummer 7 des Raumordnungsgesetzes[4]) und bei Bauleitplänen und Satzungen nach § 34 Absatz 4 Satz 1 Nummer 3 des Baugesetzbuches[1]) findet § 34 Absatz 1 Satz 1 keine Anwendung.

Kapitel 5. Schutz der wild lebenden Tier- und Pflanzenarten, ihrer Lebensstätten und Biotope

Abschnitt 1. Allgemeine Vorschriften

§ 37 Aufgaben des Artenschutzes. (1) ¹Die Vorschriften dieses Kapitels sowie § 6 Absatz 3 dienen dem Schutz der wild lebenden Tier- und Pflanzenarten. ²Der Artenschutz umfasst

---

[1]) Nr. 300.
[2]) Nr. 932.
[3]) Nr. 971.
[4]) Nr. 340.

1. den Schutz der Tiere und Pflanzen wild lebender Arten und ihrer Lebensgemeinschaften vor Beeinträchtigungen durch den Menschen und die Gewährleistung ihrer sonstigen Lebensbedingungen,
2. den Schutz der Lebensstätten und Biotope der wild lebenden Tier- und Pflanzenarten sowie
3. die Wiederansiedlung von Tieren und Pflanzen verdrängter wild lebender Arten in geeigneten Biotopen innerhalb ihres natürlichen Verbreitungsgebiets.

(2) ¹Die Vorschriften des Pflanzenschutzrechts, des Tierschutzrechts, des Seuchenrechts sowie des Forst-, Jagd- und Fischereirechts bleiben von den Vorschriften dieses Kapitels und den auf Grund dieses Kapitels erlassenen Rechtsvorschriften unberührt. ²Soweit in jagd- oder fischereirechtlichen Vorschriften keine besonderen Bestimmungen zum Schutz oder zur Pflege der betreffenden Arten bestehen oder erlassen werden, sind vorbehaltlich der Rechte der Jagdausübungs- oder Fischereiberechtigten die Vorschriften dieses Kapitels und die auf Grund dieses Kapitels erlassenen Rechtsvorschriften anzuwenden.

§ 38[1]) **Allgemeine Vorschriften für den Arten-, Lebensstätten- und Biotopschutz.** (1) Zur Vorbereitung und Durchführung der Aufgaben nach § 37 Absatz 1 erstellen die für Naturschutz und Landschaftspflege zuständigen Behörden des Bundes und der Länder auf der Grundlage der Beobachtung nach § 6 Schutz-, Pflege- und Entwicklungsziele und verwirklichen sie.

(2) ¹Soweit dies zur Umsetzung völker- und gemeinschaftsrechtlicher Vorgaben oder zum Schutz von Arten, die in einer Rechtsverordnung nach § 54 Absatz 1 Nummer 2 aufgeführt sind, einschließlich deren Lebensstätten, erforderlich ist, ergreifen die für Naturschutz und Landschaftspflege zuständigen Behörden des Bundes und der Länder wirksame und aufeinander abgestimmte vorbeugende Schutzmaßnahmen oder stellen Artenhilfsprogramme auf. ²Sie treffen die erforderlichen Maßnahmen, um sicherzustellen, dass der unbeabsichtigte Fang oder das unbeabsichtigte Töten keine erheblichen nachteiligen Auswirkungen auf die streng geschützten Arten haben.

(3) Die erforderliche Forschung und die notwendigen wissenschaftlichen Arbeiten im Sinne des Artikels 18 der Richtlinie 92/43/EWG und des Artikels 10 der Richtlinie 2009/147/EG werden gefördert.

Abschnitt 2. Allgemeiner Artenschutz

§ 39[2]) **Allgemeiner Schutz wild lebender Tiere und Pflanzen; Ermächtigung zum Erlass von Rechtsverordnungen.** (1) Es ist verboten,
1. wild lebende Tiere mutwillig zu beunruhigen oder ohne vernünftigen Grund zu fangen, zu verletzen oder zu töten,
2. wild lebende Pflanzen ohne vernünftigen Grund von ihrem Standort zu entnehmen oder zu nutzen oder ihre Bestände niederzuschlagen oder auf sonstige Weise zu verwüsten,
3. Lebensstätten wild lebender Tiere und Pflanzen ohne vernünftigen Grund zu beeinträchtigen oder zu zerstören.

---

[1]) § 38 Abs. 3 geänd. mWv 1.8.2013 durch G v. 21.1.2013 (BGBl. I S. 95).
[2]) § 39 Abs. 5 Satz 3 geänd. mWv 14.10.2011 durch G v. 6.10.2011 (BGBl. I S. 1986); Abs. 5 Satz 1 Nr. 2, Satz 3 geänd. mWv 29.9.2017 durch G v. 15.9.2017 (BGBl. I S. 3434); Abs. 4a eingef. mWv 1.3.2022 durch G v. 18.8.2021 (BGBl. I S. 3908).

(2) ¹Vorbehaltlich jagd- oder fischereirechtlicher Bestimmungen ist es verboten, wild lebende Tiere und Pflanzen der in Anhang V der Richtlinie 92/43/EWG aufgeführten Arten aus der Natur zu entnehmen. ²Die Länder können Ausnahmen von Satz 1 unter den Voraussetzungen des § 45 Absatz 7 oder des Artikels 14 der Richtlinie 92/43/EWG zulassen.

(3) Jeder darf abweichend von Absatz 1 Nummer 2 wild lebende Blumen, Gräser, Farne, Moose, Flechten, Früchte, Pilze, Tee- und Heilkräuter sowie Zweige wild lebender Pflanzen aus der Natur an Stellen, die keinem Betretungsverbot unterliegen, in geringen Mengen für den persönlichen Bedarf pfleglich entnehmen und sich aneignen.

(4) ¹Das gewerbsmäßige Entnehmen, Be- oder Verarbeiten wild lebender Pflanzen bedarf unbeschadet der Rechte der Eigentümer und sonstiger Nutzungsberechtigter der Genehmigung der für Naturschutz und Landschaftspflege zuständigen Behörde. ²Die Genehmigung ist zu erteilen, wenn der Bestand der betreffenden Art am Ort der Entnahme nicht gefährdet und der Naturhaushalt nicht erheblich beeinträchtigt werden. ³Die Entnahme hat pfleglich zu erfolgen. ⁴Bei der Entscheidung über Entnahmen zu Zwecken der Produktion regionalen Saatguts sind die günstigen Auswirkungen auf die Ziele des Naturschutzes und der Landschaftspflege zu berücksichtigen.

(4a) ¹Ein vernünftiger Grund nach Absatz 1 liegt insbesondere vor, wenn wissenschaftliche oder naturkundliche Untersuchungen an Tieren oder Pflanzen sowie diesbezügliche Maßnahmen der Umweltbildung im zur Erreichung des Untersuchungsziels oder Bildungszwecks notwendigen Umfang vorgenommen werden. ²Vorschriften des Tierschutzrechts bleiben unberührt.

(5) ¹Es ist verboten,
1. die Bodendecke auf Wiesen, Feldrainen, Hochrainen und ungenutzten Grundflächen sowie an Hecken und Hängen abzubrennen oder nicht land-, forst- oder fischereiwirtschaftlich genutzte Flächen so zu behandeln, dass die Tier- oder Pflanzenwelt erheblich beeinträchtigt wird,
2. Bäume, die außerhalb des Waldes, von Kurzumtriebsplantagen oder gärtnerisch genutzten Grundflächen stehen, Hecken, lebende Zäune, Gebüsche und andere Gehölze in der Zeit vom 1. März bis zum 30. September abzuschneiden, auf den Stock zu setzen oder zu beseitigen; zulässig sind schonende Form- und Pflegeschnitte zur Beseitigung des Zuwachses der Pflanzen oder zur Gesunderhaltung von Bäumen,
3. Röhrichte in der Zeit vom 1. März bis zum 30. September zurückzuschneiden; außerhalb dieser Zeiten dürfen Röhrichte nur in Abschnitten zurückgeschnitten werden,
4. ständig wasserführende Gräben unter Einsatz von Grabenfräsen zu räumen, wenn dadurch der Naturhaushalt, insbesondere die Tierwelt erheblich beeinträchtigt wird.

²Die Verbote des Satzes 1 Nummer 1 bis 3 gelten nicht für
1. behördlich angeordnete Maßnahmen,
2. Maßnahmen, die im öffentlichen Interesse nicht auf andere Weise oder zu anderer Zeit durchgeführt werden können, wenn sie
   a) behördlich durchgeführt werden,
   b) behördlich zugelassen sind oder
   c) der Gewährleistung der Verkehrssicherheit dienen,
3. nach § 15 zulässige Eingriffe in Natur und Landschaft,

4. zulässige Bauvorhaben, wenn nur geringfügiger Gehölzbewuchs zur Verwirklichung der Baumaßnahmen beseitigt werden muss.

³Die Landesregierungen werden ermächtigt, durch Rechtsverordnung bei den Verboten des Satzes 1 Nummer 2 und 3 für den Bereich eines Landes oder für Teile des Landes erweiterte Verbotszeiträume vorzusehen und den Verbotszeitraum aus klimatischen Gründen um bis zu zwei Wochen zu verschieben. ⁴Sie können die Ermächtigung nach Satz 3 durch Rechtsverordnung auf andere Landesbehörden übertragen.

(6) Es ist verboten, Höhlen, Stollen, Erdkeller oder ähnliche Räume, die als Winterquartier von Fledermäusen dienen, in der Zeit vom 1. Oktober bis zum 31. März aufzusuchen; dies gilt nicht zur Durchführung unaufschiebbarer und nur geringfügig störender Handlungen sowie für touristisch erschlossene oder stark genutzte Bereiche.

(7) Weiter gehende Schutzvorschriften insbesondere des Kapitels 4 und des Abschnitts 3 des Kapitels 5 einschließlich der Bestimmungen über Ausnahmen und Befreiungen bleiben unberührt.

§ 40[1]) Ausbringen von Pflanzen und Tieren.

(1) ¹Das Ausbringen von Pflanzen in der freien Natur, deren Art in dem betreffenden Gebiet in freier Natur nicht oder seit mehr als 100 Jahren nicht mehr vorkommt, sowie von Tieren bedarf der Genehmigung der zuständigen Behörde. ²Dies gilt nicht für künstlich vermehrte Pflanzen, wenn sie ihren genetischen Ursprung in dem betreffenden Gebiet haben. ³Die Genehmigung ist zu versagen, wenn eine Gefährdung von Ökosystemen, Biotopen oder Arten der Mitgliedstaaten nicht auszuschließen ist. ⁴Von dem Erfordernis einer Genehmigung sind ausgenommen

1. der Anbau von Pflanzen in der Land- und Forstwirtschaft,
2. der Einsatz von Tieren zum Zweck des biologischen Pflanzenschutzes
   a) der Arten, die in dem betreffenden Gebiet in freier Natur in den letzten 100 Jahren vorkommen oder vorkamen,
   b) anderer Arten, sofern der Einsatz einer pflanzenschutzrechtlichen Genehmigung bedarf, bei der die Belange des Artenschutzes berücksichtigt sind,
3. das Ansiedeln von Tieren, die dem Jagd- oder Fischereirecht unterliegen, sofern die Art in dem betreffenden Gebiet in freier Natur in den letzten 100 Jahren vorkommt oder vorkam,
4. das Ausbringen von Gehölzen und Saatgut außerhalb ihrer Vorkommensgebiete bis einschließlich 1. März 2020; bis zu diesem Zeitpunkt sollen in der freien Natur Gehölze und Saatgut vorzugsweise nur innerhalb ihrer Vorkommensgebiete ausgebracht werden.

⁵Artikel 22 der Richtlinie 92/43/EWG sowie die Vorschriften der Verordnung (EU) Nr. 1143/2014 sind zu beachten.

(2) Genehmigungen nach Absatz 1 werden bei im Inland noch nicht vorkommenden Arten vom Bundesamt für Naturschutz erteilt.

(3) Die zuständige Behörde kann anordnen, dass ungenehmigt ausgebrachte Tiere und Pflanzen oder sich unbeabsichtigt in der freien Natur ausbreitende

---

[1]) § 40 Überschrift neu gef., Abs. 1–3 aufgeh., bish. Abs. 4–6 werden Abs. 1–3, neuer Abs. 1 Sätze 1 und 2 geänd., Satz 4 Nr. 2 und 3, Satz 5 neu gef., neuer Abs. 2 geänd. mWv 16.9.2017 durch G v. 8.9. 2017 (BGBl. I S. 3370).

Pflanzen sowie dorthin entkommene Tiere beseitigt werden, soweit es zur Abwehr einer Gefährdung von Ökosystemen, Biotopen oder Arten erforderlich ist.

§ 40a[1] **Maßnahmen gegen invasive Arten.** (1) ¹Die zuständigen Behörden treffen nach pflichtgemäßem Ermessen die im Einzelfall erforderlichen und verhältnismäßigen Maßnahmen, um
1. sicherzustellen, dass die Vorschriften der Verordnung (EU) Nr. 1143/2014, dieses Kapitels und der auf ihrer Grundlage erlassenen Rechtsvorschriften in Bezug auf invasive Arten eingehalten werden und um
2. die Einbringung oder Ausbreitung von invasiven Arten zu verhindern oder zu minimieren.

²Soweit Maßnahmen nach Satz 1 Nummer 2 in der freien Natur invasive und entweder dem Jagdrecht unterliegende oder andere Arten betreffen, bei denen die Maßnahmen im Rahmen des Jagdschutzes durchgeführt werden können, werden sie im Einvernehmen mit den nach Landesrecht für Jagd zuständigen Behörden unbeschadet des fortbestehenden Jagdrechts nach den §§ 1, 2 und 23 des Bundesjagdgesetzes[2] festgelegt. ³Maßnahmen mit jagdlichen Mitteln sind im Einvernehmen mit den Jagdausübungsberechtigten, Maßnahmen ohne Einsatz jagdlicher Mittel mit Rücksicht auf deren berechtigte Interessen durchzuführen. ⁴Soweit Maßnahmen nach Satz 1 Nummer 2 in der freien Natur dem Fischereirecht unterliegende invasive Arten betreffen, werden sie im Einvernehmen mit den nach Landesrecht für Fischerei zuständigen Behörden festgelegt. ⁵Maßnahmen mit fischereilichen Mitteln sind im Einvernehmen mit dem Fischereiausübungsberechtigten, Maßnahmen ohne Einsatz fischereilicher Mittel mit Rücksicht auf deren berechtigte Interessen durchzuführen. ⁶Bei Gefahr im Verzug bedarf es des Einvernehmens nach den Sätzen 2 bis 5 nicht.

(2) Liegen Anhaltspunkte für das Vorhandensein einer invasiven Art vor, sind Eigentümer und Inhaber der tatsächlichen Gewalt verpflichtet, eine Untersuchung von Gegenständen, Substraten, Transportmitteln, Anlagen, Grundstücken, Gebäuden oder Räumen im Hinblick auf das Vorhandensein invasiver Arten zu dulden.

(3) ¹Die zuständige Behörde kann gegenüber demjenigen, der die Ausbringung, die Ausbreitung oder das Entkommen von invasiven Arten verursacht hat, deren Beseitigung und dafür bestimmte Verfahren anordnen, soweit dies zur Abwehr einer Gefährdung von Ökosystemen, Biotopen oder Arten erforderlich ist. ²Eigentümer von Grundstücken und anderen in Absatz 2 genannten Sachen sowie der Inhaber der tatsächlichen Gewalt sind verpflichtet, Maßnahmen der zuständigen Behörde zur Beseitigung oder Verhinderung einer Ausbreitung invasiver Arten zu dulden.

(4) ¹Die zuständige Behörde kann Exemplare invasiver Arten beseitigen oder durch Beauftragte beseitigen lassen, wenn eine Beseitigung durch die in Absatz 3 Satz 1 genannten Personen nicht oder nicht rechtzeitig erreicht werden kann. ²Die durch die Maßnahme entstehenden Kosten können den in Absatz 3 Satz 1 genannten Personen auferlegt werden.

(5) ¹Steht ein Grundstück im Eigentum der öffentlichen Hand, soll der Eigentümer die von der zuständigen Behörde festgelegten Beseitigungsmaßnahmen nach Artikel 17 oder Managementmaßnahmen nach Artikel 19 der Verordnung (EU) Nr. 1143/2014 bei der Bewirtschaftung des Grundstücks in besonderer Weise

---

[1] § 40a eingef. mWv 16.9.2017 durch G v. 8.9.2017 (BGBl. I S. 3370).
[2] Nr. **890**.

berücksichtigen. ²Satz 1 gilt auch, wenn das Grundstück im Eigentum eines privatrechtlich organisierten Unternehmens steht, an dem mehrheitlich eine Gebietskörperschaft Anteile hält.

(6) Die im Einzelfall erforderlichen Maßnahmen zur Verhütung einer Verbreitung invasiver Arten durch Seeschiffe richten sich nach dem Gesetz über die Aufgaben des Bundes auf dem Gebiet der Seeschifffahrt sowie den auf dieser Grundlage erlassenen Rechtsvorschriften.

§ 40b[1] **Nachweispflicht und Einziehung bei invasiven Arten.** ¹Wer Exemplare einer invasiven Art besitzt oder die tatsächliche Gewalt darüber ausübt, kann sich gegenüber den zuständigen Behörden auf eine Berechtigung hierzu nur berufen, wenn er diese Berechtigung auf Verlangen nachweist. ²Beruft sich die Person auf die Übergangsbestimmungen nach Artikel 31 der Verordnung (EU) Nr. 1143/2014 genügt es, wenn sie diese Berechtigung glaubhaft macht. ³ § 47 gilt entsprechende.

§ 40c[2] **Genehmigungen.** (1) ¹Abweichend von den Verboten des Artikels 7 Absatz 1 Buchstabe a, b, c, d, f und g der Verordnung (EU) Nr. 1143/2014 bedürfen die Forschung an und Ex-situ-Erhaltung von invasiven Arten einer Genehmigung durch die zuständige Behörde. ²Die Genehmigung ist zu erteilen, wenn die Voraussetzungen des Artikels 8 Absatz 2 bis 4 der Verordnung (EU) Nr. 1143/2014 vorliegen. ³Eine Genehmigung ist für Bestände invasiver Tierarten nicht erforderlich, die vor dem 3. August 2016 gehalten wurden, sich unter Verschluss befinden und in denen keine Vermehrung stattfindet.

(2) Absatz 1 gilt entsprechend für die wissenschaftliche Herstellung und die anschließende medizinische Verwendung von Produkten, die aus invasiven Arten hervorgegangen sind, wenn die Verwendung der Produkte unvermeidbar ist, um Fortschritte für die menschliche Gesundheit zu erzielen.

(3) ¹Für andere Tätigkeiten kann in Ausnahmefällen auf Antrag eine Genehmigung nach Maßgabe von Artikel 9 der Verordnung (EU) Nr. 1143/2014 erteilt werden. ²Die zuständige Behörde reicht den Zulassungsantrag über das elektronische Zulassungssystem nach Artikel 9 Absatz 2 der Verordnung (EU) Nr. 1143/2014 bei der Kommission ein. ³Eine Zulassung durch die Kommission ist nicht erforderlich, wenn Beschränkungen einer Rechtsverordnung nach § 54 Absatz 4 Satz 1 betroffen sind.

(4) ¹Der Antrag ist schriftlich oder elektronisch unter Vorlage der zur Prüfung erforderlichen Unterlagen bei der zuständigen Behörde einzureichen. ²Im Falle des Absatzes 3 sind die in Satz 1 genannten Unterlagen der zuständigen Behörde auch als elektronisches Dokument zu übermitteln.

(5) ¹Die Genehmigung kann widerrufen werden, wenn unvorhergesehene Ereignisse mit einer nachteiligen Auswirkung auf die biologische Vielfalt oder damit verbundene Ökosystemdienstleistungen eintreten. ²Der Widerruf ist wissenschaftlich zu begründen; sind die wissenschaftlichen Angaben nicht ausreichend, erfolgt der Widerruf unter Anwendung des Vorsorgeprinzips.

§ 40d[3] **Aktionsplan zu Pfaden invasiver Arten.** (1) ¹Das Bundesministerium für Umwelt, Naturschutz und nukleare Sicherheit beschließt nach Anhörung der

---

[1] § 40b eingef. mWv 16.9.2017 durch G v. 8.9.2017 (BGBl. I S. 3370).
[2] § 40c eingef. mWv 16.9.2017 durch G v. 8.9.2017 (BGBl. I S. 3370).
[3] § 40d eingef. mWv 16.9.2017 durch G v. 8.9.2017 (BGBl. I S. 3370); Abs. 1 Satz 1 geänd. mWv 27.6.2020 durch VO v. 19.6.2020 (BGBl. I S. 1328).

Länder im Einvernehmen mit dem Bundesministerium für Verkehr und digitale Infrastruktur sowie dem Bundesministerium für Ernährung und Landwirtschaft einen Aktionsplan nach Artikel 13 der Verordnung (EU) Nr. 1143/2014 zu den Einbringungs- und Ausbreitungspfaden invasiver Arten nach § 7 Absatz 2 Nummer 9 Buchstabe a. ²Satz 1 gilt auch für invasive Arten nach § 7 Absatz 2 Nummer 9 Buchstabe b, soweit die Kommission insoweit in einem Durchführungsrechtsakt nach Artikel 11 Absatz 2 Satz 2 eine Anwendung des Artikels 13 vorsieht, sowie für invasive Arten, die in einer Rechtsverordnung nach § 54 Absatz 4 Satz 1 Nummer 3 aufgeführt sind.

(2) Der Aktionsplan ist mindestens alle sechs Jahre zu überarbeiten.

(3) ¹Anstatt eines Aktionsplans können auch mehrere Aktionspläne für verschiedene Einbringungs- und Ausbreitungspfade invasiver Arten beschlossen werden. ²Für diese Aktionspläne gelten die Absätze 1 und 2 entsprechend.

§ 40e[1] Managementmaßnahmen. (1) ¹Die für Naturschutz und Landschaftspflege zuständigen Behörden legen nach Maßgabe des Artikels 19 der Verordnung (EU) Nr. 1143/2014 Managementmaßnahmen fest. ²Sie stimmen die Maßnahmen nach Satz 1 sowohl untereinander als auch, soweit erforderlich, mit den zuständigen Behörden anderer Mitgliedstaaten der Europäischen Union ab. ³Die Abstimmung mit Behörden anderer Mitgliedstaaten erfolgt im Benehmen mit dem Bundesministerium für Umwelt, Naturschutz und nukleare Sicherheit.

(2) Soweit die Managementmaßnahmen invasive und entweder dem Jagdrecht unterliegende oder andere Arten betreffen, bei denen die Maßnahmen im Rahmen des Jagdschutzes durchgeführt werden können, werden sie im Einvernehmen mit den nach Landesrecht für Jagd zuständigen Behörden unbeschadet des fortbestehenden Jagdrechts nach den §§ 1, 2 und 23 des Bundesjagdgesetzes[2] festgelegt; soweit dem Fischereirecht unterliegende invasive Arten betroffen sind, im Einvernehmen mit den nach Landesrecht für Fischerei zuständigen Behörden.

§ 40f[3] Beteiligung der Öffentlichkeit. (1) Bei der Aufstellung von Aktionsplänen gemäß § 40d und der Festlegung von Managementmaßnahmen gemäß § 40e ist eine Öffentlichkeitsbeteiligung entsprechend § 42 des Gesetzes über die Umweltverträglichkeitsprüfung[4] durchzuführen.

(2) Das Ergebnis der Öffentlichkeitsbeteiligung ist bei der Aufstellung des Aktionsplans nach § 40d Absatz 1 und der Festlegung von Managementmaßnahmen nach § 40e angemessen zu berücksichtigen.

(3) ¹Das Bundesministerium für Umwelt, Naturschutz und nukleare Sicherheit macht den Aktionsplan nach § 40d Absatz 1 mit Begründung im Bundesanzeiger bekannt. ²In der Begründung sind das Verfahren zur Aufstellung des Aktionsplans und die Gründe und Erwägungen, auf denen der Aktionsplan beruht, angemessen darzustellen. ³Die Bekanntmachung von nach § 40e festgelegten Managementmaßnahmen richtet sich nach Landesrecht.

(4) Bei Überarbeitungen nach § 40d Absatz 2 und der Änderung von Managementmaßnahmen gelten die Absätze 1 bis 3 entsprechend.

---

[1]) § 40e eingef. mWv 16.9.2017 durch G v. 8.9.2017 (BGBl. I S. 3370); Abs. 1 Satz 3 geänd. mWv 27.6.2020 durch VO v. 19.6.2020 (BGBl. I S. 1328).
[2]) Nr. **890**.
[3]) § 40f eingef. mWv 16.9.2017 durch G v. 8.9.2017 (BGBl. I S. 3370); Abs. 3 Satz 1 geänd. mWv 27.6.2020 durch VO v. 19.6.2020 (BGBl. I S. 1328).
[4]) Nr. **295**.

(5) Soweit Aktionspläne nach dem Gesetz über die Umweltverträglichkeitsprüfung einer strategischen Umweltprüfung bedürfen, ist die Beteiligung der Öffentlichkeit nach den Absätzen 1 und 2 Teil der strategischen Umweltprüfung nach § 42 des Gesetzes über die Umweltverträglichkeitsprüfung.

§ 41 Vogelschutz an Energiefreileitungen. [1] Zum Schutz von Vogelarten sind neu zu errichtende Masten und technische Bauteile von Mittelspannungsleitungen konstruktiv so auszuführen, dass Vögel gegen Stromschlag geschützt sind. [2] An bestehenden Masten und technischen Bauteilen von Mittelspannungsleitungen mit hoher Gefährdung von Vögeln sind bis zum 31. Dezember 2012 die notwendigen Maßnahmen zur Sicherung gegen Stromschlag durchzuführen. [3] Satz 2 gilt nicht für die Oberleitungsanlagen von Eisenbahnen.

§ 42 Zoos. (1) [1] Zoos sind dauerhafte Einrichtungen, in denen lebende Tiere wild lebender Arten zwecks Zurschaustellung während eines Zeitraumes von mindestens sieben Tagen im Jahr gehalten werden. [2] Nicht als Zoo gelten

1. Zirkusse,
2. Tierhandlungen und
3. Gehege zur Haltung von nicht mehr als fünf Arten von Schalenwild, das im Bundesjagdgesetz aufgeführt ist, oder Einrichtungen, in denen nicht mehr als 20 Tiere anderer wild lebender Arten gehalten werden.

(2) [1] Die Errichtung, Erweiterung, wesentliche Änderung und der Betrieb eines Zoos bedürfen der Genehmigung. [2] Die Genehmigung bezieht sich auf eine bestimmte Anlage, bestimmte Betreiber, auf eine bestimmte Anzahl an Individuen einer jeden Tierart sowie auf eine bestimmte Betriebsart.

(3) Zoos sind so zu errichten und zu betreiben, dass

1. bei der Haltung der Tiere den biologischen und den Erhaltungsbedürfnissen der jeweiligen Art Rechnung getragen wird, insbesondere die jeweiligen Gehege nach Lage, Größe und Gestaltung und innerer Einrichtung art- und tiergerecht ausgestaltet sind,
2. die Pflege der Tiere auf der Grundlage eines dem Stand der guten veterinärmedizinischen Praxis entsprechenden schriftlichen Programms zur tiermedizinischen Vorbeugung und Behandlung sowie zur Ernährung erfolgt,
3. dem Eindringen von Schadorganismen sowie dem Entweichen der Tiere vorgebeugt wird,
4. die Vorschriften des Tier- und Artenschutzes beachtet werden,
5. ein Register über den Tierbestand des Zoos in einer den verzeichneten Arten jeweils angemessenen Form geführt und stets auf dem neuesten Stand gehalten wird,
6. die Aufklärung und das Bewusstsein der Öffentlichkeit in Bezug auf den Erhalt der biologischen Vielfalt gefördert wird, insbesondere durch Informationen über die zur Schau gestellten Arten und ihre natürlichen Biotope,
7. sich der Zoo beteiligt an
    a) Forschungen, die zur Erhaltung der Arten beitragen, einschließlich des Austausches von Informationen über die Arterhaltung, oder
    b) der Aufzucht in Gefangenschaft, der Bestandserneuerung und der Wiederansiedlung von Arten in ihren Biotopen oder
    c) der Ausbildung in erhaltungsspezifischen Kenntnissen und Fähigkeiten.

(4) [1] Die Genehmigung nach Absatz 2 ist zu erteilen, wenn

1. sichergestellt ist, dass die Pflichten nach Absatz 3 erfüllt werden,
2. die nach diesem Kapitel erforderlichen Nachweise vorliegen,
3. keine Tatsachen vorliegen, aus denen sich Bedenken gegen die Zuverlässigkeit des Betreibers sowie der für die Leitung des Zoos verantwortlichen Personen ergeben sowie
4. andere öffentlich-rechtliche Vorschriften der Errichtung und dem Betrieb des Zoos nicht entgegenstehen.

²Die Genehmigung kann mit Nebenbestimmungen versehen werden; insbesondere kann eine Sicherheitsleistung für die ordnungsgemäße Auflösung des Zoos und die Wiederherstellung des früheren Zustands verlangt werden.

(5) Die Länder können vorsehen, dass die in Absatz 2 Satz 1 vorgesehene Genehmigung die Erlaubnis nach § 11 Absatz 1 Satz 1 Nummer 2a und 3 Buchstabe d des Tierschutzgesetzes[1]) einschließt.

(6) ¹Die zuständige Behörde hat die Einhaltung der sich aus den Absätzen 3 und 4 ergebenden Anforderungen unter anderem durch regelmäßige Prüfungen und Besichtigungen zu überwachen. ² § 52 gilt entsprechend.

(7) ¹Wird ein Zoo ohne die erforderliche Genehmigung oder im Widerspruch zu den sich aus den Absätzen 3 und 4 ergebenden Anforderungen errichtet, erweitert, wesentlich geändert oder betrieben, so kann die zuständige Behörde die erforderlichen Anordnungen treffen, um die Einhaltung der Anforderungen innerhalb einer angemessenen Frist sicherzustellen. ²Sie kann dabei auch bestimmen, den Zoo ganz oder teilweise für die Öffentlichkeit zu schließen. ³Ändern sich die Anforderungen an die Haltung von Tieren in Zoos entsprechend dem Stand der Wissenschaft, soll die zuständige Behörde nachträgliche Anordnungen erlassen, wenn den geänderten Anforderungen nicht auf andere Weise nachgekommen wird.

(8) ¹Soweit der Betreiber Anordnungen nach Absatz 7 nicht nachkommt, ist der Zoo innerhalb eines Zeitraums von höchstens zwei Jahren nach deren Erlass ganz oder teilweise zu schließen und die Genehmigung ganz oder teilweise zu widerrufen. ²Durch Anordnung ist sicherzustellen, dass die von der Schließung betroffenen Tiere angemessen und im Einklang mit dem Zweck und den Bestimmungen der Richtlinie 1999/22/EG des Rates vom 29. März 1999 über die Haltung von Wildtieren in Zoos (ABl. L 94 vom 9.4.1999, S. 24) auf Kosten des Betreibers art- und tiergerecht behandelt und untergebracht werden. ³Eine Beseitigung der Tiere ist nur in Übereinstimmung mit den arten- und tierschutzrechtlichen Bestimmungen zulässig, wenn keine andere zumutbare Alternative für die Unterbringung der Tiere besteht.

§ 43[2] Tiergehege. (1) Tiergehege sind dauerhafte Einrichtungen, in denen Tiere wild lebender Arten außerhalb von Wohn- und Geschäftsgebäuden während eines Zeitraums von mindestens sieben Tagen im Jahr gehalten werden und die kein Zoo im Sinne des § 42 Absatz 1 sind.

(2) Tiergehege sind so zu errichten und zu betreiben, dass
1. die sich aus § 42 Absatz 3 Nummer 1 bis 4 ergebenden Anforderungen eingehalten werden,
2. weder der Naturhaushalt noch das Landschaftsbild beeinträchtigt werden und

---

[1]) Nr. **873**.
[2]) § 43 Abs. 4 einl. Satzteil geänd. mWv 14.10.2011 durch G v. 6.10.2011 (BGBl. I S. 1986).

Bundesnaturschutzgesetz § 44 BNatSchG 880

3. das Betreten von Wald und Flur sowie der Zugang zu Gewässern nicht in unangemessener Weise eingeschränkt wird.

(3) ¹Die Errichtung, Erweiterung, wesentliche Änderung und der Betrieb eines Tiergeheges sind der zuständigen Behörde mindestens einen Monat im Voraus anzuzeigen. ²Diese kann die erforderlichen Anordnungen treffen, um die Einhaltung der sich aus Absatz 2 ergebenden Anforderungen sicherzustellen. ³Sie kann die Beseitigung eines Tiergeheges anordnen, wenn nicht auf andere Weise rechtmäßige Zustände hergestellt werden können. ⁴In diesem Fall gilt § 42 Absatz 8 Satz 2 und 3 entsprechend.

(4) Die Länder können bestimmen, dass die Anforderungen nach Absatz 3 nicht gelten für Gehege,
1. die unter staatlicher Aufsicht stehen,
2. die nur für kurze Zeit aufgestellt werden oder eine geringe Fläche beanspruchen oder
3. in denen nur eine geringe Anzahl an Tieren oder Tiere mit geringen Anforderungen an ihre Haltung gehalten werden.

(5) Weiter gehende Vorschriften der Länder bleiben unberührt.

Abschnitt 3. Besonderer Artenschutz

§ 44[1] **Vorschriften für besonders geschützte und bestimmte andere Tier- und Pflanzenarten.** (1) Es ist verboten,
1. wild lebenden Tieren der besonders geschützten Arten nachzustellen, sie zu fangen, zu verletzen oder zu töten oder ihre Entwicklungsformen aus der Natur zu entnehmen, zu beschädigen oder zu zerstören,
2. wild lebende Tiere der streng geschützten Arten und der europäischen Vogelarten während der Fortpflanzungs-, Aufzucht-, Mauser-, Überwinterungs- und Wanderungszeiten erheblich zu stören; eine erhebliche Störung liegt vor, wenn sich durch die Störung der Erhaltungszustand der lokalen Population einer Art verschlechtert,
3. Fortpflanzungs- oder Ruhestätten der wild lebenden Tiere der besonders geschützten Arten aus der Natur zu entnehmen, zu beschädigen oder zu zerstören,
4. wild lebende Pflanzen der besonders geschützten Arten oder ihre Entwicklungsformen aus der Natur zu entnehmen, sie oder ihre Standorte zu beschädigen oder zu zerstören

(Zugriffsverbote).

(2) ¹Es ist ferner verboten,
1. Tiere und Pflanzen der besonders geschützten Arten in Besitz oder Gewahrsam zu nehmen, in Besitz oder Gewahrsam zu haben oder zu be- oder verarbeiten (Besitzverbote),
2. Tiere und Pflanzen der besonders geschützten Arten im Sinne des § 7 Absatz 2 Nummer 13 Buchstabe b und c
    a) zu verkaufen, zu kaufen, zum Verkauf oder Kauf anzubieten, zum Verkauf vorrätig zu halten oder zu befördern, zu tauschen oder entgeltlich zum Gebrauch oder zur Nutzung zu überlassen,

---

[1] § 44 Abs. 3 neu gef. mWv 16.9.2017 durch G v. 8.9.2017 (BGBl. I S. 3370); Abs. 5 Sätze 1 und 2 neu gef., Satz 3 geänd. mWv 29.9.2017 durch G v. 15.9.2017 (BGBl. I S. 3434).

b) zu kommerziellen Zwecken zu erwerben, zur Schau zu stellen oder auf andere Weise zu verwenden

(Vermarktungsverbote).

²Artikel 9 der Verordnung (EG) Nr. 338/97 bleibt unberührt.

(3) Die Besitz- und Vermarktungsverbote gelten auch für Waren im Sinne des Anhangs der Richtlinie 83/129/EWG, die entgegen den Artikeln 1 und 3 dieser Richtlinie nach dem 30. September 1983 in die Gemeinschaft gelangt sind.

(4) ¹Entspricht die land-, forst- und fischereiwirtschaftliche Bodennutzung und die Verwertung der dabei gewonnenen Erzeugnisse den in § 5 Absatz 2 bis 4 dieses Gesetzes genannten Anforderungen sowie den sich aus § 17 Absatz 2 des Bundes-Bodenschutzgesetzes[1]) und dem Recht der Land-, Forst- und Fischereiwirtschaft ergebenden Anforderungen an die gute fachliche Praxis, verstößt sie nicht gegen die Zugriffs-, Besitz- und Vermarktungsverbote. ²Sind in Anhang IV der Richtlinie 92/43/EWG aufgeführte Arten, europäische Vogelarten oder solche Arten, die in einer Rechtsverordnung nach § 54 Absatz 1 Nummer 2 aufgeführt sind, betroffen, gilt dies nur, soweit sich der Erhaltungszustand der lokalen Population einer Art durch die Bewirtschaftung nicht verschlechtert. ³Soweit dies nicht durch anderweitige Schutzmaßnahmen, insbesondere durch Maßnahmen des Gebietsschutzes, Artenschutzprogramme, vertragliche Vereinbarungen oder gezielte Aufklärung sichergestellt ist, ordnet die zuständige Behörde gegenüber den verursachenden Land-, Forst- oder Fischwirten die erforderlichen Bewirtschaftungsvorgaben an. ⁴Befugnisse nach Landesrecht zur Anordnung oder zum Erlass entsprechender Vorgaben durch Allgemeinverfügung oder Rechtsverordnung bleiben unberührt.

(5) ¹Für nach § 15 Absatz 1 unvermeidbare Beeinträchtigungen durch Eingriffe in Natur und Landschaft, die nach § 17 Absatz 1 oder Absatz 3 zugelassen oder von einer Behörde durchgeführt werden, sowie für Vorhaben im Sinne des § 18 Absatz 2 Satz 1 gelten die Zugriffs-, Besitz- und Vermarktungsverbote nach Maßgabe der Sätze 2 bis 5. ²Sind in Anhang IV Buchstabe a der Richtlinie 92/43/EWG aufgeführte Tierarten, europäische Vogelarten oder solche Arten betroffen, die in einer Rechtsverordnung nach § 54 Absatz 1 Nummer 2 aufgeführt sind, liegt ein Verstoß gegen

1. das Tötungs- und Verletzungsverbot nach Absatz 1 Nummer 1 nicht vor, wenn die Beeinträchtigung durch den Eingriff oder das Vorhaben das Tötungs- und Verletzungsrisiko für Exemplare der betroffenen Arten nicht signifikant erhöht und diese Beeinträchtigung bei Anwendung der gebotenen, fachlich anerkannten Schutzmaßnahmen nicht vermieden werden kann,
2. das Verbot des Nachstellens und Fangens wild lebender Tiere und der Entnahme, Beschädigung oder Zerstörung ihrer Entwicklungsformen nach Absatz 1 Nummer 1 nicht vor, wenn die Tiere oder ihre Entwicklungsformen im Rahmen einer erforderlichen Maßnahme, die auf den Schutz der Tiere vor Tötung oder Verletzung oder ihrer Entwicklungsformen vor Entnahme, Beschädigung oder Zerstörung und die Erhaltung der ökologischen Funktion der Fortpflanzungs- oder Ruhestätten im räumlichen Zusammenhang gerichtet ist, beeinträchtigt werden und diese Beeinträchtigungen unvermeidbar sind,
3. das Verbot nach Absatz 1 Nummer 3 nicht vor, wenn die ökologische Funktion der von dem Eingriff oder Vorhaben betroffenen Fortpflanzungs- und Ruhestätten im räumlichen Zusammenhang weiterhin erfüllt wird.

---

[1]) Nr. 299.

³ Soweit erforderlich, können auch vorgezogene Ausgleichsmaßnahmen festgelegt werden. ⁴ Für Standorte wild lebender Pflanzen der in Anhang IV Buchstabe b der Richtlinie 92/43/EWG aufgeführten Arten gelten die Sätze 2 und 3 entsprechend. ⁵ Sind andere besonders geschützte Arten betroffen, liegt bei Handlungen zur Durchführung eines Eingriffs oder Vorhabens kein Verstoß gegen die Zugriffs-, Besitz- und Vermarktungsverbote vor.

(6) ¹ Die Zugriffs- und Besitzverbote gelten nicht für Handlungen zur Vorbereitung gesetzlich vorgeschriebener Prüfungen, die von fachkundigen Personen unter größtmöglicher Schonung der untersuchten Exemplare und der übrigen Tier- und Pflanzenwelt in notwendigem Umfang vorgenommen werden. ² Die Anzahl der verletzten oder getöteten Exemplare von europäischen Vogelarten und Arten der in Anhang IV Buchstabe a der Richtlinie 92/43/EWG aufgeführten Tierarten ist von der fachkundigen Person der für Naturschutz und Landschaftspflege zuständigen Behörde jährlich mitzuteilen.

§ 45¹⁾ Ausnahmen; Ermächtigung zum Erlass von Rechtsverordnungen.

(1) ¹ Von den Besitzverboten sind, soweit sich aus einer Rechtsverordnung nach § 54 Absatz 5 nichts anderes ergibt, ausgenommen
1. Tiere und Pflanzen der besonders geschützten Arten, die rechtmäßig
    a) in der Gemeinschaft gezüchtet und nicht herrenlos geworden sind, durch künstliche Vermehrung gewonnen oder aus der Natur entnommen worden sind,
    b) aus Drittstaaten in die Gemeinschaft gelangt sind,
2. Tiere und Pflanzen der Arten, die in einer Rechtsverordnung nach § 54 Absatz 4 aufgeführt und vor ihrer Aufnahme in die Rechtsverordnung rechtmäßig in der Gemeinschaft erworben worden sind.

² Satz 1 Nummer 1 Buchstabe b gilt nicht für Tiere und Pflanzen der Arten im Sinne des § 7 Absatz 2 Nummer 13 Buchstabe b, die nach dem 3. April 2002 ohne eine Ausnahme oder Befreiung nach § 43 Absatz 8 Satz 2 oder § 62 des Bundesnaturschutzgesetzes in der bis zum 1. März 2010 geltenden Fassung oder nach dem 1. März 2010 ohne eine Ausnahme nach Absatz 8 aus einem Drittstaat unmittelbar in das Inland gelangt sind. ³ Abweichend von Satz 2 dürfen tote Vögel von europäischen Vogelarten im Sinne des § 7 Absatz 2 Nummer 13 Buchstabe b Doppelbuchstabe bb, soweit diese nach § 2 Absatz 1 des Bundesjagdgesetzes²⁾ dem Jagdrecht unterliegen, zum persönlichen Gebrauch oder als Hausrat ohne eine Ausnahme oder Befreiung aus einem Drittstaat unmittelbar in das Inland verbracht werden.

(2) ¹ Soweit nach Absatz 1 Tiere und Pflanzen der besonders geschützten Arten keinen Besitzverboten unterliegen, sind sie auch von den Vermarktungsverboten ausgenommen. ² Dies gilt vorbehaltlich einer Rechtsverordnung nach § 54 Absatz 5 nicht für aus der Natur entnommene
1. Tiere und Pflanzen der streng geschützten Arten und
2. Tiere europäischer Vogelarten.

(3) Von den Vermarktungsverboten sind auch ausgenommen

---

¹⁾ § 45 Abs. 6 bish. Wortlaut wird Satz 1 und geänd., Satz 2 angef. mWv 14.10.2011 durch G v. 6.10. 2011 (BGBl. I S. 1986); Abs. 3 Nr. 2, 3, Abs. 7 Satz 3 geänd. mWv 1.8.2013 durch G v. 21.1.2013 (BGBl. I S. 95); Abs. 7 Satz 1 einl. Satzteil geänd. mWv 29.9.2017 durch G v. 15.9.2017 (BGBl. I S. 3434); Abs. 7 Satz 1 Nr. 1 neu gef. mWv 13.3.2020 durch G v. 4.3.2020 (BGBl. I S. 440).
²⁾ Nr. **890**.

1. Tiere und Pflanzen der streng geschützten Arten, die vor ihrer Unterschutzstellung als vom Aussterben bedrohte oder streng geschützte Arten rechtmäßig erworben worden sind,
2. Tiere europäischer Vogelarten, die vor dem 6. April 1981 rechtmäßig erworben worden oder in Anhang III Teil A der Richtlinie 2009/147/EG aufgeführt sind,
3. Tiere und Pflanzen der Arten, die den Richtlinien 92/43/EWG und 2009/147/EG unterliegen und die in einem Mitgliedstaat in Übereinstimmung mit den Richtlinien zu den in § 44 Absatz 2 Satz 1 Nummer 2 genannten Handlungen freigegeben worden sind.

(4) Abweichend von den Besitz- und Vermarktungsverboten ist es vorbehaltlich jagd- und fischereirechtlicher Vorschriften zulässig, tot aufgefundene Tiere und Pflanzen aus der Natur zu entnehmen und an die von der für Naturschutz und Landschaftspflege zuständigen Behörde bestimmte Stelle abzugeben oder, soweit sie nicht zu den streng geschützten Arten gehören, für Zwecke der Forschung oder Lehre oder zur Präparation für diese Zwecke zu verwenden.

(5) [1] Abweichend von den Verboten des § 44 Absatz 1 Nummer 1 sowie den Besitzverboten ist es vorbehaltlich jagdrechtlicher Vorschriften ferner zulässig, verletzte, hilflose oder kranke Tiere aufzunehmen, um sie gesund zu pflegen. [2] Die Tiere sind unverzüglich freizulassen, sobald sie sich selbständig erhalten können. [3] Im Übrigen sind sie an die von der für Naturschutz und Landschaftspflege zuständigen Behörde bestimmte Stelle abzugeben. [4] Handelt es sich um Tiere der streng geschützten Arten, so hat der Besitzer die Aufnahme des Tieres der für Naturschutz und Landschaftspflege zuständigen Behörde zu melden. [5] Diese kann die Herausgabe des aufgenommenen Tieres verlangen.

(6) [1] Die nach Landesrecht zuständigen Behörden können Ausnahmen von den Besitz- und Vermarktungsverboten zulassen, soweit dies für die Verwertung beschlagnahmter oder eingezogener Tiere und Pflanzen erforderlich ist und Rechtsakte der Europäischen Gemeinschaft dem nicht entgegenstehen. [2] Ist für die Beschlagnahme oder Einziehung eine Bundesbehörde zuständig, kann diese Behörde Ausnahmen von den Besitz- und Vermarktungsverboten im Sinne von Satz 1 zulassen.

(7) [1] Die für Naturschutz und Landschaftspflege zuständigen Behörden sowie im Fall des Verbringens aus dem Ausland das Bundesamt für Naturschutz können von den Verboten des § 44 im Einzelfall weitere Ausnahmen zulassen
1. zur Abwendung ernster land-, forst-, fischerei- oder wasserwirtschaftlicher oder sonstiger ernster wirtschaftlicher Schäden,
2. zum Schutz der natürlich vorkommenden Tier- und Pflanzenwelt,
3. für Zwecke der Forschung, Lehre, Bildung oder Wiederansiedlung oder diesen Zwecken dienende Maßnahmen der Aufzucht oder künstlichen Vermehrung,
4. im Interesse der Gesundheit des Menschen, der öffentlichen Sicherheit, einschließlich der Verteidigung und des Schutzes der Zivilbevölkerung, oder der maßgeblich günstigen Auswirkungen auf die Umwelt oder
5. aus anderen zwingenden Gründen des überwiegenden öffentlichen Interesses einschließlich solcher sozialer oder wirtschaftlicher Art.

[2] Eine Ausnahme darf nur zugelassen werden, wenn zumutbare Alternativen nicht gegeben sind und sich der Erhaltungszustand der Populationen einer Art nicht verschlechtert, soweit nicht Artikel 16 Absatz 1 der Richtlinie 92/43/EWG weiter gehende Anforderungen enthält. [3] Artikel 16 Absatz 3 der Richtlinie 92/43/EWG

und Artikel 9 Absatz 2 der Richtlinie 2009/147/EG sind zu beachten. ⁴Die Landesregierungen können Ausnahmen auch allgemein durch Rechtsverordnung zulassen. ⁵Sie können die Ermächtigung nach Satz 4 durch Rechtsverordnung auf andere Landesbehörden übertragen.

(8) Das Bundesamt für Naturschutz kann im Fall des Verbringens aus dem Ausland von den Verboten des § 44 unter den Voraussetzungen des Absatzes 7 Satz 2 und 3 im Einzelfall weitere Ausnahmen zulassen, um unter kontrollierten Bedingungen und in beschränktem Ausmaß eine vernünftige Nutzung von Tieren und Pflanzen bestimmter Arten im Sinne des § 7 Absatz 2 Nummer 13 Buchstabe b sowie für gezüchtete und künstlich vermehrte Tiere oder Pflanzen dieser Arten zu ermöglichen.

§ 45a[1]) **Umgang mit dem Wolf.** (1) ¹Das Füttern und Anlocken mit Futter von wildlebenden Exemplaren der Art Wolf (Canis lupus) ist verboten. ²Ausgenommen sind Maßnahmen der für Naturschutz und Landschaftspflege zuständigen Behörde. ³§ 45 Absatz 5 findet keine Anwendung.

(2) ¹§ 45 Absatz 7 Satz 1 Nummer 1 gilt mit der Maßgabe, dass, wenn Schäden bei Nutztierrissen einem bestimmten Wolf eines Rudels zugeordnet worden sind, der Abschuss von einzelnen Mitgliedern des Wolfsrudels in engem räumlichem und zeitlichem Zusammenhang mit bereits eingetretenen Rissereignissen auch ohne Zuordnung der Schäden zu einem bestimmten Einzeltier bis zum Ausbleiben von Schäden fortgeführt werden darf. ²Ernste wirtschaftliche Schäden im Sinne von § 45 Absatz 7 Satz 1 Nummer 1 können auch drohen, wenn ein Wolf nicht landwirtschaftlich gehaltene Weidetiere reißt, soweit diese durch zumutbare Herdenschutzmaßnahmen geschützt waren. ³Die in Satz 1 geregelte Möglichkeit des Abschusses weiterer Wölfe gilt auch für Entnahmen im Interesse der Gesundheit des Menschen nach § 45 Absatz 7 Satz 1 Nummer 4. ⁴Die Anforderungen des § 45 Absatz 7 Satz 2 und 3 sind zu beachten.

(3) Vorkommen von Hybriden zwischen Wolf und Hund (Wolfshybriden) in der freien Natur sind durch die für Naturschutz und Landschaftspflege zuständige Behörde zu entnehmen; die Verbote des § 44 Absatz 1 Nummer 1 gelten insoweit nicht.

(4) ¹Bei der Bestimmung von geeigneten Personen, die eine Entnahme von Wölfen nach Erteilung einer Ausnahme gemäß § 45 Absatz 7, auch in Verbindung mit Absatz 2, durchführen, berücksichtigt die für Naturschutz und Landschaftspflege zuständige Behörde nach Möglichkeit die Jagdausübungsberechtigten, soweit diese ihr Einverständnis hierzu erteilen. ²Erfolgt die Entnahme nicht durch die Jagdausübungsberechtigten, sind die Maßnahmen zur Durchführung der Entnahme durch die Jagdausübungsberechtigten zu dulden. ³Die Jagdausübungsberechtigten sind in geeigneter Weise vor Beginn über Maßnahmen zur Entnahme zu benachrichtigen; ihnen ist nach Möglichkeit Gelegenheit zur Unterstützung bei der Durchführung der Entnahme zu geben. ⁴Bei Gefahr im Verzug bedarf es der vorherigen Benachrichtigung nach Satz 3 nicht.

§ 46[2]) **Nachweispflicht.** (1) Diejenige Person, die

---

[1]) § 45a eingef. mWv 13.3.2020 durch G v. 4.3.2020 (BGBl. I S. 440).
[2]) § 46 Abs. 1 Nr. 1 und 2 geänd., Nr. 3 aufgeh., abschl. Satzteil, Abs. 2 Satz 2 geänd. mWv 16.9.2017 durch G v. 8.9.2017 (BGBl. I S. 3370).

1. lebende Tiere oder Pflanzen der besonders geschützten Arten, ihre lebenden oder toten Entwicklungsformen oder im Wesentlichen vollständig erhaltene tote Tiere oder Pflanzen der besonders geschützten Arten[1]
2. ohne Weiteres erkennbare Teile von Tieren oder Pflanzen der streng geschützten Arten oder ohne Weiteres erkennbar aus ihnen gewonnene Erzeugnisse

besitzt oder die tatsächliche Gewalt darüber ausübt, kann sich gegenüber den für Naturschutz und Landschaftspflege zuständigen Behörden auf eine Berechtigung hierzu nur berufen, wenn sie auf Verlangen diese Berechtigung nachweist oder nachweist, dass sie oder ein Dritter die Tiere oder Pflanzen vor ihrer Unterschutzstellung als besonders geschützte Art in Besitz hatte.

(2) ¹Auf Erzeugnisse im Sinne des Absatzes 1 Nummer 2, die dem persönlichen Gebrauch oder als Hausrat dienen, ist Absatz 1 nicht anzuwenden. ²Für Tiere oder Pflanzen, die vor ihrer Unterschutzstellung als besonders geschützte Art erworben wurden und die dem persönlichen Gebrauch oder als Hausrat dienen, genügt anstelle des Nachweises nach Absatz 1 die Glaubhaftmachung. ³Die Glaubhaftmachung darf nur verlangt werden, wenn Tatsachen die Annahme rechtfertigen, dass keine Berechtigung vorliegt.

(3) Soweit nach Artikel 8 oder Artikel 9 der Verordnung (EG) Nr. 338/97 die Berechtigung zu den dort genannten Handlungen nachzuweisen ist oder für den Nachweis bestimmte Dokumente vorgeschrieben sind, ist der Nachweis in der in der genannten Verordnung vorgeschriebenen Weise zu führen.

§ 47[2]**) Einziehung und Beschlagnahme.** ¹Kann für Tiere oder Pflanzen eine Berechtigung nach § 46 nicht nachgewiesen oder glaubhaft gemacht werden, können diese von den für Naturschutz und Landschaftspflege zuständigen Behörden beschlagnahmt oder eingezogen werden. ²§ 51 gilt entsprechend; § 51 Absatz 1 Satz 2 gilt mit der Maßgabe, dass auch die Vorlage einer Bescheinigung einer sonstigen unabhängigen sachverständigen Stelle oder Person verlangt werden kann.

Abschnitt 4. Zuständige Behörden, Verbringen von Tieren und Pflanzen

§ 48[3]**) Zuständige Behörden für den Schutz von Exemplaren wild lebender Tier- und Pflanzenarten durch Überwachung des Handels.** (1) Vollzugsbehörden im Sinne des Artikels 13 Absatz 1 der Verordnung (EG) Nr. 338/97 und des Artikels IX des Washingtoner Artenschutzübereinkommens sind

1. das Bundesministerium für Umwelt, Naturschutz und nukleare Sicherheit für den Verkehr mit anderen Vertragsparteien und mit dem Sekretariat (Artikel IX Absatz 2 des Washingtoner Artenschutzübereinkommens), mit Ausnahme der in Nummer 2 Buchstabe a und c sowie Nummer 4 genannten Aufgaben, und für die in Artikel 12 Absatz 1, 3 und 5, den Artikeln 13 und 15 Absatz 1 und 5 und Artikel 20 der Verordnung (EG) Nr. 338/97 genannten Aufgaben,
2. das Bundesamt für Naturschutz
   a) für die Erteilung von Ein- und Ausfuhrgenehmigungen und Wiederausfuhrbescheinigungen im Sinne des Artikels 4 Absatz 1 und 2 und des Artikels 5 Absatz 1 und 4 der Verordnung (EG) Nr. 338/97 sowie von sonstigen

---
[1] Fehlende Interpunktion bzw. fehlender Wortlaut amtlich.
[2] § 47 neu gef. mWv 16.9.2017 durch G v. 8.9.2017 (BGBl. I S. 3370).
[3] § 48 Abs. 1 Nr. 1 geänd. mWv 8.9.2015 durch VO v. 31.8.2015 (BGBl. I S. 1474); Überschrift geänd. mWv 16.9.2017 durch G v. 8.9.2017 (BGBl. I S. 3370); Abs. 1 Nr. 1 geänd. mWv 27.6.2020 durch VO v. 19.6.2020 (BGBl. I S. 1328).

Dokumenten im Sinne des Artikels IX Absatz 1 Buchstabe a des Washingtoner Artenschutzübereinkommens sowie für den Verkehr mit dem Sekretariat, der Kommission der Europäischen Gemeinschaften und mit Behörden anderer Vertragsstaaten und Nichtvertragsstaaten im Zusammenhang mit der Bearbeitung von Genehmigungsanträgen oder bei der Verfolgung von Ein- und Ausfuhrverstößen sowie für die in Artikel 15 Absatz 4 Buchstabe a und c der Verordnung (EG) Nr. 338/97 genannten Aufgaben,

b) für die Zulassung von Ausnahmen nach Artikel 8 Absatz 3 der Verordnung (EG) Nr. 338/97 im Fall der Einfuhr,

c) für die Anerkennung von Betrieben, in denen im Sinne des Artikels VII Absatz 4 des Washingtoner Artenschutzübereinkommens Exemplare für Handelszwecke gezüchtet oder künstlich vermehrt werden sowie für die Meldung des in Artikel 7 Absatz 1 Nummer 4 der Verordnung (EG) Nr. 338/97 genannten Registrierungsverfahrens gegenüber dem Sekretariat (Artikel IX Absatz 2 des Washingtoner Artenschutzübereinkommens),

d) die Erteilung von Bescheinigungen nach den Artikeln 30, 37 und 44a der Verordnung (EG) Nr. 865/2006 der Kommission vom 4. Mai 2006 mit Durchführungsbestimmungen zur Verordnung (EG) Nr. 338/97 des Rates über den Schutz von Exemplaren wild lebender Tier- und Pflanzenarten durch Überwachung des Handels (ABl. L 166 vom 19.6.2006, S. 1), die durch die Verordnung (EG) Nr. 100/2008 (ABl. L 31 vom 5.2.2008, S. 3) geändert worden ist, im Fall der Ein- und Ausfuhr,

e) die Registrierung von Kaviarverpackungsbetrieben nach Artikel 66 der Verordnung (EG) Nr. 865/2006,

f) für die Verwertung der von den Zollstellen nach § 51 eingezogenen lebenden Tieren und Pflanzen sowie für die Verwertung der von Zollbehörden nach § 51 eingezogenen toten Tiere und Pflanzen sowie Teilen davon und Erzeugnisse daraus, soweit diese von streng geschützten Arten stammen,

3. die Bundeszollverwaltung für den Informationsaustausch mit dem Sekretariat in Angelegenheiten der Bekämpfung der Artenschutzkriminalität,

4. die nach Landesrecht für Naturschutz und Landschaftspflege zuständigen Behörden für alle übrigen Aufgaben im Sinne der Verordnung (EG) Nr. 338/97.

(2) Wissenschaftliche Behörde im Sinne des Artikels 13 Absatz 2 der Verordnung (EG) Nr. 338/97 ist das Bundesamt für Naturschutz.

§ 48a[1]) **Zuständige Behörden in Bezug auf invasive Arten.** [1]Zuständig für den Vollzug der Verordnung (EU) Nr. 1143/2014, der Vorschriften dieses Gesetzes und der auf ihrer Grundlage erlassenen Rechtsvorschriften in Bezug auf invasive Arten sind

1. das Bundesministerium für Umwelt, Naturschutz und nukleare Sicherheit für die Erfüllung von Verpflichtungen zur Notifizierung und Unterrichtung der Europäischen Kommission und anderer Mitgliedstaaten gemäß Artikel 10 Absatz 2, Artikel 12 Absatz 1 und 2, Artikel 16 Absatz 2, Artikel 17 Absatz 1 und 4, Artikel 18 Absatz 1, Artikel 19 Absatz 5, Artikel 23 und 24 Absatz 2 der Verordnung;

2. das Bundesamt für Naturschutz

---

[1]) § 48a eingef. mWv 16.9.2017 durch G v. 8.9.2017 (BGBl. I S. 3370); Satz 1 Nr. 1 geänd. mWv 27.6.2020 durch VO v. 19.6.2020 (BGBl. I S. 1328).

a) für den Vollzug im Bereich der deutschen ausschließlichen Wirtschaftszone und des Festlandsockels und
   b) für die Erteilung von Genehmigungen gemäß § 40c bei Verbringung aus dem Ausland;
3. die zuständigen Dienststellen der Bundeswehr
   a) im Hinblick auf militärisches Gerät der Bundeswehr,
   b) für die Durchführung der Überwachung nach Artikel 14, der Früherkennung nach Artikel 16 Absatz 1, von Maßnahmen zur sofortigen Beseitigung nach den Artikeln 17 und 18 der Verordnung sowie der nach § 40e festgelegten Managementmaßnahmen auf den durch die Bundeswehr militärisch genutzten Flächen;
4. die Bundesanstalt für Immobilienaufgaben für die Durchführung der in Nummer 3 Buchstabe b genannten Maßnahmen auf den durch die Gaststreitkräfte militärisch genutzten Flächen;
5. für alle übrigen Aufgaben die nach Landesrecht zuständigen Behörden.

²Die in Satz 1 Nummer 3 und 4 genannten Behörden führen die in Nummer 3 Buchstabe b und Nummer 4 genannten Maßnahmen im Benehmen mit den für Naturschutz und Landschaftspflege zuständigen Behörden und unter Berücksichtigung der durch diese festgelegten Zielvorgaben durch.

§ 49[1]**) Mitwirkung der Zollbehörden.** (1) ¹Die Zollbehörden wirken mit bei der Überwachung des Verbringens von Tieren und Pflanzen, die einer Ein- oder Ausfuhrregelung nach Rechtsakten der Europäischen Gemeinschaft unterliegen, sowie bei der Überwachung von Besitz- und Vermarktungsverboten nach diesem Kapitel im Warenverkehr mit Drittstaaten. ²Die Zollbehörden dürfen im Rahmen der Überwachung vorgelegte Dokumente an die nach § 48 zuständigen Behörden weiterleiten, soweit zureichende tatsächliche Anhaltspunkte dafür bestehen, dass Tiere oder Pflanzen unter Verstoß gegen Regelungen oder Verbote im Sinne des Satzes 1 verbracht werden.

(2) ¹Die Zollstellen, bei denen Tiere und Pflanzen zur Ein-, Durch- und Ausfuhr nach diesem Kapitel anzumelden sind, werden vom Bundesministerium für Umwelt, Naturschutz und nukleare Sicherheit im Einvernehmen mit der Generalzolldirektion im Bundesanzeiger bekannt gegeben. ²Auf Zollstellen, bei denen lebende Tiere und Pflanzen anzumelden sind, ist besonders hinzuweisen.

§ 50[2]**) Anmeldepflicht bei der Ein-, Durch- und Ausfuhr oder dem Verbringen aus Drittstaaten.** (1) ¹Wer Tiere oder Pflanzen, die einer von der Europäischen Gemeinschaft erlassenen Ein- oder Ausfuhrregelung unterliegen oder deren Verbringen aus einem Drittstaat einer Ausnahme des Bundesamtes für Naturschutz bedarf, unmittelbar aus einem Drittstaat in den oder durch den Geltungsbereich dieses Gesetzes verbringt (Ein- oder Durchfuhr) oder aus dem Geltungsbereich dieses Gesetzes in einen Drittstaat verbringt (Ausfuhr), hat diese Tiere oder Pflanzen zur Ein-, Durch- oder Ausfuhr unter Vorlage der für die Ein-, Durch- oder Ausfuhr vorgeschriebenen Genehmigungen oder sonstigen Dokumente bei einer nach § 49 Absatz 2 bekannt gegebenen Zollstelle anzumelden und

---

[1]) § 49 Abs. 2 und 3 Satz 1 geänd. mWv 8.9.2015 durch VO v. 31.8.2015 (BGBl. I S. 1474); Überschrift, Abs. 1 Satz 1 geänd., Abs. 2 aufgeh., bish. Abs. 3 wird Abs. 2 geänd. mWv 16.9.2017 durch G v. 8.9.2017 (BGBl. I S. 3370); Abs. 2 Satz 1 geänd. mWv 27.6.2020 durch VO v. 19.6.2020 (BGBl. I S. 1328).
[2]) § 50 Abs. 1 Satz 1 geänd. mWv 16.9.2017 durch G v. 8.9.2017 (BGBl. I S. 3370).

auf Verlangen vorzuführen. ²Das Bundesamt für Naturschutz kann auf Antrag aus vernünftigem Grund eine andere als die in Satz 1 bezeichnete Zollstelle zur Abfertigung bestimmen, wenn diese ihr Einverständnis erteilt hat und Rechtsvorschriften dem nicht entgegenstehen.

(2) Die ein-, durch- oder ausführende Person hat die voraussichtliche Ankunftszeit lebender Tiere der abfertigenden Zollstelle unter Angabe der Art und Zahl der Tiere mindestens 18 Stunden vor der Ankunft mitzuteilen.

§ 51[1] Inverwahrungnahme, Beschlagnahme und Einziehung durch die Zollbehörden. (1) ¹Ergeben sich im Rahmen der zollamtlichen Überwachung Zweifel, ob das Verbringen von Tieren oder Pflanzen Regelungen oder Verboten im Sinne des § 49 Absatz 1 unterliegt, kann die Zollbehörde die Tiere oder Pflanzen auf Kosten der verfügungsberechtigten Person bis zur Klärung der Zweifel in Verwahrung nehmen oder einen Dritten mit der Verwahrung beauftragen; sie kann die Tiere oder Pflanzen auch der verfügungsberechtigten Person unter Auferlegung eines Verfügungsverbotes überlassen. ²Zur Klärung der Zweifel kann die Zollbehörde von der verfügungsberechtigten Person die Vorlage einer Bescheinigung einer vom Bundesministerium für Umwelt, Naturschutz und nukleare Sicherheit anerkannten unabhängigen sachverständigen Stelle oder Person darüber verlangen, dass es sich nicht um Tiere oder Pflanzen handelt, die zu den Arten oder Populationen gehören, die einer von der Europäischen Gemeinschaft erlassenen Ein- oder Ausfuhrregelung oder Besitz- und Vermarktungsverboten nach diesem Kapitel unterliegen. ³Erweisen sich die Zweifel als unbegründet, hat der Bund der verfügungsberechtigten Person die Kosten für die Beschaffung der Bescheinigung und die zusätzlichen Kosten der Verwahrung zu erstatten.

(2) ¹Wird bei der zollamtlichen Überwachung festgestellt, dass Tiere oder Pflanzen ohne die vorgeschriebenen Genehmigungen oder sonstigen Dokumente ein-, durch- oder ausgeführt werden, werden sie durch die Zollbehörde beschlagnahmt. ²Beschlagnahmte Tiere oder Pflanzen können der verfügungsberechtigten Person unter Auferlegung eines Verfügungsverbotes überlassen werden. ³Werden die vorgeschriebenen Genehmigungen oder sonstigen Dokumente nicht innerhalb eines Monats nach der Beschlagnahme vorgelegt, so ordnet die Zollbehörde die Einziehung an; die Frist kann angemessen verlängert werden, längstens bis zu insgesamt sechs Monaten. ⁴Wird festgestellt, dass es sich um Tiere oder Pflanzen handelt, für die eine Ein- oder Ausfuhrgenehmigung nicht erteilt werden darf, werden sie sofort eingezogen.

(2a) ¹Die Zollbehörden können bei Verdacht eines Verstoßes gegen Regelungen im Sinne des § 49 Absatz 1 der bei der Wahrnehmung ihrer Aufgaben ergibt, Adressdaten der ein-, durch- oder ausführenden Person den gemäß § 70 zuständigen Behörden mitteilen. ²Der Betroffene ist hierüber in Kenntnis zu setzen. ³Das Brief- und Postgeheimnis (Artikel 10 des Grundgesetzes[2]) wird insoweit eingeschränkt.

(3) Die Absätze 2 und 2a gelten entsprechend, wenn bei der zollamtlichen Überwachung nach § 50 Absatz 1 festgestellt wird, dass dem Verbringen Besitz- und Vermarktungsverbote entgegenstehen.

---

[1] § 51 Abs. 1 Satz 2 geänd. mWv 8.9.2015 durch VO v. 31.8.2015 (BGBl. I S. 1474); Abs. 2a eingef., Abs. 3 geänd. mWv 16.9.2017 durch G v. 8.9.2017 (BGBl. I S. 3370); Abs. 1 Satz 2 geänd. mWv 27.6.2020 durch VO v. 19.6.2020 (BGBl. I S. 1328).
[2] Nr. **1**.

(4) ¹Werden beschlagnahmte oder eingezogene Tiere oder Pflanzen veräußert, wird der Erlös an den Eigentümer ausgezahlt, wenn er nachweist, dass ihm die Umstände, die die Beschlagnahme oder Einziehung veranlasst haben, ohne sein Verschulden nicht bekannt waren. ²Dritte, deren Rechte durch die Einziehung oder Veräußerung erlöschen, werden unter den Voraussetzungen des Satzes 1 aus dem Erlös entschädigt.

(5) Werden Tiere oder Pflanzen beschlagnahmt oder eingezogen, so werden die hierdurch entstandenen Kosten, insbesondere für Pflege, Unterbringung, Beförderung, Rücksendung oder Verwertung, der verbringenden Person auferlegt; kann sie nicht ermittelt werden, werden sie dem Absender, Beförderer oder Besteller auferlegt, wenn diesem die Umstände, die die Beschlagnahme oder Einziehung veranlasst haben, bekannt waren oder hätten bekannt sein müssen.

§ 51a[1]) Überwachung des Verbringens invasiver Arten in die Union.

(1) ¹Zuständig für amtliche Kontrollen nach Artikel 15 Absatz 2 der Verordnung (EU) Nr. 1143/2014 zur Verhütung der vorsätzlichen Einbringung von invasiven Arten sind
1. in Bezug auf pflanzliche Warenkategorien, die in der Unionsliste nach Artikel 4 Absatz 5 der Verordnung (EU) Nr. 1143/2014 aufgeführt sind und die aufgrund der pflanzenbeschaurechtlichen Einfuhrvorschriften der Europäischen Union bei der Verbringung in die Union amtlichen Kontrollen unterliegen, die nach Landesrecht zuständigen Behörden;
2. in Bezug auf tierische Warenkategorien, die in der Unionsliste nach Artikel 4 Absatz 5 der Verordnung (EU) Nr. 1143/2014 aufgeführt sind und die aufgrund der tiergesundheitsrechtlichen Einfuhrvorschriften der Europäischen Union bei der Verbringung in die Union amtlichen Kontrollen unterliegen, die nach Landesrecht zuständigen Behörden.

²Satz 1 gilt entsprechend für in einer Rechtsverordnung nach § 54 Absatz 4 festgelegte Arten und diesen zugehörige Warenkategorien.

(2) ¹Die Zollbehörden wirken bei der Überwachung des Verbringens von invasiven Arten nach Artikel 15 der Verordnung (EU) Nr. 1143/2014 aus Drittstaaten mit. ²Die Zollbehörden können
1. Sendungen einschließlich der Beförderungsmittel, Behälter, Lade- und Verpackungsmittel bei der Einfuhr zur Überwachung anhalten,
2. den Verdacht eines Verstoßes gegen Vorschriften der Verordnung (EU) Nr. 1143/2014, dieses Gesetzes oder der auf ihrer Grundlage erlassenen Rechtsvorschriften, der sich bei der Wahrnehmung ihrer Aufgaben ergibt, den nach Landesrecht zuständigen Behörden und dem Bundesamt für Naturschutz mitteilen und die im Rahmen der Überwachung vorgelegten Dokumente an diese weiterleiten und
3. im Fall der Nummer 2 anordnen, dass Sendungen auf Kosten und Gefahr des Verfügungsberechtigten den nach Landesrecht zuständigen Behörden vorgeführt werden.

³Das Brief- und Postgeheimnis nach Artikel 10 des Grundgesetzes[2]) wird insoweit eingeschränkt. ⁴Unterliegen Warenkategorien keiner amtlichen Kontrolle durch die in Absatz 1 genannten Behörden, findet § 51 Anwendung.

---

[1]) § 51a eingef. mWv 16.9.2017 durch G v. 8.9.2017 (BGBl. I S. 3370).
[2]) Nr. 1.

(3) ¹Wird im Rahmen der amtlichen Kontrollen für die in Absatz 1 Nummer 1 und 2 genannten Warenkategorien festgestellt, dass Tiere oder Pflanzen einer invasiven Art aus Drittstaaten verbracht werden sollen, ohne dass eine erforderliche Genehmigung nach § 40c vorgelegt oder eine Berechtigung nach Artikel 31 der Verordnung (EU) Nr. 1143/2014 glaubhaft gemacht wird, werden sie durch die nach Landesrecht zuständigen Behörden beschlagnahmt. ²Beschlagnahmte Tiere oder Pflanzen können der verfügungsberechtigten Person unter Auferlegung eines Verfügungsverbots überlassen werden.

(4) ¹Wird die erforderliche Genehmigung nicht innerhalb eines Monats nach der Beschlagnahme vorgelegt, so können die nach Landesrecht zuständigen Behörden die Zurückweisung einer Sendung von der Einfuhr anordnen. ²Ist die Erteilung einer Genehmigung offensichtlich ausgeschlossen, so kann eine sofortige Zurückweisung erfolgen. ³Sofern eine Zurückweisung der Sendung nicht möglich ist, kann diese eingezogen werden; eingezogene Pflanzen können vernichtet werden. ⁴§ 51 Absatz 5 gilt entsprechend. ⁵Die Frist nach Satz 1 kann angemessen verlängert werden, längstens bis zu insgesamt sechs Monaten. ⁶Die Sätze 1 bis 5 gelten entsprechend für die Glaubhaftmachung des Vorliegens der Voraussetzungen des Artikels 31 der Verordnung (EU) Nr. 1143/2014.

Abschnitt 5. Auskunfts- und Zutrittsrecht; Gebühren und Auslagen

§ 52¹⁾ Auskunfts- und Zutrittsrecht. (1) Natürliche und juristische Personen sowie nicht rechtsfähige Personenvereinigungen haben den für Naturschutz und Landschaftspflege zuständigen Behörden oder den gemäß § 48a zuständigen Behörden oder nach § 49 oder § 51a mitwirkenden Behörden auf Verlangen die Auskünfte zu erteilen, die zur Durchführung der Rechtsakte der Europäischen Gemeinschaft, dieses Kapitels oder der zu ihrer Durchführung erlassenen Rechtsvorschriften erforderlich sind.

(2) ¹Personen, die von den in Absatz 1 genannten Behörden beauftragt sind, dürfen, soweit dies erforderlich ist, im Rahmen des Absatzes 1 betrieblich oder geschäftlich genutzte Grundstücke, Gebäude, Räume, Seeanlagen, Schiffe und Transportmittel der zur Auskunft verpflichteten Person während der Geschäfts- und Betriebszeiten betreten und die Behältnisse sowie die geschäftlichen Unterlagen einsehen. ²Die zur Auskunft verpflichtete Person hat, soweit erforderlich, die beauftragten Personen dabei zu unterstützen sowie die geschäftlichen Unterlagen auf Verlangen vorzulegen.

(3) Für die zur Auskunft verpflichtete Person gilt § 55 der Strafprozessordnung²⁾ entsprechend.

(4) ¹Die zuständigen Behörden und ihre Beauftragten dürfen, soweit dies für den Vollzug der Verordnung (EU) Nr. 1143/2014, dieses Gesetzes und der auf ihrer Grundlage erlassenen Rechtsvorschriften in Bezug auf invasive Arten erforderlich ist, privat, betrieblich oder geschäftlich genutzte Grundstücke, Gebäude, Räume, Seeanlagen und Transportmittel ohne Einwilligung des Inhabers betreten. ²Gebäude und Räume dürfen nach dieser Vorschrift nur betreten werden, wenn sie nicht zu Wohnzwecken genutzt werden. ³Im Fall betrieblicher Nutzung soll die Maßnahme während der Geschäfts- und Betriebszeiten durchgeführt werden. ⁴Im Fall privater Nutzung sollen dem Eigentümer und dem unmittelbaren Besitzer die Möglichkeit gegeben werden, bei der Maßnahme anwesend zu sein. ⁵Das

---

¹⁾ § 52 Abs. 1 geänd., Abs. 4 angef. mWv 16.9.2017 durch G v. 8.9.2017 (BGBl. I S. 3370).
²⁾ **Habersack, Deutsche Gesetze Nr. 90.**

§ 53[2]) *(aufgehoben)*

Abschnitt 6. Ermächtigungen

§ 54[3]) **Ermächtigung zum Erlass von Rechtsverordnungen und Verwaltungsvorschriften.** (1) Das Bundesministerium für Umwelt, Naturschutz und nukleare Sicherheit wird ermächtigt, durch Rechtsverordnung mit Zustimmung des Bundesrates bestimmte, nicht unter § 7 Absatz 2 Nummer 13 Buchstabe a oder Buchstabe b fallende Tier- und Pflanzenarten oder Populationen solcher Arten unter besonderen Schutz zu stellen, soweit es sich um natürlich vorkommende Arten handelt, die

1. im Inland durch den menschlichen Zugriff in ihrem Bestand gefährdet sind, oder soweit es sich um Arten handelt, die mit solchen gefährdeten Arten oder mit Arten im Sinne des § 7 Absatz 2 Nummer 13 Buchstabe b verwechselt werden können, oder
2. in ihrem Bestand gefährdet sind und für die die Bundesrepublik Deutschland in hohem Maße verantwortlich ist.

(2) Das Bundesministerium für Umwelt, Naturschutz und nukleare Sicherheit wird ermächtigt, durch Rechtsverordnung mit Zustimmung des Bundesrates

1. bestimmte, nach § 7 Absatz 2 Nummer 13 Buchstabe a oder Buchstabe b besonders geschützte
   a) Tier- und Pflanzenarten, die in Anhang B der Verordnung (EG) Nr. 338/97 aufgeführt sind,
   b) europäische Vogelarten,
2. bestimmte sonstige Tier- und Pflanzenarten im Sinne des Absatzes 1

unter strengen Schutz zu stellen, soweit es sich um natürlich vorkommende Arten handelt, die im Inland vom Aussterben bedroht sind oder für die die Bundesrepublik Deutschland in besonders hohem Maße verantwortlich ist.

(3) Das Bundesministerium für Umwelt, Naturschutz und nukleare Sicherheit wird ermächtigt, durch Rechtsverordnung[4]) mit Zustimmung des Bundesrates

1. näher zu bestimmen, welche Teile von Tieren oder Pflanzen besonders geschützter Arten oder aus solchen Tieren oder Pflanzen gewonnene Erzeugnisse

---

[1]) Nr. **1**.
[2]) § 53 aufgeh. mWv 1.10.2021 durch G v. 18.7.2016 (BGBl. I S. 1666).
[3]) § 54 Überschrift geänd., Abs. 11 angef. mWv 5.2.2012 durch G v. 28.7.2011 (BGBl. I S. 1690); Abs. 3 Nr. 2 und Abs. 6 Satz 1 einl. Satzteil geänd. mWv 1.8.2013 durch G v. 21.1.2013 (BGBl. I S. 95); Abs. 1 einl. Satzteil, Abs. 2 einl. Satzteil, Abs. 3 einl. Satzteil, Abs. 4 und 5 einl. Satzteil, Abs. 6 Satz 1 einl. Satzteil, Abs. 7 Satz 1, Abs. 8 einl. Satzteil und Abs. 9 Sätze 1–3 einl. Satzteil geänd. mWv 8.9.2015 durch VO v. 31.8.2015 (BGBl. I S. 1474); Abs. 4 neu gef., Abs. 4a–4c eingef., Abs. 5 abschl. Satzteil, Abs. 8 Nr. 2 geänd., Abs. 9 Sätze 2 und 3 eingef., bish. Sätze 2 und 3 werden Sätze 4 und 5, neuer Satz 5 einl. Satzteil geänd. mWv 16.9.2017 durch G v. 8.9.2017 (BGBl. I S. 3370); Abs. 1 einl. Satzteil, Abs. 2 einl. Satzteil, Abs. 3 einl. Satzteil, Abs. 4 Satz 1 einl. Satzteil, Abs. 4a und 4b einl. Satzteil geänd. mWv 4.3.2020 durch G v. 4.3.2020 (BGBl. I S. 440); Abs. 6 Satz 1 einl. Satzteil, Abs. 7 Satz 1 und Abs. 8 einl. Satzteil geänd. mWv 27.6.2020 durch VO v. 19.6.2020 (BGBl. I S. 1328); Abs. 4d eingef., Abs. 9 Satz 2 geänd. mWv 31.8.2021, Abs. 6a und 6b eingef., Abs. 9 Sätze 5 und 6 eingef., bish. Satz 5 wird Satz 7, Abs. 10a und 10b eingef. mWv 1.3.2022 durch G v. 18.8.2021 (BGBl. I S. 3908).
[4]) Siehe die BundesartenschutzVO v. 16.2.2005 (BGBl. I S. 258, ber. S. 896), zuletzt geänd. durch G v. 21.1.2013 (BGBl. I S. 95).

als ohne Weiteres erkennbar im Sinne des § 7 Absatz 2 Nummer 1 Buchstabe c und d oder Nummer 2 Buchstabe c und d anzusehen sind,
2. bestimmte besonders geschützte Arten oder Herkünfte von Tieren oder Pflanzen besonders geschützter Arten sowie gezüchtete oder künstlich vermehrte Tiere oder Pflanzen besonders geschützter Arten von Verboten des § 44 ganz, teilweise oder unter bestimmten Voraussetzungen auszunehmen, soweit der Schutzzweck dadurch nicht gefährdet wird und die Artikel 12, 13 und 16 der Richtlinie 92/43/EWG, die Artikel 5 bis 7 und 9 der Richtlinie 2009/147/EG, sonstige Rechtsakte der Europäischen Gemeinschaft oder Verpflichtungen aus internationalen Artenschutzübereinkommen dem nicht entgegenstehen.

(4) [1] Das Bundesministerium für Umwelt, Naturschutz und nukleare Sicherheit wird ermächtigt, durch Rechtsverordnung mit Zustimmung des Bundesrates die Beschränkungen des Artikels 7 Absatz 1, die Überwachungspflicht gemäß Artikel 14, die amtlichen Kontrollen gemäß Artikel 15, die Pflicht zur sofortigen Beseitigung gemäß Artikel 17, die Managementpflicht gemäß Artikel 19 und die Wiederherstellungspflicht gemäß Artikel 20 der Verordnung (EU) Nr. 1143/2014 ganz oder teilweise zu erstrecken
1. auf solche Arten, für die die Voraussetzungen des Artikels 10 Absatz 1 der Verordnung (EU) Nr. 1143/2014 vorliegen,
2. auf Arten, für die Durchführungsrechtsakte nach Artikel 11 Absatz 2 Satz 2 der Verordnung (EU) Nr. 1143/2014 erlassen wurden, oder
3. auf weitere Arten, deren Vorkommen außerhalb ihres natürlichen Verbreitungsgebiets die biologische Vielfalt und die damit verbundenen Ökosystemdienstleistungen im Inland gefährden oder nachteilig beeinflussen.

[2] Für die betroffenen Arten gelten die Artikel 31 und 32 der Verordnung (EU) Nr. 1143/2014 entsprechend. [3] Satz 1 Nummer 3 gilt nicht für in der Land- und Forstwirtschaft angebaute Pflanzen.

(4a) Das Bundesministerium für Umwelt, Naturschutz und nukleare Sicherheit wird ermächtigt, durch Rechtsverordnung mit Zustimmung des Bundesrates zur Erleichterung von Maßnahmen gegen invasive Arten bestimmte Verfahren, Mittel oder Geräte für Maßnahmen gegen invasive Arten, die durch Behörden oder Private durchgeführt werden, vorzuschreiben.

(4b) Das Bundesministerium für Umwelt, Naturschutz und nukleare Sicherheit wird ermächtigt, durch Rechtsverordnung mit Zustimmung des Bundesrates zur Erleichterung der Überwachung des Genehmigungserfordernisses nach § 40 Absatz 1
1. die Vorkommensgebiete von Gehölzen und Saatgut zu bestimmen,
2. einen Nachweis, dass Gehölze und Saatgut aus bestimmten Vorkommensgebieten stammen, vorzuschreiben und Anforderungen für einen solchen Nachweis festzulegen,
3. Regelungen zu Mindeststandards für die Erfassung und Anerkennung von Erntebeständen gebietseigener Herkünfte zu treffen.

(4c) Das Bundesministerium für Umwelt, Naturschutz und nukleare Sicherheit wird ermächtigt, durch Rechtsverordnung mit Zustimmung des Bundesrates die Durchführung der amtlichen Kontrollen gemäß Artikel 15 der Verordnung (EU) Nr. 1143/2014 zu regeln.

(4d) Das Bundesministerium für Umwelt, Naturschutz und nukleare Sicherheit hat durch Rechtsverordnung mit Zustimmung des Bundesrates zum Schutz von

Tieren und Pflanzen wild lebender Arten vor nachteiligen Auswirkungen von Lichtimmissionen
1. Grenzwerte für Lichtemissionen, die von Beleuchtungen im Sinne von § 41a Absatz 1 Satz 1 und 2 nicht überschritten werden dürfen, festzulegen,
2. die durch Beleuchtungen im Sinne von § 41a Absatz 1 Satz 1 und 2 zu erfüllenden technischen Anforderungen sowie konstruktiven Anforderungen und Schutzmaßnahmen näher zu bestimmen,
3. nähere Vorgaben zur Art und Weise der Erfüllung der Um- und Nachrüstungspflicht für Beleuchtungen an öffentlichen Straßen und Wegen nach § 41a Absatz 1 Satz 3 zu erlassen und den Zeitpunkt zu bestimmen, ab dem diese Pflicht zu erfüllen ist,
4. zur Konkretisierung der Anzeigepflicht nach § 41a Absatz 3 Satz 1 insbesondere zu bestimmen,
   a) welche Beleuchtungen der Anzeigepflicht unterliegen,
   b) welche Informationen in der Anzeige gegenüber der zuständigen Behörde anzugeben sind.

(5) Das Bundesministerium für Umwelt, Naturschutz und nukleare Sicherheit wird ermächtigt, soweit dies aus Gründen des Artenschutzes erforderlich ist und Rechtsakte der Europäischen Gemeinschaft dem nicht entgegenstehen, durch Rechtsverordnung mit Zustimmung des Bundesrates
1. die Haltung oder die Zucht von Tieren,
2. das Inverkehrbringen von Tieren und Pflanzen

bestimmter besonders geschützter Arten zu verbieten oder zu beschränken.

(6) ¹Das Bundesministerium für Umwelt, Naturschutz und nukleare Sicherheit wird ermächtigt, soweit dies aus Gründen des Artenschutzes, insbesondere zur Erfüllung der sich aus Artikel 15 der Richtlinie 92/43/EWG, Artikel 8 der Richtlinie 2009/147/EG oder aus internationalen Artenschutzübereinkommen ergebenden Verpflichtungen, erforderlich ist, durch Rechtsverordnung[1]) mit Zustimmung des Bundesrates
1. die Herstellung, den Besitz, das Inverkehrbringen oder die Verwendung bestimmter Geräte, Mittel oder Vorrichtungen, mit denen in Mengen oder wahllos wild lebende Tiere getötet, bekämpft oder gefangen oder Pflanzen bekämpft oder vernichtet werden können, oder durch die das örtliche Verschwinden oder sonstige erhebliche Beeinträchtigungen von Populationen der betreffenden Tier- oder Pflanzenarten hervorgerufen werden könnten,
2. Handlungen oder Verfahren, die zum örtlichen Verschwinden oder zu sonstigen erheblichen Beeinträchtigungen von Populationen wild lebender Tier- oder Pflanzenarten führen können,

zu beschränken oder zu verbieten. ²Satz 1 Nummer 1 gilt nicht für Geräte, Mittel oder Vorrichtungen, die auf Grund anderer Rechtsvorschriften einer Zulassung bedürfen, sofern bei der Zulassung die Belange des Artenschutzes zu berücksichtigen sind.

(6a) ¹Das Bundesministerium für Umwelt, Naturschutz und nukleare Sicherheit wird ermächtigt, durch Rechtsverordnung mit Zustimmung des Bundesrates zum Schutz von Tieren und Pflanzen wild lebender Arten die Verwendung von

---

[1]) Siehe die BundesartenschutzVO v. 16.2.2005 (BGBl. I S. 258, ber. S. 896), zuletzt geänd. durch G v. 21.1.2013 (BGBl. I S. 95).

Insektenfallen außerhalb geschlossener Räume zu beschränken oder zu verbieten.
² In der Rechtsverordnung kann insbesondere Folgendes geregelt werden:
1. allgemeine Ausnahmen von Verboten oder Beschränkungen im Sinne von Satz 1,
2. die Voraussetzungen, unter denen behördliche Einzelfallausnahmen von Verboten oder Beschränkungen im Sinne von Satz 1 erteilt werden können,
3. Hinweispflichten betreffend Verbote oder Beschränkungen im Sinne von Satz 1 für diejenigen, die Insektenfallen zum Verkauf anbieten.

(6b) ¹ Das Bundesministerium für Umwelt, Naturschutz und nukleare Sicherheit wird ermächtigt, durch Rechtsverordnung mit Zustimmung des Bundesrates zum Schutz von Tieren wild lebender Arten
1. den Betrieb von Himmelsstrahlern unter freiem Himmel ganzjährig oder innerhalb bestimmter Zeiträume zu beschränken oder zu verbieten,
2. näher zu bestimmen, welche Arten von starken Projektionsscheinwerfern mit über die Horizontale nach oben gerichteten Lichtstrahlen oder Lichtkegeln, die geeignet sind, Tiere wild lebender Arten erheblich zu beeinträchtigen, dem Verbot und der Beschränkung nach Nummer 1 unterfallen.

² In der Rechtsverordnung kann insbesondere Folgendes geregelt werden:
1. allgemeine Ausnahmen von Verboten oder Beschränkungen im Sinne von Satz 1 Nummer 1,
2. die Voraussetzungen, unter denen behördliche Einzelfallausnahmen von Verboten oder Beschränkungen im Sinne von Satz 1 Nummer 1 erteilt werden können.

(7) ¹ Das Bundesministerium für Umwelt, Naturschutz und nukleare Sicherheit wird ermächtigt, durch Rechtsverordnung mit Zustimmung des Bundesrates Vorschriften zum Schutz von Horststandorten von Vogelarten zu erlassen, die in ihrem Bestand gefährdet und in besonderem Maße störungsempfindlich sind und insbesondere während bestimmter Zeiträume und innerhalb bestimmter Abstände Handlungen zu verbieten, die die Fortpflanzung oder Aufzucht beeinträchtigen können. ² Weiter gehende Schutzvorschriften einschließlich der Bestimmungen über Ausnahmen und Befreiungen bleiben unberührt.

(8) Zur Erleichterung der Überwachung der Besitz- und Vermarktungsverbote wird das Bundesministerium für Umwelt, Naturschutz und nukleare Sicherheit ermächtigt, durch Rechtsverordnung[1]) mit Zustimmung des Bundesrates Vorschriften zu erlassen über
1. Aufzeichnungspflichten derjenigen, die gewerbsmäßig Tiere oder Pflanzen der besonders geschützten Arten be- oder verarbeiten, verkaufen, kaufen oder von anderen erwerben, insbesondere über den Kreis der Aufzeichnungspflichtigen, den Gegenstand und Umfang der Aufzeichnungspflicht, die Dauer der Aufbewahrungsfrist für die Aufzeichnungen und ihre Überprüfung durch die für Naturschutz und Landschaftspflege zuständigen Behörden,
2. die Kennzeichnung von Tieren und Pflanzen der besonders geschützten Arten für den Nachweis nach § 46 sowie von invasiven Arten für den Nachweis nach § 40b Satz 1,

---

[1]) Siehe die BundesartenschutzVO v. 16.2.2005 (BGBl. I S. 258, ber. S. 896), zuletzt geänd. durch G v. 21.1.2013 (BGBl. I S. 95).

3. die Erteilung von Bescheinigungen über den rechtmäßigen Erwerb von Tieren und Pflanzen für den Nachweis nach § 46,
4. Pflichten zur Anzeige des Besitzes von
   a) Tieren und Pflanzen der besonders geschützten Arten,
   b) Tieren und Pflanzen der durch Rechtsverordnung nach § 54 Absatz 4 bestimmten Arten.

(9) [1]Rechtsverordnungen nach Absatz 1 Nummer 2 bedürfen des Einvernehmens mit dem Bundesministerium für Ernährung und Landwirtschaft, mit dem Bundesministerium für Verkehr und digitale Infrastruktur sowie mit dem Bundesministerium für Wirtschaft und Energie. [2]Rechtsverordnungen nach den Absätzen 4, 4b und 4d bedürfen des Einvernehmens mit dem Bundesministerium für Verkehr und digitale Infrastruktur. [3]Rechtsverordnungen nach Absatz 4c bedürfen des Einvernehmens mit dem Bundesministerium der Finanzen sowie dem Bundesministerium für Ernährung und Landwirtschaft. [4]Rechtsverordnungen nach Absatz 6 Satz 1 Nummer 1 und Absatz 8 Nummer 1, 2 und 4 bedürfen des Einvernehmens mit dem Bundesministerium für Wirtschaft und Energie. [5]Rechtsverordnungen nach Absatz 6a bedürfen des Einvernehmens mit dem Bundesministerium für Ernährung und Landwirtschaft sowie dem Bundesministerium für Bildung und Forschung. [6]Rechtsverordnungen nach Absatz 6b bedürfen des Einvernehmens mit dem Bundesministerium für Bildung und Forschung. [7]Im Übrigen bedürfen die Rechtsverordnungen nach den Absätzen 1 bis 8 des Einvernehmens mit dem Bundesministerium für Ernährung und Landwirtschaft, in den Fällen der Absätze 1 bis 3, 5, 6 und 8 jedoch nur, soweit sie sich beziehen auf

1. Tierarten, die dem Jagd- oder Fischereirecht unterliegen,
2. Tierarten, die zum Zweck des biologischen Pflanzenschutzes eingesetzt werden, oder
3. Pflanzen, die durch künstliche Vermehrung gewonnen oder forstlich nutzbar sind.

(10) [1]Die Landesregierungen werden ermächtigt, durch Rechtsverordnung allgemeine Anforderungen an Bewirtschaftungsvorgaben für die land-, forst- und fischereiwirtschaftliche Bodennutzung im Sinne des § 44 Absatz 4 festzulegen. [2]Sie können die Ermächtigung nach Satz 1 durch Rechtsverordnung auf andere Landesbehörden übertragen.

(10a) [1]Das Bundesministerium für Umwelt, Naturschutz und nukleare Sicherheit wird ermächtigt, im Einvernehmen mit dem Bundesministerium für Wirtschaft und Energie durch Rechtsverordnung mit Zustimmung des Bundesrates nähere Anforderungen für die Durchführung von Maßnahmen, die darauf abzielen, durch Nutzung, Pflege oder das Ermöglichen ungelenkter Sukzession für einen Zeitraum von mindestens einem Jahr bis zu in der Regel zehn Jahren auf Flächen mit einer zugelassenen Gewinnung mineralischer Rohstoffe den Zustand von Biotopen und Arten zu verbessern, zu regeln, bei deren Beachtung im Rahmen der Inanspruchnahme der Fläche oder eines Teils derselben

1. nicht gegen die Zugriffs- und Besitzverbote nach § 44 Absatz 1 und 2 verstoßen wird oder
2. im Interesse der maßgeblich günstigen Auswirkungen auf die Umwelt oder zum Schutz der natürlich vorkommenden Tier- und Pflanzenwelt eine Ausnahme von den Zugriffs- und Besitzverboten nach § 44 Absatz 1 und 2 allgemein zugelassen wird.

[2]In der Rechtsverordnung ist insbesondere zu regeln,

Bundesnaturschutzgesetz § 55 BNatSchG 880

1. dass und zu welchem Zeitpunkt Maßnahmen im Sinne von Satz 1 der für Naturschutz und Landschaftspflege zuständigen Behörde anzuzeigen sind,
2. welche Unterlagen bei dieser Anzeige vorzulegen sind,
3. dass die Behörde die Durchführung der Maßnahme zeitlich befristen, anderweitig beschränken oder auf Antrag den Zeitraum für die Durchführung der Maßnahme auf insgesamt bis zu 15 Jahre verlängern kann.

(10b) ¹Das Bundesministerium für Umwelt, Naturschutz und nukleare Sicherheit wird ermächtigt, im Einvernehmen mit dem Bundesministerium für Wirtschaft und Energie sowie mit dem Bundesministerium für Verkehr und digitale Infrastruktur durch Rechtsverordnung mit Zustimmung des Bundesrates nähere Anforderungen für die Durchführung von Maßnahmen, die darauf abzielen, durch das Ermöglichen ungelenkter Sukzession oder durch Pflege für einen Zeitraum von mindestens einem Jahr bis zu in der Regel zehn Jahren auf Flächen mit einer zugelassenen gewerblichen, verkehrlichen oder baulichen Nutzung den Zustand von Biotopen und Arten zu verbessern, zu regeln, bei deren Beachtung im Rahmen der Inanspruchnahme der Fläche oder eines Teils derselben

1. nicht gegen die Zugriffs- und Besitzverbote nach § 44 Absatz 1 und 2 verstoßen wird oder
2. im Interesse der maßgeblich günstigen Auswirkungen auf die Umwelt oder zum Schutz der natürlich vorkommenden Tier- und Pflanzenwelt eine Ausnahme von den Zugriffs- und Besitzverboten nach § 44 Absatz 1 und 2 allgemein zugelassen wird.

²In der Rechtsverordnung ist insbesondere zu regeln,
1. dass und zu welchem Zeitpunkt Maßnahmen im Sinne von Satz 1 der für Naturschutz und Landschaftspflege zuständigen Behörde anzuzeigen sind,
2. welche Unterlagen bei dieser Anzeige vorzulegen sind,
3. dass die Behörde die Durchführung der Maßnahme zeitlich befristen, anderweitig beschränken oder auf Antrag den Zeitraum für die Durchführung der Maßnahme auf insgesamt bis zu 15 Jahre verlängern kann.

(11) Die Bundesregierung erlässt mit Zustimmung des Bundesrates zur Durchführung dieses Gesetzes allgemeine Verwaltungsvorschriften, insbesondere über
1. die Voraussetzungen und Bedingungen, unter denen von einer Verträglichkeit von Plänen und Projekten im Sinne von § 34 Absatz 1 auszugehen ist,
2. die Voraussetzungen und Bedingungen für Abweichungsentscheidungen im Sinne von § 34 Absatz 3 und
3. die zur Sicherung des Zusammenhangs des Netzes „Natura 2000" notwendigen Maßnahmen im Sinne des § 34 Absatz 5.

§ 55[1]) Durchführung gemeinschaftsrechtlicher oder internationaler Vorschriften; Ermächtigung zum Erlass von Rechtsverordnungen. (1) Rechtsverordnungen nach § 54 können auch zur Durchführung von Rechtsakten des Rates oder der Kommission der Europäischen Gemeinschaften auf dem Gebiet des Artenschutzes oder zur Erfüllung von internationalen Artenschutzübereinkommen erlassen werden.

---

[1]) § 55 Abs. 2 geänd. mWv 8.9.2015 durch VO v. 31.8.2015 (BGBl. I S. 1474); Abs. 2 geänd. mWv 27.6.2020 durch VO v. 19.6.2020 (BGBl. I S. 1328).

(2) Das Bundesministerium für Umwelt, Naturschutz und nukleare Sicherheit wird ermächtigt, durch Rechtsverordnung mit Zustimmung des Bundesrates Verweisungen auf Vorschriften in Rechtsakten der Europäischen Gemeinschaft in diesem Gesetz oder in Rechtsverordnungen auf Grund des § 54 zu ändern, soweit Änderungen dieser Rechtsakte es erfordern.

Kapitel 6. Meeresnaturschutz

§ 56[1] **Geltungs- und Anwendungsbereich.** (1) Die Vorschriften dieses Gesetzes gelten auch im Bereich der Küstengewässer sowie mit Ausnahme des Kapitels 2 nach Maßgabe des Seerechtsübereinkommens der Vereinten Nationen vom 10. Dezember 1982 (BGBl. 1994 II S. 1798, 1799; 1995 II S. 602) und der nachfolgenden Bestimmungen ferner im Bereich der deutschen ausschließlichen Wirtschaftszone und des Festlandsockels.

(2) In den in Absatz 1 genannten Meeresbereichen kann die Erklärung von Gebieten zu geschützten Teilen von Natur und Landschaft im Sinne des § 20 Absatz 2 auch dazu dienen, zusammenhängende und repräsentative Netze geschützter Meeresgebiete im Sinne des Artikels 13 Absatz 4 der Richtlinie 2008/56/EG aufzubauen.

(3) Auf die Errichtung und den Betrieb von Windenergieanlagen in der deutschen ausschließlichen Wirtschaftszone, die vor dem 1. Januar 2017 genehmigt worden sind, oder die auf Grundlage eines Zuschlags nach § 34 des Windenergie-auf-See-Gesetzes zugelassen werden, ist § 15 nicht anzuwenden.

(4) [1] Die Ersatzzahlung für Eingriffe im Bereich der ausschließlichen Wirtschaftszone und des Festlandsockels ist als zweckgebundene Abgabe an den Bund zu leisten. [2] Die Mittel werden vom Bundesministerium für Umwelt, Naturschutz und nukleare Sicherheit bewirtschaftet. [3] Das Bundesministerium für Umwelt, Naturschutz und nukleare Sicherheit kann Einnahmen aus Ersatzzahlungen zur Verwendung nach seinen Vorgaben an eine der Aufsicht des Bundes unterstehende Einrichtung oder eine vom Bund beherrschte Gesellschaft oder Stiftung weiterleiten.

§ 56a[2] **Bevorratung von Kompensationsmaßnahmen.** (1) [1] Die Bevorratung vorgezogener Ausgleichs- und Ersatzmaßnahmen im Sinne von § 16 bedarf im Bereich der deutschen ausschließlichen Wirtschaftszone und des Festlandsockels der schriftlichen Zustimmung durch das Bundesamt für Naturschutz. [2] Die Zustimmung ist vor Durchführung der zu bevorratenden Ausgleichs- und Ersatzmaßnahme auf Antrag zu erteilen, soweit die Maßnahme

1. geeignet ist, die Anerkennungsvoraussetzungen des § 16 Absatz 1 Nummer 1 bis 3 und 5 zu erfüllen und
2. im jeweiligen Raum den Zielen des Naturschutzes und der Landschaftspflege sowie den Erfordernissen und Maßnahmen zur Umsetzung dieser Ziele nicht widerspricht.

[3] Die Verortung von vorgezogenen Ausgleichs- und Ersatzmaßnahmen erfolgt im Benehmen mit den Behörden, deren Aufgabenbereich berührt ist. [4] Das Bundes-

---

[1] § 56 Abs. 2 eingef., bish. Abs. 2 wird Abs. 3 mWv 14.10.2011 durch G v. 6.10.2011 (BGBl. I S. 1986); Abs. 3 neu gef., Abs. 4 angef. mWv 1.1.2017 durch G v. 13.10.2016 (BGBl. I S. 2258); Abs. 4 Sätze 2 und 3 geänd. mWv 27.6.2020 durch VO v. 19.6.2020 (BGBl. I S. 1328).
[2] § 56a eingef. mWv 29.9.2017 durch G v. 15.9.2017 (BGBl. I S. 3434).

amt für Naturschutz kann die Vorlage von Gutachten verlangen, soweit dies zur Beurteilung der Maßnahme erforderlich ist.

(2) ¹Art, Ort, Umfang und Kompensationswert der Maßnahmen werden verbindlich in einem Ökokonto festgestellt, wenn die Maßnahmen gemäß der Zustimmung nach Absatz 1 durchgeführt worden sind. ²Der Anspruch auf Anerkennung der bevorrateten Maßnahmen nach § 16 Absatz 1 ist auf Dritte übertragbar.

(3) ¹Die Verantwortung für die Ausführung, Unterhaltung und Sicherung der Ausgleichs- und Ersatzmaßnahmen nach § 15 Absatz 4 kann von Dritten mit befreiender Wirkung übernommen werden, soweit diese nach Satz 2 anerkannt sind. ²Das Bundesamt für Naturschutz hat die Berechtigung juristischer Personen zur Übernahme von Kompensationspflichten im Bereich der deutschen ausschließlichen Wirtschaftszone und des Festlandsockels anzuerkennen, wenn

1. sie die Gewähr dafür bieten, dass die Verpflichtungen ordnungsgemäß erfüllt werden, insbesondere durch Einsatz von Beschäftigten mit geeigneter Ausbildung sowie durch wirtschaftliche Leistungsfähigkeit, und
2. keine Tatsachen vorliegen, die die Annahme der Unzuverlässigkeit der vertretungsberechtigten Personen rechtfertigen.

³Die Übernahme der Verantwortung erfolgt durch unbedingte schriftliche Vereinbarung, die nicht widerrufen werden kann. ⁴Der Verursacher oder sein Rechtsnachfolger übermittelt die Vereinbarung der für die Zulassungsentscheidung zuständigen Behörde.

§ 57[1)2)] **Geschützte Meeresgebiete im Bereich der deutschen ausschließlichen Wirtschaftszone und des Festlandsockels; Ermächtigung zum Erlass von Rechtsverordnungen.** (1) ¹Die Auswahl von geschützten Meeresgebieten im Bereich der deutschen ausschließlichen Wirtschaftszone und des Festlandsockels erfolgt durch das Bundesamt für Naturschutz unter Beteiligung der Behörden, deren Aufgabenbereich berührt ist, und unter Einbeziehung der Öffentlichkeit und mit Zustimmung des Bundesministeriums für Umwelt, Naturschutz und nukleare Sicherheit. ²Das Bundesministerium für Umwelt, Naturschutz und nukleare Sicherheit beteiligt die fachlich betroffenen Bundesministerien und stellt das Benehmen mit den angrenzenden Ländern her.

(2) ¹Die Erklärung der Meeresgebiete zu geschützten Teilen von Natur und Landschaft im Sinne des § 20 Absatz 2 erfolgt durch das Bundesministerium für Umwelt, Naturschutz und nukleare Sicherheit unter Beteiligung der fachlich betroffenen Bundesministerien durch Rechtsverordnung[3)], die nicht der Zustimmung des Bundesrates bedarf. ²Für die Herstellung der Vereinbarkeit mit Vorgaben aus der Richtlinie 2001/42/EG sowie für die Fortgeltung bestehender Schutzerklärungen gilt § 22 Absatz 2a und 2b Satz 2.

[1)] § 57 Abs. 1 Sätze 1 und 2, Abs. 2 geänd. mWv 8.9.2015 durch VO v. 31.8.2015 (BGBl. I S. 1474); Abs. 1 Satz 1 geänd., Abs. 3 einl. Satzteil, Nr. 4 und 5 neu gef. mWv 29.9.2017 durch G v. 15.9.2017 (BGBl. I S. 3434); Abs. 1 Sätze 1 und 2, Abs. 2 geänd. mWv 27.6.2020 durch VO v. 19.6.2020 (BGBl. I S. 1328); Abs. 2 Satz 2 angef. mWv 30.6.2021 durch G v. 25.6.2021 (BGBl. I S. 2020).

[2)] Zur Änd. durch Art. 10 KitafinanzhilfenÄndG v. 25.6.2021 (BGBl. I S. 2820) siehe die Anm. zu § 22.

[3)] Siehe die Verordnungen über die Festsetzung der Naturschutzgebiete „Borkum Riffgrund" v. 22.9.2017 (BGBl. I S. 3395), „Doggerbank" v. 22.9.2017 (BGBl. I S. 3400), „Fehmarnbelt" v. 22.9.2017 (BGBl. I S. 3405), „Kadetrinne" v. 22.9.2017 (BGBl. I S. 3410), „Pommersche Bucht – Rönnebank" v. 22.9.2017 (BGBl. I S. 3415) und „Sylter Außenriff – Östliche Deutsche Bucht" v. 22.9.2017 (BGBl. I S. 3423).

(3) Für die Erklärung der Meeresgebiete zu geschützten Teilen von Natur und Landschaft im Sinne des § 20 Absatz 2, einschließlich ihrer Auswahl, sind die folgenden Maßgaben zu beachten:
1. Beschränkungen des Flugverkehrs, der Schifffahrt, der nach internationalem Recht erlaubten militärischen Nutzung sowie von Vorhaben der wissenschaftlichen Meeresforschung im Sinne des Artikels 246 Absatz 3 des Seerechtsübereinkommens der Vereinten Nationen sind nicht zulässig; Artikel 211 Absatz 6 des Seerechtsübereinkommens der Vereinten Nationen sowie die weiteren die Schifffahrt betreffenden völkerrechtlichen Regelungen bleiben unberührt.
2. Die Versagungsgründe für Vorhaben der wissenschaftlichen Meeresforschung im Sinne des Artikels 246 Absatz 5 des Seerechtsübereinkommens der Vereinten Nationen bleiben unter Beachtung des Gesetzes über die Durchführung wissenschaftlicher Meeresforschung vom 6. Juni 1995 (BGBl. I S. 778, 785), das zuletzt durch Artikel 321 der Verordnung vom 31. Oktober 2006 (BGBl. I S. 2407) geändert worden ist, unberührt.
3. Beschränkungen der Fischerei sind nur in Übereinstimmung mit dem Recht der Europäischen Gemeinschaft und nach Maßgabe des Seefischereigesetzes in der Fassung der Bekanntmachung vom 6. Juli 1998 (BGBl. I S. 1791), das zuletzt durch Artikel 217 der Verordnung vom 31. Oktober 2006 (BGBl. I S. 2407) geändert worden ist, zulässig.
4. Beschränkungen der Verlegung von unterseeischen Kabeln und Rohrleitungen sind nur in Übereinstimmung mit Artikel 56 Absatz 3 in Verbindung mit Artikel 79 des Seerechtsübereinkommens der Vereinten Nationen zulässig und
   a) im Hinblick auf Erhaltungsziele nach § 7 Absatz 1 Nummer 9 nur nach § 34 sowie
   b) im Hinblick auf weitere der Erfüllung bestehender völkerrechtlicher Verpflichtungen oder der Umsetzung der Richtlinie 2008/56/EG dienenden Schutzzwecke nur, wenn die Verlegung diese erheblich beeinträchtigen kann.
5. Beschränkungen der Energieerzeugung aus Wasser, Strömung und Wind sowie der Aufsuchung und Gewinnung von Bodenschätzen sind zulässig
   a) im Hinblick auf Erhaltungsziele nach § 7 Absatz 1 Nummer 9 nur nach § 34 sowie
   b) im Hinblick auf weitere der Erfüllung bestehender völkerrechtlicher Verpflichtungen oder der Umsetzung der Richtlinie 2008/56/EG dienenden Schutzzwecke nur, wenn das Vorhaben diese erheblich beeinträchtigen kann.

§ 58[1]) Zuständige Behörden; Gebühren und Auslagen; Ermächtigung zum Erlass von Rechtsverordnungen. (1) ¹Die Durchführung der Vorschriften dieses Gesetzes, der auf Grund dieses Gesetzes erlassenen Vorschriften sowie der Vorschriften des Umweltschadensgesetzes im Hinblick auf die Schädigung von Arten und natürlichen Lebensräumen und die unmittelbare Gefahr solcher Schäden obliegt im Bereich der deutschen ausschließlichen Wirtschaftszone und des Festlandsockels dem Bundesamt für Naturschutz, soweit nichts anderes bestimmt ist. ²Bedarf ein Eingriff in Natur und Landschaft, der im Bereich der deutschen ausschließlichen Wirtschaftszone oder im Bereich des Festlandsockels durchgeführt

---

[1]) § 58 Abs. 3 Sätze 1 und 3 geänd. mWv 15.8.2013 durch G v. 7.8.2013 (BGBl. I S. 3154); Abs. 2 und 3 Satz 2 geänd. mWv 8.9.2015 durch VO v. 31.8.2015 (BGBl. I S. 1474); Abs. 3 aufgeh. mWv 1.10.2021 durch G v. 18.7.2016 (BGBl. I S. 1666); Abs. 2 und 3 Satz 2 geänd. mWv 27.6.2020 durch VO v. 19.6.2020 (BGBl. I S. 1328).

werden soll, einer behördlichen Zulassung oder einer Anzeige an eine Behörde oder wird er von einer Behörde durchgeführt, ergeht die Entscheidung der Behörde im Benehmen mit dem Bundesamt für Naturschutz.

(2) Das Bundesministerium für Umwelt, Naturschutz und nukleare Sicherheit kann durch Rechtsverordnung, die nicht der Zustimmung des Bundesrates bedarf, Aufgaben, die dem Bundesamt für Naturschutz nach Absatz 1 obliegen, im Einvernehmen mit dem Bundesministerium des Innern, für Bau und Heimat auf das Bundespolizeipräsidium und im Einvernehmen mit dem Bundesministerium für Ernährung und Landwirtschaft auf die Bundesanstalt für Landwirtschaft und Ernährung zur Ausübung übertragen.

Kapitel 7. Erholung in Natur und Landschaft

§ 59 Betreten der freien Landschaft. (1) Das Betreten der freien Landschaft auf Straßen und Wegen sowie auf ungenutzten Grundflächen zum Zweck der Erholung ist allen gestattet (allgemeiner Grundsatz).

(2) [1] Das Betreten des Waldes richtet sich nach dem Bundeswaldgesetz[1]) und den Waldgesetzen der Länder sowie im Übrigen nach dem sonstigen Landesrecht. [2] Es kann insbesondere andere Benutzungsarten ganz oder teilweise dem Betreten gleichstellen sowie das Betreten aus wichtigen Gründen, insbesondere aus solchen des Naturschutzes und der Landschaftspflege, des Feldschutzes und der land- und forstwirtschaftlichen Bewirtschaftung, zum Schutz der Erholungsuchenden, zur Vermeidung erheblicher Schäden oder zur Wahrung anderer schutzwürdiger Interessen des Grundstücksbesitzers einschränken.

§ 60 Haftung. [1] Das Betreten der freien Landschaft erfolgt auf eigene Gefahr. [2] Durch die Betretungsbefugnis werden keine zusätzlichen Sorgfalts- oder Verkehrssicherungspflichten begründet. [3] Es besteht insbesondere keine Haftung für typische, sich aus der Natur ergebende Gefahren.

§ 61 Freihaltung von Gewässern und Uferzonen. (1) [1] Im Außenbereich dürfen an Bundeswasserstraßen und Gewässern erster Ordnung sowie an stehenden Gewässern mit einer Größe von mehr als 1 Hektar im Abstand bis 50 Meter von der Uferlinie keine baulichen Anlagen errichtet oder wesentlich geändert werden. [2] An den Küstengewässern ist abweichend von Satz 1 ein Abstand von mindestens 150 Metern von der mittleren Hochwasserlinie an der Nordsee und von der Mittelwasserlinie an der Ostsee einzuhalten. [3] Weiter gehende Vorschriften der Länder bleiben unberührt.

(2) [1] Absatz 1 gilt nicht für

1. bauliche Anlagen, die bei Inkrafttreten dieses Gesetzes rechtmäßig errichtet oder zugelassen waren,
2. bauliche Anlagen, die in Ausübung wasserrechtlicher Erlaubnisse oder Bewilligungen oder zum Zwecke der Überwachung, der Bewirtschaftung, der Unterhaltung oder des Ausbaus eines oberirdischen Gewässers errichtet oder geändert werden,
3. Anlagen des öffentlichen Verkehrs einschließlich Nebenanlagen und Zubehör, des Rettungswesens, des Küsten- und Hochwasserschutzes sowie der Verteidigung.

---

[1]) Nr. **875**.

² Weiter gehende Vorschriften der Länder über Ausnahmen bleiben unberührt.

(3) Von dem Verbot des Absatzes 1 kann auf Antrag eine Ausnahme zugelassen werden, wenn
1. die durch die bauliche Anlage entstehenden Beeinträchtigungen des Naturhaushalts oder des Landschaftsbildes, insbesondere im Hinblick auf die Funktion der Gewässer und ihrer Uferzonen, geringfügig sind oder dies durch entsprechende Maßnahmen sichergestellt werden kann oder
2. dies aus Gründen des überwiegenden öffentlichen Interesses, einschließlich solcher sozialer oder wirtschaftlicher Art, notwendig ist; in diesem Fall gilt § 15 entsprechend.

§ 62 Bereitstellen von Grundstücken. Der Bund, die Länder und sonstige juristische Personen des öffentlichen Rechts stellen in ihrem Eigentum oder Besitz stehende Grundstücke, die sich nach ihrer natürlichen Beschaffenheit für die Erholung der Bevölkerung eignen oder den Zugang der Allgemeinheit zu solchen Grundstücken ermöglichen oder erleichtern, in angemessenem Umfang für die Erholung bereit, soweit dies mit einer nachhaltigen Nutzung und den sonstigen Zielen von Naturschutz und Landschaftspflege vereinbar ist und eine öffentliche Zweckbindung dem nicht entgegensteht.

Kapitel 8. Mitwirkung von anerkannten Naturschutzvereinigungen

§ 63[1] **Mitwirkungsrechte.** (1) Einer nach § 3 des Umwelt-Rechtsbehelfsgesetzes[2] vom Bund anerkannten Vereinigung, die nach ihrem satzungsgemäßen Aufgabenbereich im Schwerpunkt die Ziele des Naturschutzes und der Landschaftspflege fördert (anerkannte Naturschutzvereinigung), ist Gelegenheit zur Stellungnahme und zur Einsicht in die einschlägigen Sachverständigengutachten zu geben
1. bei der Vorbereitung von Verordnungen und anderen im Rang unter dem Gesetz stehenden Rechtsvorschriften auf dem Gebiet des Naturschutzes und der Landschaftspflege durch die Bundesregierung oder das Bundesministerium für Umwelt, Naturschutz und nukleare Sicherheit,
2. vor der Erteilung von Befreiungen von Geboten und Verboten zum Schutz von geschützten Meeresgebieten im Sinne des § 57 Absatz 2 sowie vor dem Erlass von Abweichungsentscheidungen nach § 34 Absatz 3 bis 5 auch in Verbindung mit § 36 Satz 1 Nummer 2, auch wenn diese durch eine andere Entscheidung eingeschlossen oder ersetzt werden,
3. in Planfeststellungsverfahren, die von Behörden des Bundes oder im Bereich der deutschen ausschließlichen Wirtschaftszone und des Festlandsockels von Behörden der Länder durchgeführt werden, wenn es sich um Vorhaben handelt, die mit Eingriffen in Natur und Landschaft verbunden sind,
4. bei Plangenehmigungen, die von Behörden des Bundes erlassen werden und an die Stelle einer Planfeststellung im Sinne der Nummer 3 treten, wenn eine Öffentlichkeitsbeteiligung vorgesehen ist,

soweit sie durch das Vorhaben in ihrem satzungsgemäßen Aufgabenbereich berührt wird.

---

[1] § 63 Abs. 1 Nr. 1 geänd. mWv 8.9.2015 durch VO v. 31.8.2015 (BGBl. I S. 1474); Abs. 1 Nr. 2 neu gef., Abs. 2 Nr. 4a und 4b eingef., Nr. 5 geänd. mWv 2.6.2017 durch G v. 29.5.2017 (BGBl. I S. 1298); Abs. 1 Nr. 1 geänd. mWv 27.6.2020 durch VO v. 19.6.2020 (BGBl. I S. 1328).
[2] Nr. 293.

(2) Einer nach § 3 des Umwelt-Rechtsbehelfsgesetzes von einem Land anerkannten Naturschutzvereinigung, die nach ihrer Satzung landesweit tätig ist, ist Gelegenheit zur Stellungnahme und zur Einsicht in die einschlägigen Sachverständigengutachten zu geben

1. bei der Vorbereitung von Verordnungen und anderen im Rang unter dem Gesetz stehenden Rechtsvorschriften der für Naturschutz und Landschaftspflege zuständigen Behörden der Länder,
2. bei der Vorbereitung von Programmen und Plänen im Sinne der §§ 10 und 11,
3. bei der Vorbereitung von Plänen im Sinne des § 36 Satz 1 Nummer 2,
4. bei der Vorbereitung von Programmen staatlicher und sonstiger öffentlicher Stellen zur Wiederansiedlung von Tieren und Pflanzen verdrängter wild lebender Arten in der freien Natur,
4a. vor der Erteilung einer Genehmigung für die Errichtung, die Erweiterung, eine wesentliche Änderung oder den Betrieb eines Zoos nach § 42 Absatz 2 Satz 1,
4b. vor der Zulassung einer Ausnahme nach § 45 Absatz 7 Satz 1 durch Rechtsverordnung oder durch Allgemeinverfügung,
5. vor der Erteilung von Befreiungen von Geboten und Verboten zum Schutz von Gebieten im Sinne des § 32 Absatz 2, Natura 2000-Gebieten, Naturschutzgebieten, Nationalparken, Nationalen Naturmonumenten und Biosphärenreservaten sowie von Abweichungsentscheidungen nach § 34 Absatz 3 bis 5, auch in Verbindung mit § 36 Satz 1 Nummer 2, auch wenn diese durch eine andere Entscheidung eingeschlossen oder ersetzt werden,
6. in Planfeststellungsverfahren, wenn es sich um Vorhaben im Gebiet des anerkennenden Landes handelt, die mit Eingriffen in Natur und Landschaft verbunden sind,
7. bei Plangenehmigungen, die an die Stelle einer Planfeststellung im Sinne der Nummer 6 treten, wenn eine Öffentlichkeitsbeteiligung vorgesehen ist,
8. in weiteren Verfahren zur Ausführung von landesrechtlichen Vorschriften, wenn das Landesrecht dies vorsieht,

soweit sie durch das Vorhaben in ihrem satzungsgemäßen Aufgabenbereich berührt wird.

(3) ¹§ 28 Absatz 2 Nummer 1 und 2, Absatz 3 und § 29 Absatz 2 des Verwaltungsverfahrensgesetzes[1)] gelten entsprechend. ²Eine in anderen Rechtsvorschriften des Bundes oder der Länder vorgeschriebene inhaltsgleiche oder weiter gehende Form der Mitwirkung bleibt unberührt.

(4) Die Länder können bestimmen, dass in Fällen, in denen Auswirkungen auf Natur und Landschaft nicht oder nur im geringfügigen Umfang zu erwarten sind, von einer Mitwirkung abgesehen werden kann.

§ 64[2)] **Rechtsbehelfe.** (1) Eine anerkannte Naturschutzvereinigung kann, soweit § 1 Absatz 3 des Umwelt-Rechtsbehelfsgesetzes[3)] nicht entgegensteht, ohne in eigenen Rechten verletzt zu sein, Rechtsbehelfe nach Maßgabe der Verwal-

---

[1)] Nr. **100**.
[2)] § 64 Abs. 1 einl. Satzteil geänd. mWv 29.1.2013 durch G v. 21.1.2013 (BGBl. I S. 95); Abs. 1 einl. Satzteil geänd., Nr. 3 neu gef., Abs. 2 geänd. mWv 2.6.2017 durch G v. 29.5.2017 (BGBl. I S. 1298).
[3)] Nr. **293**.

tungsgerichtordnung[1]) einlegen gegen Entscheidungen nach § 63 Absatz 1 Nummer 2 bis 4 und Absatz 2 Nummer 4a bis 7, wenn die Vereinigung

1. geltend macht, dass die Entscheidung Vorschriften dieses Gesetzes, Rechtsvorschriften, die auf Grund dieses Gesetzes erlassen worden sind oder fortgelten, Naturschutzrecht der Länder oder anderen Rechtsvorschriften, die bei der Entscheidung zu beachten und zumindest auch den Belangen des Naturschutzes und der Landschaftspflege zu dienen bestimmt sind, widerspricht,
2. in ihrem satzungsgemäßen Aufgaben- und Tätigkeitsbereich, soweit sich die Anerkennung darauf bezieht, berührt wird und
3. zur Mitwirkung nach § 63 Absatz 1 Nummer 2 oder Absatz 2 Nummer 4a bis 5 berechtigt war und sie sich hierbei in der Sache geäußert hat oder ihr keine Gelegenheit zur Äußerung gegeben worden ist; dies gilt auch für die Mitwirkung nach § 63 Absatz 1 Nummer 3 und Absatz 2 Nummer 6, sofern für ein solches Planfeststellungsverfahren eine Anwendung des Bundesnaturschutzgesetzes nicht nach § 1 Absatz 3 des Umwelt-Rechtsbehelfsgesetzes ausgeschlossen ist.

(2) § 1 Absatz 1 Satz 3 und 4, § 2 Absatz 3 Satz 1 und § 5 des Umwelt-Rechtsbehelfsgesetzes gelten entsprechend.

(3) Die Länder können Rechtsbehelfe von anerkannten Naturschutzvereinigungen auch in anderen Fällen zulassen, in denen nach § 63 Absatz 2 Nummer 8 eine Mitwirkung vorgesehen ist.

Kapitel 9. Eigentumsbindung, Befreiungen

§ 65 Duldungspflicht. (1) [1]Eigentümer und sonstige Nutzungsberechtigte von Grundstücken haben Maßnahmen des Naturschutzes und der Landschaftspflege auf Grund von Vorschriften dieses Gesetzes, Rechtsvorschriften, die auf Grund dieses Gesetzes erlassen worden sind oder fortgelten, oder Naturschutzrecht der Länder zu dulden, soweit dadurch die Nutzung des Grundstücks nicht unzumutbar beeinträchtigt wird. [2]Weiter gehende Regelungen der Länder bleiben unberührt.

(2) Vor der Durchführung der Maßnahmen sind die Berechtigten in geeigneter Weise zu benachrichtigen.

(3) Die Befugnis der Bediensteten und Beauftragten der Naturschutzbehörden, zur Erfüllung ihrer Aufgaben Grundstücke zu betreten, richtet sich nach Landesrecht.

§ 66 Vorkaufsrecht. (1) [1]Den Ländern steht ein Vorkaufsrecht zu an Grundstücken,

1. die in Nationalparken, Nationalen Naturmonumenten, Naturschutzgebieten oder als solchen einstweilig sichergestellten Gebieten liegen,
2. auf denen sich Naturdenkmäler oder als solche einstweilig sichergestellte Gegenstände befinden,
3. auf denen sich oberirdische Gewässer befinden.

[2]Liegen die Merkmale des Satzes 1 Nummer 1 bis 3 nur bei einem Teil des Grundstücks vor, so erstreckt sich das Vorkaufsrecht nur auf diesen Teil. [3]Der Eigentümer kann verlangen, dass sich der Vorkauf auf das gesamte Grundstück

---

[1]) Nr. **600**.

erstreckt, wenn ihm der weitere Verbleib in seinem Eigentum wirtschaftlich nicht zuzumuten ist.

(2) Das Vorkaufsrecht darf nur ausgeübt werden, wenn dies aus Gründen des Naturschutzes und der Landschaftspflege einschließlich der Erholungsvorsorge erforderlich ist.

(3) [1] Das Vorkaufsrecht bedarf nicht der Eintragung in das Grundbuch. [2] Es geht rechtsgeschäftlich und landesrechtlich begründeten Vorkaufsrechten mit Ausnahme solcher auf den Gebieten des Grundstücksverkehrs und des Siedlungswesens im Rang vor. [3] Bei einem Eigentumserwerb auf Grund der Ausübung des Vorkaufsrechts erlöschen durch Rechtsgeschäft begründete Vorkaufsrechte. [4] Die §§ 463 bis 469, 471, 1098 Absatz 2 und die §§ 1099 bis 1102 des Bürgerlichen Gesetzbuches[1]) finden Anwendung. [5] Das Vorkaufsrecht erstreckt sich nicht auf einen Verkauf, der an einen Ehegatten, eingetragenen Lebenspartner oder einen Verwandten ersten Grades erfolgt.

(4) Das Vorkaufsrecht kann von den Ländern auf Antrag auch zugunsten von Körperschaften und Stiftungen des öffentlichen Rechts und anerkannten Naturschutzvereinigungen ausgeübt werden.

(5) Abweichende Vorschriften der Länder bleiben unberührt.

§ 67 Befreiungen. (1) [1] Von den Geboten und Verboten dieses Gesetzes, in einer Rechtsverordnung auf Grund des § 57 sowie nach dem Naturschutzrecht der Länder kann auf Antrag Befreiung gewährt werden, wenn

1. dies aus Gründen des überwiegenden öffentlichen Interesses, einschließlich solcher sozialer und wirtschaftlicher Art, notwendig ist oder
2. die Durchführung der Vorschriften im Einzelfall zu einer unzumutbaren Belastung führen würde und die Abweichung mit den Belangen von Naturschutz und Landschaftspflege vereinbar ist.

[2] Im Rahmen des Kapitels 5 gilt Satz 1 nur für die §§ 39 und 40, 42 und 43.

(2) [1] Von den Verboten des § 33 Absatz 1 Satz 1 und des § 44 sowie von Geboten und Verboten im Sinne des § 32 Absatz 3 kann auf Antrag Befreiung gewährt werden, wenn die Durchführung der Vorschriften im Einzelfall zu einer unzumutbaren Belastung führen würde. [2] Im Fall des Verbringens von Tieren oder Pflanzen aus dem Ausland wird die Befreiung vom Bundesamt für Naturschutz gewährt.

(3) [1] Die Befreiung kann mit Nebenbestimmungen versehen werden. [2] § 15 Absatz 1 bis 4 und Absatz 6 sowie § 17 Absatz 5 und 7 finden auch dann Anwendung, wenn kein Eingriff in Natur und Landschaft im Sinne des § 14 vorliegt.

§ 68 Beschränkungen des Eigentums; Entschädigung und Ausgleich.

(1) Führen Beschränkungen des Eigentums, die sich auf Grund von Vorschriften dieses Gesetzes, Rechtsvorschriften, die auf Grund dieses Gesetzes erlassen worden sind oder fortgelten, oder Naturschutzrecht der Länder ergeben, im Einzelfall zu einer unzumutbaren Belastung, der nicht durch andere Maßnahmen, insbesondere durch die Gewährung einer Ausnahme oder Befreiung, abgeholfen werden kann, ist eine angemessene Entschädigung zu leisten.

---

[1]) Habersack, Deutsche Gesetze Nr. 20.

(2) ¹Die Entschädigung ist in Geld zu leisten. ²Sie kann in wiederkehrenden Leistungen bestehen. ³Der Eigentümer kann die Übernahme eines Grundstücks verlangen, wenn ihm der weitere Verbleib in seinem Eigentum wirtschaftlich nicht zuzumuten ist. ⁴Das Nähere richtet sich nach Landesrecht.

(3) Die Enteignung von Grundstücken zum Wohl der Allgemeinheit aus Gründen des Naturschutzes und der Landschaftspflege richtet sich nach Landesrecht.

(4) Die Länder können vorsehen, dass Eigentümern und Nutzungsberechtigten, denen auf Grund von Vorschriften dieses Gesetzes, Rechtsvorschriften, die auf Grund dieses Gesetzes erlassen worden sind oder fortgelten, oder Naturschutzrecht der Länder insbesondere die land-, forst- und fischereiwirtschaftliche Nutzung von Grundstücken wesentlich erschwert wird, ohne dass eine Entschädigung nach den Absätzen 1 bis 3 zu leisten ist, auf Antrag ein angemessener Ausgleich nach Maßgabe des jeweiligen Haushaltsgesetzes gezahlt werden kann.

Kapitel 10. Bußgeld- und Strafvorschriften

§ 69[1]) **Bußgeldvorschriften.** (1) Ordnungswidrig handelt, wer wissentlich entgegen § 39 Absatz 1 Nummer 1 ein wild lebendes Tier beunruhigt.

(2) Ordnungswidrig handelt, wer
1. entgegen § 44 Absatz 1 Nummer 1
   a) einem wild lebenden Tier nachstellt, es fängt oder verletzt oder seine Entwicklungsformen aus der Natur entnimmt oder beschädigt oder
   b) ein wild lebendes Tier tötet oder seine Entwicklungsformen zerstört,
2. entgegen § 44 Absatz 1 Nummer 2 ein wild lebendes Tier erheblich stört,
3. entgegen § 44 Absatz 1 Nummer 3 eine Fortpflanzungs- oder Ruhestätte aus der Natur entnimmt, beschädigt oder zerstört,
4. entgegen § 44 Absatz 1 Nummer 4
   a) eine wild lebende Pflanze oder ihre Entwicklungsformen aus der Natur entnimmt oder sie oder ihren Standort beschädigt oder
   b) eine wild lebende Pflanze oder ihre Entwicklungsformen zerstört,
5. entgegen § 44 Absatz 2 Satz 1 Nummer 1, auch in Verbindung mit § 44 Absatz 3,
   a) ein Tier oder eine Pflanze einer anderen als in § 71a Absatz 1 Nummer 2 genannten besonders geschützten Art oder
   b) eine Ware im Sinne des Anhangs der Richtlinie 83/129/EWG
   in Besitz oder Gewahrsam nimmt, in Besitz oder Gewahrsam hat oder be- oder verarbeitet und erkennt oder fahrlässig nicht erkennt, dass sich die Handlung auf ein Tier oder eine Pflanze einer in Buchstabe a genannten Art oder auf eine in Buchstabe b genannte Ware bezieht,
5a. entgegen § 45a Absatz 1 Satz 1 ein wildlebendes Exemplar der Art Wolf (Canis lupus) füttert oder mit Futter anlockt oder

---

[1]) § 69 Abs. 3 Nr. 4a eingef. mWv 11.2.2017 durch G v. 4.8.2016 (BGBl. I S. 1972); Abs. 2 Nr. 1 neu gef., Nr. 3 geänd., Nr. 4 neu gef., Nr. 5 angef., Abs. 3 Nr. 20 aufgeh., Abs. 6 geänd. mWv 24.8.2017 durch G v. 17.8.2017 (BGBl. I S. 3202); Abs. 2 Nr. 4 Buchst. b geänd., Nr. 5 neu gef., Nr. 6 angef., Abs. 3 Nr. 17 neu gef., Nr. 17a eingef., Nr. 21 geänd., Nr. 27 Buchst. a aufgeh., Abs. 6 eingef., bish. Abs. 6 wird Abs. 7 und geänd., bish. Abs. 7 wird Abs. 8 mWv 16.9.2017 durch G v. 8.9.2017 (BGBl. I S. 3370); Abs. 3 Nr. 13 geänd. mWv 29.9.2017 durch G v. 15.9.2017 (BGBl. I S. 3434); Abs. 2 Nr. 5 geänd., Nr. 5a eingef. mWv 13.3.2020 durch G v. 4.3.2020 (BGBl. I S. 440); Abs. 2 Nr. 6, Abs. 3 Nr. 4a geänd., Nr. 4b und 5a eingef. mWv 1.3.2022 durch G v. 18.8.2021 (BGBl. I S. 3908).

6. einer Rechtsverordnung nach § 54 Absatz 4 Satz 1, Absatz 4a oder Absatz 4d Satz 1 Nummer 2 oder einer vollziehbaren Anordnung auf Grund einer solchen Rechtsverordnung zuwiderhandelt, soweit die Rechtsverordnung für einen bestimmten Tatbestand auf diese Bußgeldvorschrift verweist.

(3) Ordnungswidrig handelt, wer vorsätzlich oder fahrlässig

1. ohne Genehmigung nach § 17 Absatz 3 Satz 1 einen Eingriff in Natur und Landschaft vornimmt,
2. einer vollziehbaren Anordnung nach § 17 Absatz 8 Satz 1 oder Satz 2, § 34 Absatz 6 Satz 4 oder Satz 5, § 42 Absatz 7 oder Absatz 8 Satz 1 oder Satz 2, auch in Verbindung mit § 43 Absatz 3 Satz 4, oder § 43 Absatz 3 Satz 2 oder Satz 3 zuwiderhandelt,
3. entgegen § 22 Absatz 3 Satz 3 eine dort genannte Handlung oder Maßnahme vornimmt,
4. entgegen § 23 Absatz 2 Satz 1 in Verbindung mit einer Rechtsverordnung nach § 57 Absatz 2 eine dort genannte Handlung oder Maßnahme in einem Meeresgebiet vornimmt, das als Naturschutzgebiet geschützt wird,
4a. entgegen § 23 Absatz 3, auch in Verbindung mit § 24 Absatz 3 Satz 2, oder entgegen § 33 Absatz 1a Satz 1 eine dort genannte Anlage errichtet,
4b. entgegen § 23 Absatz 4 Satz 1, auch in Verbindung mit § 24 Absatz 3 Satz 2, eine dort genannte Beleuchtung oder Werbeanlage errichtet,
5. entgegen § 30 Absatz 2 Satz 1 ein dort genanntes Biotop zerstört oder sonst erheblich beeinträchtigt,
5a. entgegen § 30a Satz 1 ein dort genanntes Biozidprodukt flächig einsetzt oder aufträgt,
6. entgegen § 33 Absatz 1 Satz 1, auch in Verbindung mit Absatz 2 Satz 1, eine Veränderung oder Störung vornimmt,
7. entgegen § 39 Absatz 1 Nummer 1 ein wild lebendes Tier ohne vernünftigen Grund fängt, verletzt oder tötet,
8. entgegen § 39 Absatz 1 Nummer 2 eine wild lebende Pflanze ohne vernünftigen Grund entnimmt, nutzt oder ihre Bestände niederschlägt oder auf sonstige Weise verwüstet,
9. entgegen § 39 Absatz 1 Nummer 3 eine Lebensstätte wild lebender Tiere oder Pflanzen ohne vernünftigen Grund erheblich beeinträchtigt oder zerstört,
10. entgegen § 39 Absatz 2 Satz 1 ein wild lebendes Tier oder eine wild lebende Pflanze aus der Natur entnimmt,
11. ohne Genehmigung nach § 39 Absatz 4 Satz 1 eine wild lebende Pflanze gewerbsmäßig entnimmt oder be- oder verarbeitet,
12. entgegen § 39 Absatz 5 Satz 1 Nummer 1 die Bodendecke abbrennt oder eine dort genannte Fläche behandelt,
13. entgegen § 39 Absatz 5 Satz 1 Nummer 2 einen Baum, eine Hecke, einen lebenden Zaun, ein Gebüsch oder ein anderes Gehölz abschneidet, auf den Stock setzt oder beseitigt,
14. entgegen § 39 Absatz 5 Satz 1 Nummer 3 ein Röhricht zurückschneidet,
15. entgegen § 39 Absatz 5 Satz 1 Nummer 4 einen dort genannten Graben räumt,
16. entgegen § 39 Absatz 6 eine Höhle, einen Stollen, einen Erdkeller oder einen ähnlichen Raum aufsucht,

17. ohne Genehmigung nach § 40 Absatz 1 Satz 1 eine dort genannte Pflanze oder ein Tier ausbringt,
17a. einer mit einer Genehmigung nach § 40c Absatz 1 Satz 1, auch in Verbindung mit § 40c Absatz 2, oder nach § 40c Absatz 3 Satz 1 verbundenen vollziehbaren Auflage zuwiderhandelt,
18. ohne Genehmigung nach § 42 Absatz 2 Satz 1 einen Zoo errichtet, erweitert, wesentlich ändert oder betreibt,
19. entgegen § 43 Absatz 3 Satz 1 eine Anzeige nicht, nicht richtig, nicht vollständig oder nicht rechtzeitig erstattet,
20. *(aufgehoben)*
21. entgegen § 44 Absatz 2 Satz 1 Nummer 2, auch in Verbindung mit § 44 Absatz 3, ein Tier, eine Pflanze oder eine Ware verkauft, kauft, zum Verkauf oder Kauf anbietet, zum Verkauf vorrätig hält oder befördert, tauscht oder entgeltlich zum Gebrauch oder zur Nutzung überlässt, zu kommerziellen Zwecken erwirbt, zur Schau stellt oder auf andere Weise verwendet,
22. entgegen § 50 Absatz 1 Satz 1 ein Tier oder eine Pflanze nicht, nicht richtig oder nicht rechtzeitig zur Ein- oder Ausfuhr anmeldet oder nicht oder nicht rechtzeitig vorführt,
23. entgegen § 50 Absatz 2 eine Mitteilung nicht, nicht richtig, nicht vollständig oder nicht rechtzeitig macht,
24. entgegen § 52 Absatz 1 eine Auskunft nicht, nicht richtig, nicht vollständig oder nicht rechtzeitig erteilt,
25. entgegen § 52 Absatz 2 Satz 2 eine beauftragte Person nicht unterstützt oder eine geschäftliche Unterlage nicht, nicht richtig, nicht vollständig oder nicht rechtzeitig vorlegt,
26. entgegen § 61 Absatz 1 Satz 1 oder Satz 2 an einem Gewässer eine bauliche Anlage errichtet oder wesentlich ändert oder
27. einer Rechtsverordnung nach
   a) *(aufgehoben)*
   b) § 54 Absatz 5,
   c) § 54 Absatz 6 Satz 1, Absatz 7 oder Absatz 8

oder einer vollziehbaren Anordnung auf Grund einer solchen Rechtsverordnung zuwiderhandelt, soweit die Rechtsverordnung für einen bestimmten Tatbestand auf diese Bußgeldvorschrift verweist.

(4) Ordnungswidrig handelt, wer gegen die Verordnung (EG) Nr. 338/97 des Rates vom 9. Dezember 1996 über den Schutz von Exemplaren wildlebender Tier- und Pflanzenarten durch Überwachung des Handels (ABl. L 61 vom 3.3. 1997, S. 1, L 100 vom 17.4.1997, S. 72, L 298 vom 1.11.1997, S. 70, L 113 vom 27.4.2006, S. 26), die zuletzt durch die Verordnung (EG) Nr. 318/2008 (ABl. L 95 vom 8.4.2008, S. 3) geändert worden ist, verstößt, indem er vorsätzlich oder fahrlässig

1. entgegen Artikel 4 Absatz 1 Satz 1 oder Absatz 2 Satz 1 oder Artikel 5 Absatz 1 oder Absatz 4 Satz 1 eine Einfuhrgenehmigung, eine Ausfuhrgenehmigung oder eine Wiederausfuhrbescheinigung nicht, nicht richtig, nicht vollständig oder nicht rechtzeitig vorlegt,
2. entgegen Artikel 4 Absatz 3 Halbsatz 1 oder Absatz 4 eine Einfuhrmeldung nicht, nicht richtig, nicht vollständig oder nicht rechtzeitig vorlegt,

3. entgegen Artikel 8 Absatz 1, auch in Verbindung mit Absatz 5, ein Exemplar einer dort genannten Art kauft, zum Kauf anbietet, zu kommerziellen Zwecken erwirbt, zur Schau stellt oder verwendet oder ein Exemplar verkauft oder zu Verkaufszwecken vorrätig hält, anbietet oder befördert oder
4. einer vollziehbaren Auflage nach Artikel 11 Absatz 3 Satz 1 zuwiderhandelt.

(5) Ordnungswidrig handelt, wer gegen die Verordnung (EWG) Nr. 3254/91 des Rates vom 4. November 1991 zum Verbot von Tellereisen in der Gemeinschaft und der Einfuhr von Pelzen und Waren von bestimmten Wildtierarten aus Ländern, die Tellereisen oder den internationalen humanen Fangnormen nicht entsprechende Fangmethoden anwenden (ABl. L 308 vom 9.11.1991, S. 1), verstößt, indem er vorsätzlich oder fahrlässig
1. entgegen Artikel 2 ein Tellereisen verwendet oder
2. entgegen Artikel 3 Absatz 1 Satz 1 einen Pelz einer dort genannten Tierart oder eine dort genannte Ware in die Gemeinschaft verbringt.

(6) Ordnungswidrig handelt, wer ein Exemplar einer invasiven Art nach einem Durchführungsrechtsakt nach Artikel 4 Absatz 1 Satz 1 oder Artikel 10 Absatz 1 Satz 1 der Verordnung (EU) Nr. 1143/2014 des Europäischen Parlaments und des Rates vom 22. Oktober 2014 über die Prävention und das Management der Einbringung und Ausbreitung invasiver gebietsfremder Arten (ABl. L 317 vom 4.11.2014, S. 35) verbringt, hält, züchtet, befördert, in Verkehr bringt, verwendet, tauscht, zur Fortpflanzung, Aufzucht oder Veredelung bringt oder in die Umwelt freisetzt.

(7) Die Ordnungswidrigkeit kann in den Fällen der Absätze 1 und 2, des Absatzes 3 Nummer 1 bis 6, 17a, 18, 21, 26 und 27 Buchstabe b, des Absatzes 4 Nummer 1 und 3 und der Absätze 5 und 6 mit einer Geldbuße bis zu fünfzigtausend Euro, in den übrigen Fällen mit einer Geldbuße bis zu zehntausend Euro geahndet werden.

(8) Die Länder können gesetzlich bestimmen, dass weitere rechtswidrige und vorwerfbare Handlungen, die gegen Vorschriften dieses Gesetzes oder Rechtsvorschriften verstoßen, die auf Grund dieses Gesetzes erlassen worden sind oder fortgelten, als Ordnungswidrigkeiten geahndet werden können.

§ 70[1]) **Verwaltungsbehörde.** Verwaltungsbehörde im Sinne des § 36 Absatz 1 Nummer 1 des Gesetzes über Ordnungswidrigkeiten[2]) ist
1. das Bundesamt für Naturschutz in den Fällen
   a) des § 69 Absatz 2 Nummer 5 und 6, Absatz 3 Nummer 21, Absatz 4 Nummer 3 und Absatz 6 bei Handlungen im Zusammenhang mit der Einfuhr in die oder der Ausfuhr aus der Gemeinschaft oder dem Verbringen in die oder aus der Bundesrepublik Deutschland,
   b) des § 69 Absatz 3 Nummer 24 bei Verletzungen der Auskunftspflicht gegenüber dem Bundesamt,
   c) des § 69 Absatz 3 Nummer 25 und Absatz 4 Nummer 4 bei Maßnahmen des Bundesamtes,
   d) des § 69 Absatz 4 Nummer 1 und Absatz 5 Nummer 2,

---

[1]) § 70 Nr. 1 Buchst. a geänd. mWv 24.8.2017 durch G v. 17.8.2017 (BGBl. I S. 3202); Nr. 1 Buchst. a und e, Nr. 2 geänd. mWv 16.9.2017 durch G v. 8.9.2017 (BGBl. I S. 3370).
[2]) Habersack, Deutsche Gesetze Nr. 94.

e) von sonstigen Ordnungswidrigkeiten nach § 69 Absatz 1 bis 6, die im Bereich der deutschen ausschließlichen Wirtschaftszone oder des Festlandsockels begangen worden sind,
2. das zuständige Hauptzollamt in den Fällen des § 69 Absatz 3 Nummer 22 und 23 und Absatz 4 Nummer 2,
3. in allen übrigen Fällen die nach Landesrecht zuständige Behörde.

§ 71[1] **Strafvorschriften.** (1) Mit Freiheitsstrafe bis zu fünf Jahren oder mit Geldstrafe wird bestraft, wer eine in

1. § 69 Absatz 2 Nummer 1 Buchstabe a, Nummer 2, 3 oder Nummer 4 Buchstabe a,
2. § 69 Absatz 2 Nummer 1 Buchstabe b oder Nummer 4 Buchstabe b oder
3. § 69 Absatz 3 Nummer 21, Absatz 4 Nummer 1 oder Absatz 5

bezeichnete vorsätzliche Handlung begeht, die sich auf ein Tier oder eine Pflanze einer streng geschützten Art bezieht.

(2) Ebenso wird bestraft, wer entgegen Artikel 8 Absatz 1 der Verordnung (EG) Nr. 338/97 des Rates vom 9. Dezember 1996 über den Schutz von Exemplaren wildlebender Tier- und Pflanzenarten durch Überwachung des Handels (ABl. L 61 vom 3.3.1997, S. 1), die zuletzt durch die Verordnung (EG) Nr. 398/2009 (ABl. L 126 vom 21.5.2009, S. 5) geändert worden ist, ein Exemplar einer in Anhang A genannten Art

1. verkauft, kauft, zum Verkauf oder Kauf anbietet oder zu Verkaufszwecken vorrätig hält oder befördert oder
2. zu kommerziellen Zwecken erwirbt, zur Schau stellt oder verwendet.

(3) Wer in den Fällen der Absätze 1 oder 2 die Tat gewerbs- oder gewohnheitsmäßig begeht, wird mit Freiheitsstrafe von drei Monaten bis zu fünf Jahren bestraft.

(4) Erkennt der Täter in den Fällen der Absätze 1 oder 2 fahrlässig nicht, dass sich die Handlung auf ein Tier oder eine Pflanze einer dort genannten Art bezieht, so ist die Strafe Freiheitsstrafe bis zu drei Jahren oder Geldstrafe.

(5) Handelt der Täter in den Fällen des Absatzes 1 Nummer 2 leichtfertig, so ist die Strafe Freiheitsstrafe bis zu zwei Jahren oder Geldstrafe.

(6) Die Tat ist nicht nach Absatz 5 strafbar, wenn die Handlung eine unerhebliche Menge der Exemplare betrifft und unerhebliche Auswirkungen auf den Erhaltungszustand der Art hat.

§ 71a[2] **Strafvorschriften.** (1) Mit Freiheitsstrafe bis zu drei Jahren oder mit Geldstrafe wird bestraft, wer

1. entgegen § 44 Absatz 1 Nummer 1 ein wildlebendes Tier einer besonders geschützten Art, die in Artikel 4 Absatz 2 oder Anhang I der Richtlinie 2009/147/EG des Europäischen Parlaments und des Rates vom 30. November 2009

---

[1] § 71 neu gef. mWv 13.6.2012 durch G v. 6.12.2011 (BGBl. I S. 2557); Abs. 1 Nr. 1 geänd., Nr. 2 eingef., bish. Nr. 2 wird Nr. 3, Abs. 4 geänd., Abs. 5 und 6 angef. mWv 24.8.2017 durch G v. 17.8.2017 (BGBl. I S. 3202).

[2] § 71a eingef. mWv 13.6.2012 durch G v. 6.12.2011 (BGBl. I S. 2557); Abs. 1 Nr. 3 geänd. mWv 29.1.2013 durch G v. 21.1.2013 (BGBl. I S. 95); Abs. 1 Nr. 1 geänd., Nr. 1a eingef., Nr. 3 und Abs. 3 geänd., Abs. 4 eingef., bish. Abs. 4 wird Abs. 5 und geänd. mWv 24.8.2017 durch G v. 17.8.2017 (BGBl. I S. 3202).

über die Erhaltung der wildlebenden Vogelarten (ABl. L 20 vom 26.1.2010, S. 7) aufgeführt ist, tötet oder seine Entwicklungsformen zerstört,
1a. entgegen § 44 Absatz 1 Nummer 1 Entwicklungsformen eines wild lebenden Tieres, das in Artikel 4 Absatz 2 oder Anhang I der Richtlinie 2009/147/EG aufgeführt ist, aus der Natur entnimmt,
2. entgegen § 44 Absatz 2 Satz 1 Nummer 1 ein Tier oder eine Pflanze in Besitz oder Gewahrsam nimmt, in Besitz oder Gewahrsam hat oder be- oder verarbeitet, das oder die
   a) einer streng geschützten Art angehört, die in Anhang IV der Richtlinie 92/43/EWG des Rates vom 21. Mai 1992 zur Erhaltung der natürlichen Lebensräume sowie der wildlebenden Tiere und Pflanzen (ABl. L 206 vom 22.7.1992, S. 7), die zuletzt durch die Richtlinie 2006/105/EG (ABl. L 363 vom 20.12.2006, S. 368) geändert worden ist, aufgeführt ist oder
   b) einer besonders geschützten Art angehört, die in Artikel 4 Absatz 2 oder Anhang I der Richtlinie 2009/147/EG aufgeführt ist, oder
3. eine in § 69 Absatz 2 Nummer 1 bis 4, Absatz 3 Nummer 21, Absatz 4 Nummer 1 oder Absatz 5 bezeichnete vorsätzliche Handlung gewerbs- oder gewohnheitsmäßig begeht.

(2) Ebenso wird bestraft, wer entgegen Artikel 8 Absatz 5 in Verbindung mit Absatz 1 der Verordnung (EG) Nr. 338/97 ein Exemplar einer in Anhang B genannten Art
1. verkauft, kauft, zum Verkauf oder Kauf anbietet oder zu Verkaufszwecken vorrätig hält oder befördert oder
2. zu kommerziellen Zwecken erwirbt, zur Schau stellt oder verwendet.

(3) Erkennt der Täter in den Fällen des Absatzes 1 Nummer 1, 1a oder Nummer 2 oder des Absatzes 2 leichtfertig nicht, dass sich die Handlung auf ein Tier oder eine Pflanze einer dort genannten Art bezieht, so ist die Strafe Freiheitsstrafe bis zu zwei Jahren oder Geldstrafe.

(4) Handelt der Täter in den Fällen des Absatzes 1 Nummer 1 leichtfertig, so ist die Strafe Freiheitsstrafe bis zu einem Jahr oder Geldstrafe.

(5) Die Tat ist nicht nach Absatz 1 Nummer 1, 1a oder Nummer 2, Absatz 2, 3 oder Absatz 4 strafbar, wenn die Handlung eine unerhebliche Menge der Exemplare betrifft und unerhebliche Auswirkungen auf den Erhaltungszustand der Art hat.

§ 72[1]) **Einziehung.** [1]Ist eine Ordnungswidrigkeit nach § 69 Absatz 1 bis 6 oder eine Straftat nach § 71 oder § 71a begangen worden, so können
1. Gegenstände, auf die sich die Straftat oder die Ordnungswidrigkeit bezieht, und
2. Gegenstände, die zu ihrer Begehung oder Vorbereitung gebraucht worden oder bestimmt gewesen sind,

eingezogen werden. [2]§ 23 des Gesetzes über Ordnungswidrigkeiten[2]) und § 74a des Strafgesetzbuches[3]) sind anzuwenden.

---

[1]) § 72 Satz 1 einl. Satzteil geänd. mWv 13.6.2012 durch G v. 6.12.2011 (BGBl. I S. 2557); Satz 1 einl. Satzteil geänd. mWv 16.9.2017 durch G v. 8.9.2017 (BGBl. I S. 3370).
[2]) Habersack, Deutsche Gesetze Nr. 94.
[3]) Habersack, Deutsche Gesetze Nr. 85.

§ 73[1] **Befugnisse der Zollbehörden.** ¹Die zuständigen Verwaltungsbehörden und die Staatsanwaltschaft können im Rahmen ihrer Zuständigkeit zur Aufklärung von Straftaten oder Ordnungswidrigkeiten nach diesem Gesetz Ermittlungen auch durch die Hauptzollämter oder die Behörden des Zollfahndungsdienstes und deren Beamte vornehmen lassen. ² § 21 Absatz 2 bis 4 des Außenwirtschaftsgesetzes gilt entsprechend.

Kapitel 11. Übergangs- und Überleitungsvorschrift

§ 74[2] **Übergangs- und Überleitungsregelungen.** (1) Vor dem 1. März 2010 begonnene Verfahren zur Anerkennung von Vereinen sind zu Ende zu führen

1. durch das Bundesministerium für Umwelt, Naturschutz und nukleare Sicherheit nach § 59 des Bundesnaturschutzgesetzes in der bis zum 28. Februar 2010 geltenden Fassung,
2. durch die zuständigen Behörden der Länder nach den im Rahmen von § 60 Absatz 1 und 3 des Bundesnaturschutzgesetzes in der bis zum 28. Februar 2010 geltenden Fassung erlassenen Vorschriften des Landesrechts.

(2) ¹Vor dem 3. April 2002 begonnene Verwaltungsverfahren sind nach § 29 des Bundesnaturschutzgesetzes in der bis zu diesem Tag geltenden Fassung zu Ende zu führen. ²Vor dem 1. März 2010 begonnene Verwaltungsverfahren sind nach § 58 des Bundesnaturschutzgesetzes in der bis zu diesem Tag geltenden Fassung zu Ende zu führen.

(3) Die §§ 63 und 64 gelten auch für Vereine, die nach § 29 des Bundesnaturschutzgesetzes in der bis zum 3. April 2002 geltenden Fassung oder nach § 59 oder im Rahmen von § 60 Absatz 1 und 3 des Bundesnaturschutzgesetzes in der bis zum 1. März 2010 geltenden Fassung vom Bund oder den Ländern anerkannt worden sind.

---

[1] § 73 Satz 2 geänd. mWv 1.9.2013 durch G v. 6.6.2013 (BGBl. I S. 1482).
[2] § 74 Abs. 1 Nr. 1 geänd. mWv 8.9.2015 durch VO v. 31.8.2015 (BGBl. I S. 1474); Abs. 1 Nr. 1 geänd. mWv 27.6.2020 durch VO v. 19.6.2020 (BGBl. I S. 1328).

eine oberste Landesverkehrsbehörde oder das Bundesministerium für Verkehr und digitale Infrastruktur erlassen hat. ² § 28 Absatz 3a Satz 9 und § 29 Absatz 6 Satz 1 bleiben unberührt.

§ 56[1] **Gebühren.** ¹ Für die Amtshandlungen nach diesem Gesetz und den auf diesem Gesetz beruhenden Rechtsvorschriften sowie nach Verordnungen oder Rechtsvorschriften in Umsetzung von Richtlinien des Rates oder der Kommission der Europäischen Gemeinschaften werden von demjenigen, der die Amtshandlung veranlasst oder zu dessen Gunsten sie vorgenommen wird, Kosten (Gebühren und Auslagen) erhoben. ² Kostengläubiger ist der Rechtsträger, dessen Behörde die Amtshandlung vornimmt, bei Auslagen auch der Rechtsträger, bei dessen Behörde die Auslagen entstanden sind. ⁴ Im Übrigen findet das Verwaltungskostengesetz[2] in der bis zum 14. August 2013 geltenden Fassung Anwendung.

VII. Erlaß von Rechtsverordnungen und Allgemeinen Verwaltungsvorschriften

§ 57[3] **Rechtsverordnungen.** (1) Das Bundesministerium für Verkehr und digitale Infrastruktur erläßt mit Zustimmung des Bundesrates durch Rechtsverordnung[4] die zur Durchführung dieses Gesetzes, internationaler Abkommen sowie der Verordnungen des Rates oder der Kommission der Europäischen Gemeinschaften erforderlichen Vorschriften

1. über Straßenbahnen und Obusse; diese regeln
   a) Anforderungen an den Bau und die Einrichtungen der Betriebsanlagen und Fahrzeuge sowie deren Betriebsweise,
   b) die Sicherheit und Ordnung des Betriebs sowie den Schutz der Betriebsanlagen und Fahrzeuge gegen Schäden und Störungen;
2. über den Betrieb von Kraftfahrunternehmen im Personenverkehr; diese regeln
   a) Anforderungen an den Bau und die Einrichtungen der in diesen Unternehmen verwendeten Fahrzeuge,

---

[1] § 56 Satz 1 neu gef. mWv 27.3.2001 durch G v. 19.3.2001 (BGBl. I S. 386); Satz 4 angef. mWv 15.8.2013 durch G v. 7.8.2013 (BGBl. I S. 3154).
[2] **Gewerberecht Nr. 940.**
[3] § 57 Abs. 1 Nr. 7 eingef., bish. Nr. 7–9 werden Nr. 8–10 und Abs. 5 angef. durch G v. 23.7.1992 (BGBl. I S. 1379); Abs. 1 einl. Satzteil, Abs. 2 Satz 3 geänd. mWv 7.11.2001 durch VO v. 29.10.2001 (BGBl. I S. 2785); Abs. 1 Nr. 10 geänd. mWv 1.1.2002 durch G v. 15.12.2001 (BGBl. I S. 3762); Abs. 1 Nr. 10 geänd. und Nr. 11 angef. mWv 26.7.2002 durch G v. 19.7.2002 (BGBl. I S. 2691); Abs. 1 einl. Satzteil, Abs. 2 Satz 2 und Abs. 5 geänd. mWv 8.11.2006 durch VO v. 31.10.2006 (BGBl. I S. 2407); Abs. 1 Nr. 4 und 6 geänd., Nr. 7 und Abs. 5 aufgeh. mWv 1.1.2013 durch G v. 14.12.2012 (BGBl. I S. 2598); Abs. 6 angef. mWv 15.8.2013 durch G v. 7.8.2013 (BGBl. I S. 3154); Abs. 1 einl. Satzteil, Abs. 2 Satz 2, Abs. 6 Sätze 1 und 3 geänd. mWv 8.9.2015 durch VO v. 31.8.2015 (BGBl. I S. 1474); Abs. 2 Satz 2 geänd. mWv 27.6.2020 durch VO v. 19.6.2020 (BGBl. I S. 1328); Abs. 1 Nr. 11 geänd., Nr. 12 angef. mWv 1.8.2021 durch G v. 16.4.2021 (BGBl. I S. 822).
[4] Siehe die Straßenbahn-Bau- und BetriebsO v. 11.12.1987 (BGBl. I S. 2648), zuletzt geänd. durch VO v. 1.10.2019 (BGBl. I S. 1410), die DurchführungsVO zum Personenbeförderungsübereinkommen idF der Bek. v. 13.12.1984 (BGBl. I S. 1545), die VO über die Erhebung von Gebühren bei Amtshandlungen auf dem Gebiet des grenzüberschreitenden Personenverkehrs mit Kraftfahrzeugen v. 25.7.1963 (BGBl. I S. 540), die Freistellungs-VO (Nr. **951**), die VO über die Allgemeinen Beförderungsbedingungen für den Straßenbahn- und Obusverkehr sowie den Linienverkehr mit Kraftfahrzeugen (**Gewerberecht Nr. 153**), die VO über den Ausgleich gemeinwirtschaftl. Leistungen im Straßenpersonenverkehr v. 2.8.1977 (BGBl. I S. 1460), zuletzt geänd. durch G v. 10.8.2021 (BGBl. I S. 3436), die BerufszugangsVO für den Straßenpersonenverkehr (**Gewerberecht Nr. 152**) und die EG-Bus-DurchführungsVO v. 4.5.2012 (BGBl. I S. 1038), geänd. durch VO v. 31.8.2015 (BGBl. I S. 1474).

b) die Sicherheit und Ordnung des Betriebs;
3. über Anforderungen an die Befähigung, Eignung und das Verhalten der Betriebsbediensteten und über die Bestellung, Bestätigung und Prüfung von Betriebsleitern sowie deren Aufgaben und Befugnisse;
4. über den Nachweis der Genehmigungsvoraussetzungen nach § 13 Absatz 1 oder 1a; darin können insbesondere Vorschriften enthalten sein über die Voraussetzungen, unter denen ein Betrieb als leistungsfähig anzusehen ist, über die Zuverlässigkeit des Unternehmers oder der für die Führung der Geschäfte bestellten Personen sowie über die Voraussetzungen, unter denen eine Tätigkeit angemessen ist, über den Prüfungsstoff, den Prüfungsausschuß und das Prüfungsverfahren; außerdem kann bestimmt werden, in welchen Fällen Unternehmer, Inhaber von Abschlußzeugnissen für staatlich anerkannte Ausbildungsberufe und Absolventen von Hoch- und Fachschulen vom Nachweis der angemessenen Tätigkeit oder der Ablegung einer Prüfung befreit werden;
5. über einheitliche Allgemeine Beförderungsbedingungen für den Straßenbahn- und Obusverkehr sowie für den Linienverkehr mit Kraftfahrzeugen und, vorbehaltlich des § 51 Abs. 1 Satz 1, für den Gelegenheitsverkehr mit Kraftfahrzeugen;
6. über die Ordnung des grenzüberschreitenden Verkehrs und des Transitverkehrs, die Organisation einschließlich der Klärung konkurrierender Zuständigkeiten, das Verfahren und die Mittel der Kontrolle sowie die Befreiung von Unternehmen mit Betriebssitz im Ausland von der Genehmigungspflicht für den Gelegenheitsverkehr oder von der Einhaltung anderer Ordnungsvorschriften dieses Gesetzes, soweit Gegenseitigkeit verbürgt ist;
7. *(aufgehoben)*
8. durch die für bestimmte im Rahmen des Gesamtverkehrs nicht besonders ins Gewicht fallende Beförderungsfälle allgemein Befreiung von den Vorschriften dieses Gesetzes erteilt wird;
9. die bestimmen, wer Auszubildender im Sinne des § 45a Abs. 1 ist, welche Kostenbestandteile bei der Berechnung des Ausgleichs zu berücksichtigen sind, welches Verfahren für die Gewährung des Ausgleichs anzuwenden ist, welche Angaben der Antrag auf Gewährung des Ausgleichs enthalten muß und wie die Erträge und die Personen-Kilometer zu ermitteln sind;
10. die die gebührenpflichtigen Tatbestände im Linienverkehr und im Gelegenheitsverkehr näher bestimmen und feste Gebührensätze oder Rahmensätze festlegen. Die Gebühren dürfen im Linienverkehr 2 500 Euro, im Gelegenheitsverkehr 1 500 Euro nicht überschreiten;
11. zur Bezeichnung der Tatbestände, die als Ordnungswidrigkeit nach § 61 Abs. 1 Nr. 5 geahndet werden können;
12. über die in § 3a genannte Verpflichtung zur Bereitstellung dort genannter Daten durch den Unternehmer und den Vermittler sowie zu deren Verwendung hinsichtlich
    a) Art und Inhalt der bereitzustellenden Daten und Datenformate,
    b) Art und Weise der Erfüllung,
    c) technischen Anforderungen und Interoperabilität,
    d) Zulassung von Dritten zur Bereitstellung und Nutzung des Nationalen Zugangspunktes,
    e) Nutzungsbedingungen und

(Fortsetzung nächstes Blatt)

Für handschriftliche Notizen

Für handschriftliche Notizen

Für handschriftliche Notizen

Für handschriftliche Notizen

Für handschriftliche Notizen

Für handschriftliche Notizen

Für handschriftliche Notizen

Für handschriftliche Notizen

Für handschriftliche Notizen

Für handschriftliche Notizen

Für handschriftliche Notizen

Für handschriftliche Notizen